人性的博弈

为什么做个好人这么难

[德] 阿明·福尔克 | 著
（Armin Falk）
杨亚庆 | 译

中信出版集团 | 北京

图书在版编目（CIP）数据

人性的博弈：为什么做个好人这么难 /（德）阿明·福尔克著；杨亚庆译 . -- 北京：中信出版社，2024.4

ISBN 978-7-5217-6341-6

Ⅰ.①人… Ⅱ.①阿… ②杨… Ⅲ.①经济学－研究 Ⅳ.① F0

中国国家版本馆 CIP 数据核字 (2024) 第 038959 号

Warum es so schwer ist, ein guter Mensch zu sein …und wie wir das ändern können: Antworten eines Verhaltensökonomen by Armin Falk
Copyright © 2022 by Siedler Verlag, München
a division of Penguin Random House Verlagsgruppe GmbH, München, Germany.
Simplified Chinese translation copyright © 2024 by CITIC Press Corporation
ALL RIGHTS RESERVED
本书仅限中国大陆地区发行销售

人性的博弈——为什么做个好人这么难
著者：　　[德] 阿明·福尔克
译者：　　杨亚庆
出版发行：中信出版集团股份有限公司
　　　　　（北京市朝阳区东三环北路 27 号嘉铭中心　邮编　100020）
承印者：　北京联兴盛业印刷股份有限公司

开本：880mm×1230mm 1/32　　印张：10.5　　字数：240 千字
版次：2024 年 4 月第 1 版　　　　印次：2024 年 4 月第 1 次印刷
京权图字：01-2023-1226　　　　　书号：ISBN 978-7-5217-6341-6
定价：68.00 元

版权所有·侵权必究
如有印刷、装订问题，本公司负责调换。
服务热线：400-600-8099
投稿邮箱：author@citicpub.com

目　录

前　言 / V

第一章 001　道德与自私：根本性的目标冲突

成本与收益 / 006

高成本低收益不利于道德行为 / 011

第二章 015　我们和他人如何看待自己：对形象问题的关注

道德账簿 / 028

我叫哈斯，我什么都不知道 / 035

逃避选择 / 039

故事，仅仅是故事 / 042

不仅仅是语义 / 052

听其自然 / 055

我很抱歉 / 058

认可的阴暗面 / 061

第三章 / 如果凭直觉做决定：
073 / **心情、嫉妒和其他感觉**

七宗罪之一 / 080

嫉妒与暴力 / 085

是 / 不是我们中的一员 / 090

困境 / 094

一切都可以如此简单：道德会让我们快乐吗？ / 099

小结 / 107

第四章 / 投桃报李：
111 / **互惠与合作**

合理的工资，出色的工作 / 118

信任是好事 / 126

报复是甜蜜的 / 137

不公平的行为让人生病 / 145

共同利益：合作与公益 / 150

第五章 为什么是我?
165　组织和市场中的责任扩散

你来做:道德与委托 / 168

权威、命令和死亡 / 175

群体——或当责任扩散时 / 181

市场:彻底扩散 / 194

废除市场? / 207

第六章 没有两个人是相同的:
211　人的多样性

情境与个性 / 214

衡量差异 / 215

衡量世界 / 217

个体差异及其决定因素 / 224

我们如何成为我们自己?我们能否对亲社会性的发展产生积极影响? / 228

撒谎 / 237

移情与交流:社会分流的负作用 / 239

第七章 / 我们
245 / 能做些什么？

启蒙 / 248

做诚实的人 / 251

利用声誉效应 / 254

优化决策架构 / 259

尊重他人 / 264

维护社会规范 / 268

树立积极的榜样 / 275

推动研究 / 278

监管 / 282

勇敢坚持康德主义 / 285

结语 / 291

致谢 / 293

注释 / 295

前　言

你愿意放弃 100 欧元来拯救一个人的生命吗？也许你觉得这个问题很奇怪。你会说："我当然愿意。"但你真的愿意吗？你最近是否捐过款用于拯救生命呢？如果没有，为什么没有呢？

生活总是让我们面临道德上的艰难抉择，比如让我们面临这样的问题：是否愿意放弃个人利益，为他人做点好事？我们的日常生活就是一个挑战，因为它要求我们一次又一次地在对与错、善与恶、利他与利己之间做出抉择。我们是否愿意帮助他人，是否愿意为需要帮助的人捐款，是否愿意关心全球气候，是否愿意真诚地与他人合作？还是更愿意选择"令人愉快"的方案，优先考虑自己的利益？

你一定熟悉以下这些情形：下雨天或要赶时间时，我是选择开车进城，还是选择乘坐环保但不太方便的公共汽车或火车？在超市购物时是否选择有动物福利标签但价格更高的肉排？是否要改用清洁能源？是否要去敬老院看望亲爱的老姑妈？是否要加入学校顾问委员会、俱乐部或参加下一次的街头庆祝活动？是否申请器官捐献？我早就想这么做了。我们不是应该邀请邻居来家里吃饭吗？我真的得向迈尔先生道歉，这其实只是个误会。今天我要为我的同事加会儿班吗？她有个重要的约会，这能帮她大忙。坐车要不要逃票？没人会查的。向保险公司隐瞒自己的过失可以吗？大家都这么做。诸如此类。

自私与善良总是在我们内心相互较量。尽管我们实际上坚信（或至少愿意相信），我们都是正直的人，尽管我们都希望生活在一个更美好的世界，但我们经常会为了自己的利益而做出与公共利益背道而驰的决定。如果我们做事时能更多地考虑他人的需要，那岂不更好？当然是。但我们为什么不这样做呢？是什么阻碍了我们这样做？为什么世界会变成这样，充满痛苦、折磨和谎言？一句话：为什么好人难当？我们又能做些什么来实现世间的美好？这就是本书要探讨的问题。通过本书，我们可以了解到，是哪些机制阻碍了行善，为什么我们常常无法坚持做自己认为正确的事，以及针对这些我们能做些什么。

我们必须时刻努力，才能保证行为得体、正直，这是情理之中的。一方面，我们周围有太多道德绊脚石：我们会被一些情况诱导而误入歧途，还有一些情况会让人违反自己的道德准则，即使我们原本可能并不想这么做。另一方面，利己主义是人性的一部分。人性总是兼具善与恶。这两种特性都是与生俱来的，没有人总是对的，也没有人总是错的。世界不是非黑即白的，它是灰色的。决定我们行为方式的是环境和个性的相互作用。

但是，为什么同一个人在某种情况下表现得正派利他，在另一种情况下却表现得自私自利呢？为什么在相同的情况下，两个人的表现会大相径庭呢？哪些情境会诱使我们变得自私？人与人之间的道德人格差异有多大，决定因素是什么？

我们为什么不能当好人——澄清和理解这一点不仅有助于人们的共存，最终也有助于增加人们的共同利益。因为所有与社会相关的问题都涉及我们是否愿意以及如何放下眼前的自身利益。气候问题就是这样一个例子。只有我们愿意改变自己的行为，大幅减少破坏气候的气体排放，才有希望拯救世界。另一个例子是支持社会弱势群体。只有提供平等的机会，特别是平等接受教育和参与社会事务的机会，才能减少社会的分化，从而阻止民主被逐步破坏。全球不平等现象也是如此：只有我们愿意放弃部分财富，与他人分享，才能减少贫困、饥饿、缺乏清洁饮用水或感染致命疾病的现象。

我们社会中的每一个人都有责任为共同利益而奋斗，即使需要付出代价和努力，我们也应该进行合作。例如：避免乘车逃票和向森林倾倒垃圾，加入协会、当地食物银行①，照顾难民或有社会弱势背景的儿童，或者在抗击疫情时选择接种疫苗，选择搭便车。一个社会，不解决合作问题，就可能分崩离析。无论是在小范围内还是在大范围内，无论是在邻里之间、职场中还是在更大的舞台上，无论是在国际合作中还是在普遍的协作中，都是如此。

如果我们想改变自己的行为，就需要了解是什么阻碍了我们做自己认为正确的事情。本书正是试图揭示这一点，帮助人们更好地理解为什么我们难以成为一个好人，为什么我们在日常生活中常常做出与自己的价值观相悖的事，让自己失望。

做一个"好人"，到底是什么意思？行为科学家对此有何解释？道德行为、亲社会行为或利他行为的含义是什么？即使是有大智慧的人，也无法用一种具有普遍约束力的方式来定义道德。在具体的个案中，人们对此总会有分歧。然而，在关于哲学和科学的争论中，已经有一种基本的理解，一种最低限度的共识，这种理解和共识也与大多数宗教和文化中关于道德行为的观点不谋而合。抽象地说，这种最低限度的共识就是，出于卑劣的动机而故意给其他生命造成痛苦或伤害是不道德的。[1] 这个定义之所以

---

① 德国食物银行的职能是收集杂货铺临期食品，分发给慈善机构或直接分给吃不上饭的人。——译者注

对我们的研究目的如此有用，是因为它指的是行为，或者说，它关注的是行为的实施者，而不是对事态的评估。因此，我们的故意行为具有道德意义，因为这些行为会影响他人的利益。如果一个行为对他人产生了积极影响，那么这个行为就是道德的，比如帮助盲人过马路。相反，如果对他人产生了消极影响，那么这个行为就是不道德的，比如，驾驶对气候有害的高油耗汽车，或者欺骗保险公司，破坏社会团结。

做好事是一个决定、一种行动，而道德行动的主要问题在于，它经常与我们的个人福祉和个人利益相冲突，我称之为根本性的目标冲突，它描述了在平衡自身利益和他人利益时产生的紧张关系。就拿前面提到的花 100 欧元救人的例子来说，从道德视角看，还有什么比救人一命更有价值呢？但与此同时，我却不得不舍弃本可以由我自己支配的钱。我为什么不用这笔钱买点好东西呢？一方面是做好事的收益，另一方面是做好事的成本。所有与道德相关的行为都基于这种冲突。这也是问题的核心所在。我将在第一章详细阐述这个问题。

除了平衡成本与收益，我还想描述一下在自己和他人面前当个"好人"的愿望所带来的后果。对良好形象的追求为亲社会行为插上了翅膀，这是一方面。而另一方面，对良好自我形象的渴望也解释了为什么我们会频繁、确凿地陷入道德困境，最终做出自私的行为。我们喜欢自欺欺人，尽管选择了善的对立面，但为了让自己在记忆中成为好人，我们会扭曲记忆中的世界。

完成这一"壮举"，是我们所具备的最令人兴奋的能力之一。其中包括我们讲述关于自己的故事，目的是为自己的自私行为开脱，为自己减轻负担。另外还有视而不见、拒绝了解，这使我们能够相信，自己对情况并不太了解。此外还有我们的选择性记忆。它把我们的行为描述得过于美好，或者是创造性地用道德账簿的形式，借助小小的善举来安抚我们的良心。还有其他各种把戏，我们有时甚至没有注意到它们是如何误导我们的。最后，我们甚至坚信自己真的是好人。也许你还记得某次你为了躲避乞丐而走到街对面去吧？

情绪和情感在我们的行为中扮演了什么角色？情绪状态不同，我们就会成为不同的人吗？在焦躁不安、疲惫不堪或悲伤抑郁时，我们的行为可能会与情绪平和、心情舒畅时不同。有些情绪，比如嫉妒，会让我们道德败坏。但遗憾的是，行为正派也不总是让我们快乐。从理论上讲，做好事带来的幸福感可以瞬间解决道德的问题。但不幸的是，事情并没有如此简单。

我们行为的另一个重要驱动因素是我们所在群体的行为。处在群体中会让我们在道德上变得冷漠，因为责任扩散了，我们无法再清晰地追踪自己的行为导致的后果。在集体决策中，谁来承担不道德行为的后果？老板、同事、客户、供应商还是贸易伙伴？每个人都有自己的说辞，他们都可以说这与他们无关。到头来，谁都没有责任。有些廉价 T 恤是以非道德生产方式生产的，当它们被摆在货架上供人挑选时，你会放弃购买吗？你也许会想：即使我不买，别人也会买。在公交车上帮助一位受欺负的人？为什么是我？为什么别人不站出来？责任的扩散，尤其是在市场经济的背景下，往往会导致不恰当的行为。

那么，我们同伴的行为又起着什么作用呢？人类行动的基本原则之一是互惠：当别人合作时，我们才会合作；当别人对我们好时，我们才更愿意公平地对待他。我将讨论尊重和信任在我们日常的社会生活中扮演着怎样的角色，比如在工作场所。在此过程中，我还将探讨社会规范的作用：我们能否通过有针对性的期望值管理，激活社会规范，谋取共同利益？例如，在应对气候变化方面。事实上，我们在一项针对美国的研究中已经证明，许多人在气候保护方面做得很少，因为他们低估了其他人为此做贡献的意愿。我将阐述这种情况导致的后果，以及我们可以做些什么来加强我们以气候友好型方式行事的意愿。

影响我们行为的不仅仅是环境和他人。我们自己的道德观和个性起着决定性作用。但我们之间究竟有多大差异？我们又该如何衡量呢？女性是否比男性更有道德感？是否存在文化差异？文化差异从何而来？是什么促进或阻碍了我们的人格发展？出身、社会化和榜样在其中起到什么作用？作为社会主体，我们能否对亲社会人格的形成产生有益的影响？我们能否通过促进亲社会人格发展让世界变得更美好？

我邀请你体验一次行为科学之旅！在此过程中，我将告诉你我在过去几年中对人类行为的所有发现。作为一名行为科学家，我主要研究个体及其行为，也就是正常人的正常行为。这是相当务实的，但它最终会带来更深层次的理解，因为它认真对待了人类的决策需求，并让我们对自身的弱点和局限感同身受。

我的研究目的不是评判他人，而是更好地理解我们为什么决定采取或拒绝亲社会行动。只有这样，我们才能更好地改变现状。

我们感兴趣的是人们是怎样的，而不是他们应该是怎样的。在我看来，讨论一切可能如何或应该如何是最无聊的事。行为科学家都依赖数据和事实的支撑。实证方法也不同于人文学科中的道德论述，在人文学科中，关于"人的本质"的推测往往参照伟大的思想家的理论，来自自身经历的或想象中的"合理性"和直觉主导着辩论。但要注意的是，恰恰是诉诸自身的经验会让人在分析中误入歧途。因为决定我们丰富经验的环境是由我们自己选择的。此外，我们都有一种习惯，那就是相信别人和自己一样。这种倾向于高估共识程度的所谓"错误共识效应"指的是，我们倾向于认为其他人和我们有着相似的信念和态度。当下次还有人告诉你这个世界有多糟时，请想想这种效应，很多时候，这是一种无意识的自我披露，它更多地反映了说话者的情况，而不是这个世界的情况。

在接下来的章节中，我将不再依赖直觉和我们自己的经验，而是通过实验证据来告诉你，为什么我们在某些情况下表现出亲社会行为，而在另一些情况下却不会。例如，我会告诉你德国一所大学的普通学生在面临我在前文描述的选择（要么拿走100欧元，要么不要钱救人一命）时是如何表现的。你认为，有多少人选择拯救生命？10%？一半？还是全部？

在分析中，我将主要借鉴实验室实验和实地实验的结果。因为经济学家通常感兴趣的是因果结论，而不仅仅是相关性。不能因为我观察到A和B两个事件正相关，就得出A对B有影响的结论。然而，确定因果的关联非常重要，尤其是给人提行动建议的时候。例如，下雨时通常能看到很多雨伞撑开，但我们不能从这一观察中得出结论，认为撑开雨伞就带来坏天气，也不能因此用撑开伞的方式去破坏一个不受待见的同事的婚礼。很多情况下，人们能观察到两个事件之间存在相关性，但它们之间却根本不存在因果关系，或者存在另一个事件C，它同时影响事件A和B并使其产生相关性。例如，根据观察，当街道上出现水洼时，更多的人会撑开雨伞，但无论从哪方面看，这两者都不存在因果关系。

我们往往会假设一种并不存在的因果关系，尤其是当涉及人类的行为时。例如，如果我们观察到更快乐的人或者心情更好的人都表现出更多的利他行为，我们能说利他行为使我们快乐吗？或者说，是好心情影响了我们的利他行为吗？也许是第三个因素，例如较高的收入，同时导致了好心情和亲社会的行为？所谓的选择效应也会使因果结论复杂化。假设你对某项劳动力市场政策措施（例如为失业者提供培训）的有效性感兴趣，那么最有效的途径就是将措施的参与者与非参与者进行比较。但要小心，如果我们发现参与者在劳动力市场上有更好的机会，这可能并非因为他们参加了培训，而是因为他们比未参与者更有动力和决心。有积极性的人更有可能参加培训，而这反过来也许又能解释整个差异。

  为了得出因果关系的结论，最好先进行实验：在实验室实验或实地实验中，参与者（被试）被随机分为不同的组别（实验组、条件组）。随机分配确保各组在组成上没有系统性差异。各组之间除了研究人员感兴趣的差异，决策背景完全相同。实验可以控制决策情境的变化，从而对某些因素进行因果判断。[2] 行为经济学的实验室实验有时只有几分钟，但有时会持续一两个小时。参与者参与实验可以获得报酬，而且更重要的是，他们还能根据自己的选择赚取额外的钱。他们在实验中的行为会产生实际的（主要是金钱上的）后果，这意味着我们面对的不是单纯的意见表达，而是真实可信的决策。这样我们就能对潜在的动机得出可靠的结论，因为声称自己是一个利他和公平的人很容易，但如果真的捐了钱，自己的钱就少了，那就得另当别论。

有些研究我只是一带而过，有些研究我则会详细介绍。因为对我来说，重要的不仅是研究结果，还有研究过程。我不想只为你提供一口现成的菜肴，而是要时不时带你走进厨房。这样，你就能看到研究是如何进行的，以及是通过哪些因素得到的结果。一方面，看看幕后情况有助于更好地评估研究结果及其可信度。而另一方面，我认为，代入研究实验室的视角，也可以理解为一种对亲自参与实验的鼓励和邀请。研究是有趣的，我希望大家都能了解这一点。

还有一点要说明的是：我已经努力对本书引用的几十项研究进行了说明和解释，但很多细节、差异、局限和结果都没能提及。因此，建议所有感兴趣的读者阅读原文献。在那些文献中，你还可以找到数百篇其他文章，遗憾的是，本书没有足够的篇幅。[3] 另外，为了书写和阅读方便，书中主要使用了指代男性的人称，不过，指代的是所有性别。

我还想说点别的。任何写道德问题的人都很容易被指责傲慢，这是毫无疑问的。因此，我要做一个小小的忏悔。虽然我自己是不是一个好人与本书的内容无关，但我要说的是，我常常失败，一生中已经做了很多错事。鉴于此，让我们享受阅读吧！

第一章

道德与自私：根本性的目标冲突

在本书开头我曾向你提出了两个问题：你会放弃100欧元来拯救一个人的生命吗？德国大学的"普通"学生在这种情况下会怎么选？第一个问题的答案只有你自己知道。而第二个问题，将在下文中为你解答。答案的依据是我主持的一项实验研究，数百名被试面对的正是这个选择。[1]我们将这个实验称为"拯救者研究"。

被试面对的选择是：额外领取100欧元的补贴，或者将这笔钱捐给一个专门救治结核病患者的组织。在他们做出决定之前，研究人员会告知关于该病的详细情况：根据世界卫生组织（WHO）的数据，结核病是全球最常见的十大死亡原因之一。世卫组织估计，2019年约有140万人死于这种危险的传染病，大大超过了艾滋病和疟疾的致死人数。更可怕的是，病人在患病后期甚至有咳血症状，同时还伴有细菌对肺部组织的系统性攻击和破坏。另外，被试还会知道，结核病是可治愈的。据估计，2000年至2014年间约有4 300万条生命因为持续就诊和定期服用抗生素而得救。

紧接着，研究人员对选择的内容和结果进行解释，摘录如下："您有两个选择，A和B。如果选A，您将得到一笔额外的补贴，金额为100欧元，研究结束后通过银行转账支付。如果选B，您不会收到这笔额外补贴，但这个决定将导向另一个结果——您可以拯救一条生命。"

具体地讲，通过选择B选项，被试将向一个诊断和治疗结核病的组织发起350欧元的捐赠。这笔350欧元的款项由此次研究的负责人转出，并确保至少救治五名结核病患者。根据流行病学研究、世卫组织及印度政府公开信息的数据保守计算，在得不到治疗的情况下，每五名结核病患者中，将会有一人面临死亡。

对被试来说，如果发起350欧元的捐赠，就意味着拯救了一条生命，因为至少五名患者可以因此得到治疗。如果没有这笔捐赠款支持的治疗，他们当中有一人很可能死于疾病。研究人员还将这种关联性以图示的方式向被试进行了说明（见图1-1）。

对五名患有结核病的病人而言：如果没有捐赠，这五名病人就无法得到治疗，很可能其中有一人会病死（图1-1上排）；如果获得捐赠，这五名病人可以得到治疗，而且有很大的概率无人死亡（图 1-1 下排）。

图 1-1　有无捐赠对结核病患者的影响示意图

研究人员还告诉被试，我们正在与"阿莎行动"合作，这是一个非营利组织，自 2005 年起专门从事结核病的治疗，其治疗方式被世卫组织评价为"极度高效和经济"。（目前"阿莎行动"运作着 360 多个治疗中心，几乎全部在印度的贫困地区。已有超过 60 000 人以这种方式接受了治疗。）

现在我们来回答这个问题：有多少被试选择了 B 选项？也就是有多少人愿意放弃 100 欧元来拯救生命？诚然，100 欧元对大学生来说是一大笔钱。但另一方面，性命攸关，区区 100 欧元又算得了什么？答案是：57%。略多于一半的被试选择了 B 选项，愿意放弃额外补助，以换取拯救结核病患者的生命。这个数据算多还是算少？我不知道。仅记录于此由各位评判。

值得注意的是，这个研究并不是一个思想实验。该实验完全按照上文的描述进行。我们向所有选择 100 欧元的被试支付了 100 欧元的补贴。而对每一位选择捐款的被试，也兑现了承诺，向慈善机构转账 350 欧元。最终共有 7 145 名病人可以通过我们"拯救者研究"的捐赠得到治疗，从而估计有超过 1 200 条生命获救，而"阿莎行动"预估的数值甚至更高。该实验还意外收获了一个积极成效，那就是病人们同时还接受了艾滋病毒和糖尿病的检测，倘若结果呈阳性，他们将被转移至相应的援助项目。[2]

成本与收益

是获得 100 欧元，还是拯救一个人的生命？这个抉择恰恰体现了利他主义和道德行为的一贯特点，即：平衡"一件好事"的收益和相应的成本。这个平衡适用于所有与道德有关的行为。

但"收益"和"成本"指什么呢？行为经济学家假设人们在做决定时，会将一个行动方案的收益和成本进行比较，两相权衡，再决定最终的选择。他们希望以这个假设来解释人们的行为方式，了解在各种不同的行动方案中，人们为什么会选择其中某个特定的方案。以租度假公寓为例，消费者需要权衡租公寓的预期收益和成本；购买电影票或巧克力，也是如此。在前一种情况下，他需要在谷歌上搜索好一阵子，做决定的时间也相应较长；而在后一种情况下，往往几秒内就能做出决定。但不管做决定所花费的时间长还是短，两者的机制本质上是一样的。大多数日常消费的决定主要与我们自己的收益和成本相关。

还有一些行为是受利他主义或道德意识支配的，这一类行为还有一个至关重要的抉择依据：别人或其他生命体的收益。一种利他行为不仅使行为者本人受益——比如树立良好的自我形象，最重要的是，这种行为还能使他人受益。[3] 例如帮助残疾人过马路，或站出来为受政治迫害的人争取权利，或努力帮助难民融入德国社会，这些行为的目的就是通过帮助他人来做好事。由此可见，道德行为或利他主义行为在根本上与消费决策或度假决策不同，后两者的受益人是行动者本人，类似的情况还有看戏剧、买手机，或为了健康去慢跑，这些行为都是为自己的利益服务。人们做这些事是为了增加自己的收益，而不是增加别人的收益。

由于道德行为（即亲社会行为）会对其他人的生活环境产生影响，我们也把道德行为的结果称为外部效应。因此，从技术上讲，解除某人的病痛或拯救某人的生命，就算是施加了一个"积极外部效应"。比如现在，在全球气候变暖的大背景下，全人类生存环境受到威胁，如果某人出于环保的目的放弃驾车而骑自行车上班，他就算是对全人类施加了"积极外部效应"。另一方面，当一个人给另一个生命体造成痛苦或伤害时，我们就说这是施加了"消极外部效应"。因此，做好事的收益是由积极外部效应的程度来衡量的；不道德的举动，则是由消极外部效应的程度来衡量的。

在利他主义行为或道德行为语境下谈论"外部效应"，即一个人的行为对他人产生的积极或消极影响，往往有必要首先界定外部效应，而且应该结合具体情况来下定义。之所以强调结合具体情况，是因为很多事情的对错很难在广泛认知中享有普遍共识。以堕胎为例，一名妇女（或一对夫妇共同）决定是否生下肚子里的孩子，在我们当中的很多人看来是理所当然的，但同时也有一些人认为，这是残忍恶毒的，单单是萌生了这种想法都非常可恶。比如在德国，医生是否可以针对自己实施堕胎这件事进行宣传或单单是对外提及，都是人们争论已久的问题。有些人认为这是合法的，有些人则持相反观点。在美国，许多人谴责堕胎，认为这是谋杀，但同时他们又支持无限制持有枪支（事实证明，持有枪支甚至比恐怖主义造成的受害者还多）。同样，也有另一部分人反对公民持有枪支。再谈谈肉制品消费：对一些人来说，饲养动物，然后将其作为食物吃掉，这个想法简直是场道德的噩梦；而另一些人则不以为然，甚至都不认为这个问题与伦理道德沾边儿。在一些具体情况下，世人往往不可能就"道德正确"的行为达成共识。因此，在我看来，要想客观定义道德正确的行为既不可能，也不恰当。

我们不如在下文中仍保留抽象的工作定义，根据该定义，道德行为或利他行为是根据外部效应来衡量的。这与哲学中的最低限度共识一致。根据最低限度共识，出于低级别的动机故意取笑或伤害他人是不道德的。反之，使他人获得收益是道德的。[4] 对于我书中所描述的情况，至少"故意""伤害"，以及"收益"这几个关键词的含义是具有广泛共识的，那么对于道德行为或利他行为就有相应的标准。例如，在"拯救者研究"实验中，这个善举的收益是什么，在我看来不言而喻。拯救人的生命是一种道德行为，这个观点也毋庸置疑。被试通过拯救生命来实施道德行为，以此使他人获得收益，产生了积极外部效应，这便是被试的收益。在下面几章所描述的实验中，每个被试的收益也都显而易见。

那么成本又是指什么呢？每一种道德行为或利他行为都与行动者的成本有关。以"拯救者研究"为例，道德行为的成本表现为被试放弃的金钱数目，拯救生命要花费100欧元。成本，就是一个人为了做一件好事而自愿做出的任何牺牲。为一个善意的目的捐款时，成本就是从账户上转给某个组织的金额。而有一些行为的成本，则是行动者本人所花费的时间、精力和注意力，像参与志愿者工作（如担任消防志愿者）、探访老人和病人、辅导家庭作业或者致力于幼儿教育、保护气候、参加街头庆祝活动或足球俱乐部等等。因为投入这些活动之后，行动者就没有时间、精力和注意力去做其他也许主观上更让人愉快的事情了。

因此，这里的成本，指的不是出钱造成的直接成本，而是放弃一些可以给人带来更大快乐的活动。试想一下，如果不去埃纳阿姨家整理医疗账单，我就可以和朋友们坐在啤酒花园里喝小酒。如果不去给一个学习困难的孩子补习功课，我就可以在露天游泳池里安闲自在地一边听着美妙的音乐，一边晒出健康黝黑的皮肤。如果我挺身而出帮助有轨电车上被侮辱或被歧视的人，也会产生成本，因为为他人强出头可能是不愉快甚至危险的。当我决定购票乘车（即便我知道不会有人来查票），或在超市结账时归还多找的零钱，抑或放弃领取实际上无权领取的国家福利时，我仍然会付出成本。如果为了环保，不开车、不吃肉，不去马略卡岛旅行，我也有成本，因为这些都是我非常喜欢做的事，这些事对我来说是愉快的，并且可以增加我的收益。

综上所述，道德行为的选择总是涉及积极外部效应和自身收益，这两者之间往往存在根本性的目标冲突。我们在权衡是否进行道德视角所期待的行为时，会结合该行为带来的不便和坏处来思考。这种目标的冲突，尽管看起来很简单，却是以下这个问题的核心所在：为什么没有人能永远做一个"好人"，为什么我们不能自动遵循被普遍接受的道德观念？——只是因为，它很"昂贵"。

几年前，德国"难民危机"形势异常严峻，在一次学术会议的间隙我与一位奥地利高官进行了交谈，我们讨论了接收难民的问题。对于如何评价这个问题，该高官反复强调，大量难民涌入会给接收国带来巨大的成本，基于此，她不能同意自己的国家接收难民。这种想法根本不对，我反驳道，如她所讲，如果我们向难民提供庇护或将人权作为行动的标准，的确会产生相当大的成本，但这不正是人性和利他主义的本质吗？嫌利他主义太贵？这是那些极度自私之人的想法，他们从来不愿意付出代价去做有利于他人的事。她听罢，恼怒地瞪着我。

高成本低收益不利于道德行为

道德行为依循成本和收益的平衡，这一事实解释了为什么我们从根本上难以做一个好人。如果道德行为不需要成本，也许我们每个人都会成为超级道德楷模。如果不耗费大量的金钱、时间、精力和注意力就可以做好事，那么我们肯定十分乐意做好事，会经常做好事。但事实却并非如此。一般来说，做好事并不是没有成本的。而人们必须决定是担负起成本还是保护自己的利益。

人们在何种情况下更愿意实施道德行为？在何种情况下更愿意维护自己的利益？我们的实验提供了第一个解释。如果做好事的收益增加，道德行为就会增多；与此相反，如果做好事的成本增加，实施道德行为的可能性就会降低。

例如，在上述"拯救者研究"中，如果拯救的不止是一个人的生命，而是两个、10个或50个人的生命，那么愿意放弃100欧元的被试数量就会显著增加。事实上，多项研究表明，积极外部效应越显著，这种利他主义行为实现的可能性就越大。[5] 例如，这些准捐赠者非常关注他们的捐赠所产生的影响，也就是积极外部效应的程度。[6] 捐赠的意愿大致取决于用于实际目的的捐款和间接费用（如管理费用或筹款费用）的比例。

成本的变化也经常导致道德行为的变化，许多研究都表明了这一点。上述"拯救者研究"的一个衍化研究也支持此观点。研究中，我们改变了做好事的成本。[7] 在20欧元的低成本下，82%的被试愿意选择拯救生命。成本为40欧元时，拯救意愿下降到73%，50欧元时下降到64%。如果成本为200欧元，仅有不到一半的被试愿意拯救生命。当成本提高到250欧元时，仅有29%的被试仍然愿意做好事，而对其他人来说，成本太高，于是他们选择了金钱。

私利和道德是互相冲突的，也就是说，做出道德行为是要付出代价的。然而，不同情况下，真实的成本和收益，以及人们主观认为的成本和收益都会发生改变，实施道德行为的意愿也会随之发生改变，下文各章节将对此进行详细阐述。这也是本书的核心所在，我们试图弄明白：人们为什么做好事？在什么情况下做好事，什么情况下不做好事？下文将说明，由于个人作为行动者对实际发生的事情只有有限的影响，所以收益将随着人们在群体、组织或市场上的行为客观地发生改变。此外，主观因素也发挥着重要作用，例如，当某人看到一个需要帮助的人却并未伸出援手时，他也能毫不负疚，因为他可以告诉自己，此人根本不应该期待他人帮助，而应该"自己为所处的困境负责"。具体情况客观地影响了成本和收益，或至少在我们的认知中客观地产生了影响，从而影响了我们的道德行为。

我们如何权衡利弊以采取行动，不仅取决于我们对善恶的认知，还取决于这个行动会在多大程度上损害我们自身的利益。道德和自身利益之间根本性的目标冲突对于理解道德行为至关重要。我们的行为总是在同时追求不同的目标，这一事实导致了道德和私利的冲突。我们不仅追求自身所获得的物质利益和其他私利，同时也考虑他人的利益。这两种动机深深刻在人性之中，都是在进化过程中不断强化的本能。[8]一方面，利己主义帮助人类个体克服阻力、坚持立场；另一方面，利他主义也在人类发展过程中发挥了重要作用，那些学会了合作的群体比其他群体更具优势。可以说，进化把自身利益和亲社会的合作行为联结在了

第一章 道德与自私：根本性的目标冲突

一起。关键的问题是：在何种条件下，人们倾向于获取个人利益，而又在什么时候，人们更具道德感？情境与背景是如何改变人们对成本和收益的看法的？我们又能做些什么来给好人一个更好的机会？以下各章将对此展开讲解。

第二章

我们和他人如何看待自己：
对形象问题的关注

我喜欢去散步。森林中央的山毛榉树郁郁葱葱，浅绿色的树叶洒下一片阴凉，此情此景，如诗如画。树下有一张长椅，仿佛在邀人休息。我脑海中响起一个声音：休息时间到了。于是我坐到长椅上，一边欣赏美景，一边放飞思绪，简直妙不可言！不经意间，我的目光落在一块小巧却十分醒目的黄铜标牌上，上面刻着：由胡贝图斯·迈尔博士捐赠。我拿出刚才在小货摊上买的那瓶汽水，拧开瓶盖时，意外看到瓶盖内印着：我们支持拉丁美洲的农民。尽管汽水味道很怪，但这条信息还是短暂地转移了我的注意力。然后我拿起随身带来的报纸，又被梅赛德斯－奔驰新款S级轿车的广告吓了一跳，广告上写着，这些车是"生态化生产的典范"。

"做好事，说好话。"这句箴言在此时此地通过三个实例得到了印证。人们总是希望在别人和自己面前树立一个良好的形象，这是道德行为的驱动力，随处可见。人们做好事的意愿主要取决于这个行动是否有旁观者，同时也取决于我们如何看待自己或希望别人如何看待自己。大多数人不会在公共场合挖鼻孔，但在私家车上没人注意时呢？我们多少次目睹了有些人在自认为无人注意时的此种行为？还有上完卫生间后是否洗手，这个行为不容易引起关注，已有科学研究证明，当人们独自去公共卫生间时，如果没有旁人注意，他们通常不会洗手。相反，如果有旁人在场，他们就更讲卫生。因此，如果你预计随后会同某人握手，最好是同他一起去卫生间。

现在，从希望在他人面前呈现良好的表现说起。我们希望了解，人们在别人的关注下是否表现得更好？对良好形象的渴望在其中起到了什么作用？

假设你是上述"拯救者研究"实验的被试，实验分两种情况进行：一种是在做决定时没有旁观者，且结果匿名；另一种是将你的决定告知其他三个被试。我们在一项研究中调查了这两种情况。[1] 在做出决定后，行为受观察的被试进入一个单独的房间，房内有三人围坐在桌边，他们唯一的任务就是倾听。被试须向他们报告自己是选择了金钱还是选择了拯救他人生命。虽然这三人是陌生人，以后可能不会再见面，但他们的存在对结果产生了明显的影响。在匿名的实验中，没有旁观者，也不会有其他人知道这个选择，只有不到一半的被试（48%）愿意花100欧元来拯救一个人的生命。[2] 相反，当人们知道有旁人见证这个决定时，愿意拯救生命的人占比上升到近 3/4（72%）。当我们把金额增加到 200 欧元时，也存在类似的差异。这时，匿名实验中，有 26% 的人决定拯救生命，而有旁人观察时，这一比例为 44%——增加了近 70%，这仅仅是由于自己的行为受到旁人观察！

另有一项研究专门调查社会形象的作用。研究规定被试可以通过完成一个简单的任务来做好事。[3] 实验中，他们必须交替按下电脑键盘上的 X 键和 Y 键，时长不超过 5 分钟。敲击出的 X-Y 组合越多，捐给慈善机构的钱就越多。这项亲社会任务在匿名和公开的条件下，效果也是不同的。在公开的实验组，实验结束时，每一位被试的完成量都会公开给所有的人。公开完成量意味着有可能在别人面前呈现良好的社会形象，因此与匿名的情况相比，敲击次数有所增加。实验数据显示，敲击次数从 548 增加到 822，这是多么大的一个提升啊。这项研究以及其他一些研究都证明了，人们喜欢把亲社会行为建立在是否有人旁观的基础上。有人旁观时，他们可以捐更多的钱，进行更紧密的合作，他们的私心也会受到压制。[4]

有人旁观时，亲社会行为不仅可以为他人创造收益，也能为我们自己创造收益。因为所有人都很在意别人的看法。当别人对我们做出积极评价时，我们在工作或私人生活中会获得许多好处。"好人"的名声会带来赞许和社会的认可，还会带来可靠的友谊和伙伴，以及更好的工作。反之，情况就不那么乐观了，毕竟没人愿意和一个自己心目中的骗子、小偷或明显不合群的人一起生活，当然也没人愿意在自己公司里雇用这样一个人；如果某位市长或议员的候选人被传收受贿赂，总是优先考虑自己的利益，那此人必定很难得到选票。

如果我们在别人眼中是亲社会的，那么我们就能从中受益。所以只要旁边有人看，哪怕心不甘情不愿，我们也会付出些代价来证明自己的善良。因此，不仅是公园的长椅，不少大型慈善基金会也要镌刻捐助者的名字，很多建筑物也一样。也正因如此，当有旁人在的时候，尽管时间紧迫，我们也会在交通信号灯前停下来。给小费时，身边的人越多，给的钱也越多。徒步旅行时，若你周围有其他旅行者，相信你也不会轻易将垃圾扔在路边。

既然人们如此在意他人的看法，我们就可以利用这一点来实现一些目的。如果你是筹款方，要资助协会或博物馆，一定想激励尽可能多的人去捐款吧？那就公开捐赠者的名字吧，或者给捐赠者提供选择的机会。更高明的做法是匿名捐赠，通过第三方将名字泄露出去。在教堂里募捐时，千万不要用袋子，而要用敞口的碗。这样一来，每个人都能看到别人是否真的捐了钱，以及捐了多少钱。不管你是否相信，这一点甚至已经被科学研究证实了。在下一次团队会议上，不妨当着整个团队的面询问谁愿意组织下一次圣诞晚会,诱惑员工表现自己大公无私的一面。

积极的"他者印象"对我们很重要。对良好口碑的追求为亲社会行为插上了翅膀。"自我形象"呢?对人类而言,在自己面前表现良好究竟有什么意义?试想,若你在一个黑暗房间独处,周围异常安静,只听到树叶沙沙作响,你会不由得思考这个问题:"我是谁?"此时如果你可以相信自己是一个好人,不是很美好吗?

在心理学上,积极的自我形象意味着按照自己的价值观生活,也就是我们的行为不违背自己的规范观念。积极寻求自身行为与道德价值观相一致,这是人们一贯的需求,它为行动创建了两种选择:一是举止良好、行为端正;二是对世界做一些新的诠释,以使自己不太磊落的行为与内心的想法相匹配。第二种方式非常符合人性,容后探讨。现在先谈谈第一种方式。假设对个人而言以下两点很重要:一、一个人的行为与他的价值观一致;二、好坏行为的意思不可随意更改、任意诠释。那么,是否可以证明,一个人对良好自我形象的渴望会对他的行为产生积极影响?

为了回答这个问题,我最近做了一个实验,实验对象可以在两个选项中进行选择。[5] 选择选项 A 意味着被试得不到钱,但也不会造成伤害。选择选项 B 则意味着被试获得 8 欧元,但同时,另一位被试将遭受一次痛苦的电击。别担心,电击对健康完全无害，被试完全知情，且自愿参加，他们还可以随时结束实验。尽管如此，为了8欧元而对某人施加痛苦，这难道不是十足的卑劣行径吗？这两个选项体现了我在上文中对道德行为所下的定义。根据这个定义，出于卑劣的动机而故意给他人造成痛苦或伤害是不道德的（产生消极外部效应）。因此，在这个实验中，成本与收益的平衡体现为：讲道德，还是得到8欧元。此外，该实验没有灵活诠释的空间。我们向被试确切地描述了如何将电极连到另一位被试的手臂上进行电击，还向他们展示了一张照片（见图2-1）。此外，在实验说明中，我们还明确告诉被试该研究的目的是了解人们是否愿意为了钱而对另一个人施加痛苦。你愿意这么做吗——为了8欧元？

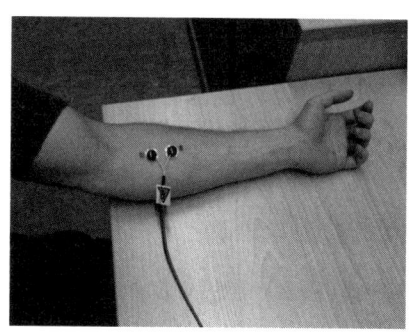

图2-1 将电极连到参与者手臂进行电击的照片
注：照片来自实验说明。

参加实验的人通过抽签，被随机分配到不同组别。在对照组中，被试坐在实验隔间中，不受旁人观察。他可以切实感觉到，自己在隔间内可以自主做决定。也许他们会想：我当然不会这么做，我是个好人，但是……有钱拿也是极好的。与对照组条件不同，在实验组被试面对的是他自己。鉴于此，我们在用于做选择的那块屏幕顶部安装了一个网络摄像头，在整个决策过程中拍摄被试的面部，图像同步展示在屏幕上端中央。被试的脸不可能逃过拍摄，摄像头配备了脸部追踪模式，因此无论头部往哪里移动，都能被牢牢地锁定在拍摄范围内。摄像头分辨率高——它甚至可以显示被试脸上最细微的变化。

两组的不同在于：对照组的被试在做决定时，只看得到用于做选择的屏幕。实验组的被试在这个过程中，还会看到他自己。这意味着，实验组的被试将想到自己，面对自己，这会累加他的个人经验，并激发自我意识。对良好的自我形象的追求会对他们的选择产生影响。不同于追求社会形象，被试此时并不是致力于展现一个良好形象给别人看，而是展现给自己看。如果自我形象发挥作用，则预计实验组的被试更愿意放弃金钱，做一个正直的人。

实验的结果证实了这个假设，自我形象在本实验中的确呈现相关影响。在对照组，72%的被试触发了电击，而当自我形象的作用得到强化时，这一数值下降到54%。面对自己时，人们的道德感增强了，他们会避免使自己的行为无端给他人造成痛苦。

现在你也许会提出反对意见：被试本人的视频与自我形象之间毫无关联，这只不过是让人分了心，而且正是这种分心造成了两个组别的差异。说得好。为此，我们还设计了另一组实验。实验中也播放一段视频，但视频上的人不是被试本人，而是一个知名的德国电视节目主持人。视频循环播放克劳斯·克莱伯主持《每日新闻》的开场白。换句话说，在这组实验中，同样要播放一个视频，但视频上是一个与被试素不相识而且也不会见面的人。这个视频不应该对一个人的自我形象有任何影响——实验证明也的确没有。

也许还有别的批评意见？（当你面对评审员的学术评估时，必须预先设想一切质疑，这里也是如此。）一位评审员说，尽管事实如此，也已明确说明，但被试仍有可能认为，拍摄到的视频图像不仅只有本人能看到，其他人也能看到。如果是这样，这就不是一个关于自我形象的实验，而是一个关于他者印象的实验。

那么现在该做什么呢？拆除摄像头，在屏幕上安装一面镜子吧！这看起来很奇怪，却能达到目的。在照镜子时，自我形象再次得到强化，但被试不会再怀疑是否同时还处于别人的观察之下。此处将镜子作为变量，应该能得到与使用摄像头的实验条件相同的结果。事实的确如此。

综合来看，研究结果相当具有说服力。自我意识的增强往往会引发更强的亲社会行为，这再次证明了积极的自我形象的重要性。这不仅说明形象与道德有关，而且还为我们开辟了新的视角，鼓励我们思考可以通过怎样的方式影响人类行为，谋取共同利益。公司、组织或税务部门可以着力布置环境，使身处其中的人更容易关注到自身，这样可以鼓励他们做出有社会责任感的行为，无论是使用照片、个人签名，还是要求人们在做决定前思考他们是谁或想成为谁。自我形象的重要性进一步解释了为什么我们有时会试图摆脱自我存在，或刻意避免想到与自我形象不一致的事情，也可以解释为什么我们会排斥那些让人想起自己行为不端的地点、回忆和图片。

事实上，人们的记忆似乎与自我形象息息相关。不然，我们该如何解释时常出现的选择性记忆呢？难道不是为了保持良好的自我形象吗？当我们记住的仅仅是自己的善行而不是恶行时，可以活得更轻松。忘记自己的不当行为对心灵的解脱，就像登山者放下沉重的背包一样。

但这真的有用吗？在最近的一项研究中，科研人员就以下问题展开了调查：人们是否真的为了支持积极的自我形象而选择性保存记忆？[6]该研究假设记忆错误是系统性的，人们更能记住亲社会的决定而不是自私的决定；因此，人们记忆中的自己是比实际更好的人。[7]

被试参加了一个所谓的独裁者游戏——实验名称很奇怪。我在苏黎世攻读博士学位之初，第一次听说科学家进行独裁者游戏时，我想：他们是疯了。我当时不知道这是什么实验，但其实很简单。所谓的独裁者之所以被称为独裁者，是因为他能从研究负责人那里得到一笔钱，并且可以用独裁的方式来处置这笔钱。他可以决定将这笔钱分多少给另一位被试，留多少给自己。他也可以干脆一点钱都不分。在经典的独裁者游戏中，扮演独裁者角色的被试领到 10 欧元，他可以将这笔钱随意分配给自己和另一位被试。利己主义者会把所有钱都留给自己。利他主义者更愿意分出一半。所以你可以通过一个人选择给对方的金额来判断他的利他主义程度。这个简单的游戏已经被应用到不同的实验中，服务于多项研究，现在成了利他主义研究中的"果蝇"[①]。在这样的游戏中，一般独裁者会分出 25% 左右，很多人一点都不给，有些人给一半，但极少有超过一半的。[8]

说回记忆研究。该研究中也有被试扮演独裁者的角色，他们可以决定给另一个人多少钱。然而，他们不像经典的独裁者游戏中的被试那样，只得到一笔固定的钱，然后做出分配。这个实验中，被试将会进行 5 次不同的分配。实验有 5 种设计，独裁者每次获得的金额为 10~30 瑞士法郎不等，他每次都要据此做出不同的分配。这样设计是有道理的，因为单独的一个决定几乎不会

[①] 果蝇被广泛用于遗传和演化的研究，此处意指独裁者游戏被广泛应用于利他主义研究。——译者注

导致任何记忆错误。但如果你要做5个决定，记忆就可能产生混乱……分配结束后，被试需要完成一份调查问卷和一个数学测试，这些"用于分散注意力的练习"意在将被试在独裁者游戏中所做的决定从其短时记忆中删除。

接下来是实验的关键部分：被试被要求复述并写下做独裁者时做的5个决定。他们要回忆起5次分别获得的金额，以及自己分配了多少给别人。他们会获得物质上的激励来尽可能准确地进行回忆，准确回忆是有报酬的。尽管有这些激励措施，结果依然证实了我们的假设：人们会以对自己有利的方式保存记忆。在独裁者游戏中，被试记住的金额平均比实际分配出去的金额高很多。这种效应对那些分配出相对较少金额的被试来说尤其明显。这是合理的，因为那些付出相对较多的人没有理由不记得自己的慷慨。

因此，为了在自己面前树立良好形象，我们欺骗了自己——这一点通常我们自己都没有意识到。所以，如果你的室友坚称他们经常清理洗碗机并把垃圾带到外面（你却并不记得有此事），请不要惊讶。当同事宣布他们定期且慷慨地向慈善机构捐款（即使他们甚至没有为咖啡买过单）时，请不要惊讶。共享公寓中没有人记得自己上一次点了比萨后，将几个打包盒连带啤酒箱"忘"在了走廊上，对此也请不要惊讶。

第二章 我们和他人如何看待自己：对形象问题的关注

道德账簿

除了选择性记忆，人们还掌握了其他心理技巧，来帮助自己努力保持良好的自我形象和他者印象。例如"道德账簿"：我们会记录并提醒自己，我们的行为是好的，是正确的。我们会准确地在贷方栏记录下自己在道德上的功劳。但糟糕的是，这恰恰可能导致道德败坏。毕竟，我们已经向自己和他人证明了我们的美德，为什么还要兑现呢？既然已经证明了自己是一个多么出色的人，为什么还要继续努力呢？不能指望一个人随时随地都保持善良，我们毕竟不是英雄！

换句话说，人们会对自己的善行进行记录，如果碰巧做了好事，就会觉得没有那么多义务去做另一件好事了。也许你也有过类似的经历，刚刚在步行街施舍了1欧元给一个无家可归的人，还在为自己的善行感动，就有人凑到你跟前，呼吁你捐款，为所在的城市配置更多寒冬巴士。10欧元和一个签名就可以帮助许多人在整个冬天获得温暖。也许在以前，这样的事会使你陷入道德困境，但现在，你可以像一个优秀的会计师一样告诉自己：我当下已经做足了好事，并且证明了自己的慷慨。通过记住一件小小的好事，我们就允许自己对下一个需要帮助的人持冷漠观望的态度。更具有讽刺意味的是，邪恶之所以出现在这个世界上，是因为我们做了许多小的好事——一些并没有花费我们太多成本的事。

"漂绿"就是这样的例子,"漂绿"是指用对自己而言容易实现的小利益掩盖较大的道德问题。不久前,超市里的一种产品引起了我的注意。该产品的外包装看起来非常"绿色",上面印着"GO GREEN"(走绿色之路),以此宣称自己是气候友好型产品。我走过去仔细端详,发现所谓对气候的积极贡献仅仅落实在了外包装上——包装所用的材料是碳中和纸板,纸板上印着"可减少高达70%的塑料"。但包装里面是什么呢?一块多汁的牛排。但凡知道肉类消费对气候有多大威胁的人都会忍不住揉眼睛,肉食爱好者却不会考虑这些,他们会想:既然包装是碳中和产品,买这个产品去烧烤就是对气候友好的!那就尽情去烤肉吧。

有些公司不仅要描述它们产品的优良特质,还会着力赞扬客户的合作意愿和态度。例如,星巴克连锁店就这样赞美顾客:"您是使用再生杯的先锋。我们所做的,也是您在做的。您的行为使星巴克能够以更有利于地球的方式开展业务。"[9]咖啡杯在拯救世界,我也参与其中。根据道德账簿,以这种方式建立的道德资本会导致人们随后的行为更加自私,正如美国一项研究所展示的那样。[10]一个因先前的道德行为而受到欢迎和赞扬的被试,在随后的独裁者游戏中从自己的20美元中分配给别人的金额,少于那些没有获得过赞扬的人。

道德账簿发挥作用的方式是这样的:如果我所购商品的包装

是碳中和的或可回收的，那我就可以为所欲为，或者随自己喜好消费，而不必担心因此给个人形象带来阴影。类似的例子还有插电式混合动力汽车——只要车牌带"E"（表示电动车），开着它兜风时，就等于在宣告：这是一个有气候意识的好人在开车。随后，又去加油站加上汽油。据说很多插电式混合动力汽车甚至连充电线都没有被解开过，六缸发动机强劲有力，推着两吨重的汽车轻盈地驶往车主想去的地方。除此之外，车主还可以享受税收优惠、国家补贴和良心无忧，多赢。唯独对气候不利。[11] 我们到处都能遇到这样的把戏。它们之所以奏效，是因为可同时实现两个目标：哪怕不环保也可不受限制地进行消费，同时还能维护积极的自我形象。

动物福利标签也在玩这个把戏。它让消费者觉得在自己买到便宜的商品的同时动物也生活得很幸福。而所谓的动物福利标准是什么？以用自由放养的方式饲养产蛋鸡为例，试想有哪只鸡不想在地面上自由行走和啄食？这个产业与主要为农民提供补贴的农业部合作，意图使我们相信，做好事和低价消费并不冲突。你可以说这是自我形象的顺应性利己主义。它很奏效，因为我们喜欢欺骗自己。

早期一篇关于道德账簿的论文说明了其内在逻辑。[12] 该研究以偏见为例，围绕以下问题展开：如果人们有机会事先证明自己原本不抱有任何偏见，那么他们是否更容易表达出某些政治上令人不快的偏见？在调查实验中，被试必须在两页纸上表达自己的态度，每页纸上都有一个特定的问题。在第一页上，他们需要就一些性别歧视的说法表示同意或不同意。比如，"女性并不真正聪明"，或"女性最好留在家里照顾孩子"。对照条件下，不向被试展示第一页，对照组一开始并没有表达自己的态度。

第二页对所有实验被试都一样，上面有一份工作描述，以及一个问题：谁更适合这份工作，男人还是女人？所选的工作隶属于建筑行业，被描述为典型的男性职业。现在要求被试评估，男性还是女性更适合这份工作。

结果显示，与事先没有机会表态的被试相比，那些在第一页上就性别歧视的陈述发表过看法的被试，表示男性更适合这项工作的概率更高。显然，当被试对"女性并不真正聪明"这样的问题做过否定回答，并以此表明自己"没有偏见"时，他们就更容易在第二页上暴露出性别偏见。顺便提一下，这些影响只出现在男性被试身上。这很好理解，因为男性对女性的偏见更显著。

性别平等象征性政策无处不在，但是从以上研究以及其他研究结果中，人们却可以推导出一个对性别平等象征性政策的批判：如果一家公司致力于促进妇女发展，并在周日的演讲中宣扬男女平等，那么它在某个决定性的时刻，却可能更容易表现出歧视，例如在招聘时最终选择男性求职者，或者在确定薪资时，对女性不如对男性大方。用口头承诺的不歧视，掩盖了歧视的事实。

道德账簿此时反而导致了道德上不理想的结果。可见某些象征性的善行可能是危险的。它们并没有真正推动善，而只是制造出一种已做好事的错觉，这反而让人不作为，甚至导致某些有争议的行为发生的概率更大。我不反对善意的象征性政策，但必须有实际行动跟进。

道德账簿似乎也适用于种族偏见。美国的一项研究表明，如果人们有机会事先证明自己不是种族主义者，他们往往会更强烈地附和种族主义者的言论。证明自己是非种族主义者的方式之一是，宣称自己在美国总统选举中投票给（黑人）巴拉克·奥巴马。[13]但如果他们被问到是否投票给（白人）候选人约翰·克里，这一招就无效了：毕竟，投票给一个白人政治家并不能"洗白"事后的种族主义言论。

也许当你收到伴侣不期而至的礼物时，应该提高警惕。两位美国心理学家发现，那些专门针对出轨的人设计的约会网站（是的，真的有这样的网站），2月（也就是情人节前后）的访问量最大。一般来讲，美国人在情人节时会给伴侣准备礼物。[14]这是否也算是一种道德核算呢？礼物实际上成了自己不当行为的通行证和对伴侣缺乏尊重的借口？

为了进一步探索答案，科研人员进行了多项研究，目的在于考察礼物的作用：是否送了礼物后，人们就觉得自己"有资格"

在关系中表现得更自私一些？被试需要判断在不同场景下的某些行为是否恰当。而恰当与否，取决于他们之前是否给伴侣赠送过礼物。其中一个例子是与异性约会，共进晚餐。事实证明，如果一个人此前通过赠送礼物为自己积攒了好感，那么他的"不道德行为"就会被评判为欺骗性质较弱。该结论也适用于友情。如果一个人以前给朋友送过一份生日礼物，那么他在解释为何爽约时，就明显表现得不那么礼貌。在这种情况下，被试花在道歉邮件上的时间明显较少。

道德账簿还帮助人们在必要时修复不良的自我形象。研究表明，如果人们能够捐出一小笔钱来弥补之前的不当行为，他们内心会舒坦得多。[15]

其中有一项是关于撒谎的研究。[16]被试分两种角色：发送者和接收者。接收者需要从0~9之间任意选择一个数字。选中了预先确定的幸运数字（比如8）就能获得高额的报酬，其他数字对应的都是低额报酬。在做选择时他们并不知道这个幸运数字是什么。在他们做决定之前，会收到来自发送者的提示。发送者知道幸运数字，也就是这个对接收者有利的数字是什么。但是，接收者是否选中幸运数字，会给发送者带来截然不同的结果：当接收者选中幸运数字时，发送者得到的钱很少；若接收者选择其他数字（比如除8以外的任何数字），发送者都可以挣得很多钱。那么发送者会给他的接收者何种提示呢？如果说实话，接收者赚得多，自己却赚得少。这样看来，也许撒谎更好？（顺便提一下，接收者获得的建议是以如下形式明确传达的："如果您选择 X，会比选其他任何数字赚更多的钱。"）

大多数发送者都撒了谎，说了一个与幸运数字不符的数字。随后，发送者们有机会向一家慈善机构捐赠 1~2 美元。哪个群体捐得多些？是那些讲了真话的人，还是那些对他们的接收者撒了谎的人？——是说谎者。他们中约有 70% 的人向机构捐款，而讲真话的人中只有 30%。说谎者为修复破损的自我形象进行了投资。

在日常生活中，这种向自己出售赎罪券的形式也行得通。比如：我刚刚乘车没买票，正为此感到不安，恰好出现一个流浪汉，我给了他 50 美分之后感觉棒极了，一切便又恢复如常了！我的姑姑在家需要人照顾，就像她以前照顾我那样，我每次去时她都那么高兴，然而我已经很久没有去看望她了。我是个坏人吗？幸好，红灯处站着一位盲人。我问："需要帮忙吗？"他回答："不用，我可以的，但非常感谢您，您真善良！"于是一切阴霾都散去了。又如，我再一次买了一些对气候有不良影响的商品，结账时，我会迅速找出纸袋，展示我的"美德"：你看，我拿的可不是塑料袋（忽略纸袋客观上不如我们想象的那么环保这一事实）。当然，装在袋子里的东西比袋子的材质重要得多，但这又是另一回事了。用自带的竹杯打包咖啡，时不时吃些素食，这没有什么不对。但是，也许我们有时应该问问自己，这样做的真正动机是什么。问问自己，这样做是否对形象的好处比对环境更大。

还有一个来自日常生活的例子。行人区本不应骑车，但几乎每个人都骑，包括我。但是有一天我下车推行，我问自己：为什么你现在要推着自行车走呢？我猜到了原因。因为我要去烟草店买烟。我知道不应该这样做，而且承认间或吸烟会损害我的自我形象。而此时，意识到自己是个在行人区下车推行的好人，是有利于修复自我形象的。如果是去药店、每周集市或购买其他物品的路上，我也许仍然保持骑行。我们与自己达成的小交易帮助我们在往道德账簿上记账时不至于出现太大的偏差。小小的道德行为让我们相信，我们终究还是很不错的。

我叫哈斯，我什么都不知道

保护自我形象不在道德上遭遇自我怀疑的另一个重要手段，是声称或相信自己对某事毫不知情。"我叫哈斯，我什么都不知道。"[1] 这是个精彩的故事，我们一遍一遍地讲，也常从别人嘴里

---

[1] 这是句谚语，来源于一件逸事：1855 年，来自海德堡大学法律系的学生维克多－哈斯的同学在一次决斗中射杀了对手，哈斯将自己的学生证给了这位同学，使得杀人者凭着这份证件，安全地越过边境来到法国。在法国，这份证件被弄丢了。有人找到证件后，将其送到了法院，在审讯过程中，学生维克多－哈斯说："我叫哈斯，我拒绝回答所有问题，我什么都不知道！"这句话略经缩短，逐渐传开，成了谚语。——译者注

听到。道理的确如此：当一个人什么都不知道时，我们又怎么能让他或她为某些事情负责呢？对道德来讲，问题在于这个借口往往不起作用。

我在一个陌生城市观光，想搭城市快铁从 A 地到 B 地。看见售票窗口，我正打算上前买票，看到了售票机。这些售票机上仅显示正常票价或折扣票价，信息既不透明，也不合逻辑。抛开这些缺点，原则上人们应该可以弄明白去往目的地所需的票属于 1 区（近）、2 区（远）还是 3 区（更远）。由于我很着急，又不知道确切的地址，再加上这台该死的自动售票机，我觉得整个宇宙都在和我作对，所以我买了一张 1 区的票就出发了。车行途中，我始终感到不安，不知道这张票是否买对了，尤其是目前这趟车停靠已超过 8 次了……但谁知道呢？如果有人来查票，我就会说：哦，我不知道。在"某种意义上"，这的确是事实。

类似的"知识空白"的例子不胜枚举，在超市称水果、填写表格或驾驶高油耗跑车时，都可能出现。"啊，我不知道，真不知道！博斯卡普（Boskop）苹果真的比艾尔斯塔（Elstar）苹果贵吗？"于是，你仍可以维持一个正面的自我形象，因为不知者无罪嘛。

无知可以为不当行为开脱，这解释了人们为什么喜欢视而不见或困而不学，这是一种策略。通常，人们的行为可能会产生一些在道德上值得商榷的后果。只要你有意愿，就可以毫不费力地了解可能产生的后果。但我们宁愿闭上眼睛，逃避事实。尽管我们可以很轻松地知道正在发生的事情，但我们宁愿把自己沉浸在一个由自己建造的事实真空中，这样才能告诉自己、告诉他人，我们对此并不知情。

这种行为的机制是什么呢？我们真的可以先决定视而不见，然后以不知情为借口来安慰自己吗？

有一个备受关注的实验，就是研究的这个问题。[17]在这个独裁者游戏的衍化研究中，"独裁者"确实知道哪个选项对自己有利，但他们不知道自己的决定对另一位被试，即接收者会产生什么后果。[18]这个实验的特别之处在于，独裁者可以决定是否要知晓自己的行为对接收者产生的后果。然而，这可能会导致他们意识到，那个对自己有利的选择是不公平的。那么干脆对发生的事情完全不知情，不是更好吗？如果独裁者对不同的选择所对应的后果一无所知，那他就可以说服自己，对自己有利的选择对接收者来说也是一个好的选择。

事实上，只有刚过半数的独裁者想知道事实真相。其他人则宁愿当个"傻子"，然后选择对自己有利的选项。这样一来风险就全部由接收者承担，他也许只能得到很少的报酬。总体来说，这个决定是不公平的。"什么，真的吗？我不知道呀！"

第二章 我们和他人如何看待自己：对形象问题的关注

这种不想知道意味着什么？它表明，我们有时故意对自己行为的后果视而不见。这样才能将自己的利益最大化，还能始终保持良好的形象。毕竟，我们并不清楚自己的利己行为是否真的给对方带来不利！会好的，把眼睛闭上，啥事儿没有。

一个特别令人痛心的、与自称不知情相关的事件是，第二次世界大战之后许多德国人集体保证，他们对纳粹的暴行一无所知。整整一代的历史见证人声称，他们对犹太人遭受的迫害毫不知情，这是他们讲述的最重要的免罪故事之一。然而，今天人们已证明，大多数老百姓在当时很可能是了解情况的。无数的信件和目击者的讲述都清楚地证明了这一点。[19] 然而，正如在实验中一样，普通民众需要自己决定，是否有意愿进行了解。人们不可能知道所有的细节，因此产生了一些不确定性，这也为人们选择闭上眼睛提供了一些合理性。

在德国，对大屠杀的调查一开始进行得非常缓慢，原因之一在于，这可能推翻那个集体讲述的不知情者无罪的故事。那些人了解或本可以了解情况，这个事实使得他们所承担的责任比在虚假的无知面纱下更加重大。对集体保证持反对态度的人无论当下还是曾经都遭人憎恨，因为他们提出证据，证明人们当时也许清楚情况，也许有机会选择站在暴行的对立面。反对者们提出证据，用实际行动反驳"不知情"的说法。

逃避选择

与逃避信息类似,逃避选择也是一个有效的策略。我漫不经心地走在德国某市中心空荡的市场上,突然看到左边 20 米外有一个国际援助组织的捐款台。我下意识地觉得需要往右多靠一点,以便离这群募捐者尽可能远地走过去。而且,在经过时,我最好还要向右转头,看向一家我有生以来从不感兴趣的商店,仔细打量里面的陈列品(比方说一家包店)。

逃避策略的核心在于一开始就避免产生道德冲突。如果我离捐款台太近,可能会觉得有必要捐款。甚至可能会有一个好心的募捐者找到我,给我看叙利亚监狱里人们遭受折磨的照片,同时要求我给予支持。这让人十分为难。此时我就不得不掏钱捐款,否则就会良心难安。为了避免陷入尴尬,防止自己的道德品质遭受挑战,我拉大了同捐款台的距离。这样一来,我根本不会陷入不得不捐款的尴尬,因为我离得太远了,远到没有人来招呼我。

这个事例指明了一种策略,即有意识地避开与道德相关的决策场景。如此,人们逃避的不是信息,而是"考验"。不过,这个策略只是自我欺骗罢了。因为向右转头,试图不与募捐者走得太近,其结果等同于不捐款。从这个角度看,转头的动作,就是一个有损道德的决定。

但显然,避开然后不捐款相较于不避开也不捐款,让人感觉稍好一些。在前一种情况下，事后我们可以告诉自己，我们不在捐款台附近，因此不能捐款。如此一来，我们对自己的道德类型（道德型或利己型）可以进行一个更有利的判断，这顺应了我们树立良好的自我形象和他者印象的愿望。我们总是在逃避，这一事实却被我们刻意忽视、压制或干脆忘记。这是一种心理能力，可以用"激励性感知"、"选择性注意"或"开脱性重释"等词语来描述。在捐款台的例子中，我们可能会不经意地发现，自己一直对手提包颇感兴趣，或者至少在某个时刻考虑过给伴侣送一个手提包。于是突然间就有了一个"好理由"，让我们将头转到右边，更细致地研究商店橱窗里的陈列品。这些手提包，的确很漂亮……

研究人员对逃避选择进行了科学的对照研究。为了避免可能需要他们采取道德行为的情况，人们甚至愿意付出一些代价。比如，他们可以放弃金钱，只是为了避免参加独裁者游戏，避免进行分配。[20] 被试平均愿意收 8.20 欧元，而不去参加独裁者游戏，尽管在游戏中他们可以自由决定 10 欧元的分配，他们甚至可以完全将 10 欧元据为己有。就像为了躲避捐款台而将头转开一样，一些被试更倾向于避开独裁者游戏，以免将自己置于道德考验之中。

另一项研究涉及芝加哥附近慈善机构的募捐。[21] 研究人员需要观察挨家挨户的募捐成效如何。亮点在于：一些家庭在前一天就通过传单得知消息。而另一些家庭在募捐者按响门铃前却并不知情。研究人员发现，事先知道消息的募捐者中，开门的较少。显然，这个研究也反映了人们避免道德考验的意愿——人都不在家。

的确，被别人要求做慈善，是令人不适的。无论如何，这是研究人员得出的结论。他们在圣诞节前夕，同救世军①一起，在波士顿附近的一家超市前进行了实地实验。22 实验中，募捐者被安排在超市的一个或两个主要入口处。而且，募捐者的表现也分两种：从容安静，或是热情积极，后者会主动同人攀谈，并鼓励他们捐款。实验结果非常有启发性，让我们先看看当募捐者表现较被动时的情况。此时，人们对于入口的选择似乎没有变化。无论募捐者是在两个入口还是只在一个入口处，从两个入口路过的人数相同。因此，在两个入口募集到的捐款相比于在一个入口募捐时的金额翻了一番。那么，当募捐者主动接近顾客，通过直接交谈来动员他们捐款时，又会发生什么呢？在这种情况下，许多购物者避开了募集善款的入口，而选择了没有募捐者的那道门！与其面对道德的考验，不如低调购物，这样才没有"危险"。

为什么好人难当？对正面形象的渴望可以从两方面解释这个问题。一方面，为了树立一个积极的自我形象和他者印象，我们愿意做好事。我们寻求认可和赞美，因此行为举止会依循通行的

---

① 救世军是一个国际性慈善公益组织。——译者注

第二章 我们和他人如何看待自己：对形象问题的关注

道德准则。然而，依然是同一个动机，能够解释我们为什么不愿了解具体情况，为什么乐于装傻，[23] 为什么转头看向别处，为什么闭上眼睛。这也解释了为什么我们会主动回避那些使我们的道德受到挑战的情境。这一切都是为了维护一个良好的形象，尽管那一刻我们实际上是自私自利的，但我们可以躲在无知的背后，或者躲在我们根本没有违背道德的说辞背后。我们保护自己，并对自己说，我们其实是高尚的。有一样东西可以帮助我们做到这一点——忘记的能力。

故事，仅仅是故事

我不知道。

我当时很着急。

我只是按指示行事。

我以为会有其他人来处理这件事。

谁能想到会发生这样的事情呢？为什么总是我？

这事儿我完全给忘记了！

其他人可以做得和我一样好，不，甚至更好！

说实话，他们不值得更好的。

我以为是明天。

其他人也会这样做。

这些话听起来熟悉吗？你有多少次听别人这么说过，又有多少次自己也以此为借口？我们还可以补充很多解释，因为在讲故事方面，人类可谓登峰造极。故事赋予我们能力，使我们创造了一个小奇迹：在不损害良好自我形象的情况下，做不好的事。

假设我特别喜欢一辆大型SUV（运动型多用途汽车），也许是因为我觉得这辆车特别棒，也许是因为我可以用它炫耀一番，或者两个原因兼而有之。如果我现在买一辆SUV，我不得不顾虑会因此成为一个破坏气候的罪人。这个认知可能会阻止我买这辆"油耗子"，或者至少让我感到不安。是时候编一个合理的故事了：如果我的SUV使用清洁柴油，就不会制造环境问题了。难道电动汽车的电池对环境没有危害吗？电动汽车才是真正的环境杀手！在德国，几乎没有利用可再生资源发的电。如果我将孩子"保护周全"地载到学校，不是有利于保障孩子们的安全吗？而且，如果我们放弃"核心工业"的客户群体，难道不会给就业带来致命打击吗？从根本上来说，不开SUV是不负责任的……

我们身上的善良与邪恶总是在持续斗争。一方面，我们想在自己和他人面前表现得像个好人。但是邪恶却用各种各样的诱惑，比如金钱或物质利益、工作中的特权、社会声望及其他利益来引诱我们。而放弃这些好处是维持体面和道德需要付出的代价。

但是，什么是正确的，什么是体面的，什么是道德的，答案

第二章 我们和他人如何看待自己：对形象问题的关注

总那么明确吗？这不是取决于看问题的视角和相应的诠释吗？一个人能够总是那么精准地知道什么是正确的，什么是错误的吗？难道我们的期待不会有差异吗？

这些细微的不确定因素蕴含着邪恶的力量。它使人们可以讲故事、解释和再解释。如果我可以通过讲一个故事，说明为什么所谓正确的事情本身其实是有问题的，甚至是错误的，那么对于那些仅仅是所谓错误的事情，我也许也可以证明它是正当的。人们想做利己的事，却不希望被别人看出来自私。我们可以通过对外在世界的阐释实现这一愿望，创造上述奇迹。这样一来，我就生活在"最好"的世界里：我可以毫不掩饰地从利己行为中获得好处，而不必担心形象受损。

讲故事是好的。我们把故事讲给自己听，也讲给别人听，用以解释我们的经历和我们的存在。故事可以帮助我们认识现实世界。[24]没有故事，我们就无法构建意义，无法在生活的世界里找到自己的方向。故事让我们感同身受，也激发我们思考：我们从哪里来，想要什么，应该做什么。因此，一些人格心理学家将讲故事的作用描述为人类自我认同不可分割的一部分。[25]生活中的故事塑造了我们的自我认知。或者说，我们就是那个我们所讲述的自己。例如，关于晋升（从洗碗工到董事会成员……）、艰难的童年（战后的时光……）、不利的环境（我的父母从来没有时间陪我，谁知道我本来可以有什么样的成就……）或职业经历（我是一名德国公务员……）的故事，塑造了我们对自己的看法。

在文化方面，故事也发挥着重要作用，影响深远，是文化认同和归属感的特征和保证。[26] 所有的文化都有自己的故事，关于世界的起源或诸神的所在，都有它们的童话、传奇和英雄故事，特别是宗教故事的情节和人物可以被曲解，用来教唆他人做违背道德的事情。[27]

讲故事对本书所提的问题至关重要，因为它可以对亲社会行为产生影响：[28] 当我们做符合道德标准的事时，总是要平衡成本和收益。一方面，我们做好事，比如帮助他人或与人通力合作，可以获得满足感。另一方面，做这些好事会让我们付出代价，比如花在做好事上的金钱、精力，以及时间。我们通过某些故事为自己开脱主要从两点出发：使人相信道德行为的收益"实际上"并不是那么大，或者道德行为的成本"高得离谱"，所以没有人会真的期待我们做这样的事。[29] 所有为自己开脱的故事都是这个原理，即便我们做了错事，这些故事仍然让我们看起来"是好人"。在我们的故事里，那些所谓的需求者"实际上并没有那个需求"，"都是他们自己的错"，他们"不值得更好的"，期待中的道德行为实际上"并不起什么作用"，反正我"什么也办不成"，做了也没任何意义；或者说某事不合乎情理，因为它将花费我们很多钱。

这些故事从何而来？首先，人们喜欢用对自己有利的方式解

第二章　我们和他人如何看待自己：对形象问题的关注

释和解读周围的世界，我们通过这种方式创造了故事。我们通过选择性地更新和记忆信息，也就是美化现实，来使自己相信，我们做的是正确的事情。但是，也有政治家、游说者和利益集团专门编故事，目的是向世界宣扬某些解释方案，以促进或抑制某些行为。想想德国烟草业长达数十年的宣传吧，它违背常识，宣传吸烟对健康无害。再比如，德国农业和养殖业协会告诉我们一个又一个关于动物福利和环境可持续发展的童话故事。还有，石油与煤炭游说团体长期以来一直想让我们相信全球变暖是一种自然现象，正如壳牌公司的例子，与科学相悖。[30]这些故事常常被伪装成专家意见，出于粉饰错误、颠倒是非的目的，被大肆宣扬。

要使这类故事产生影响，我们不仅需要相信它们（这对我们来说往往很容易，因为这些故事为我们自己的不当行为提供了借口），还必须传播出去。这是很重要的一点。我们还要自己负责通过面对面谈话或借助社交媒体，在朋友和熟人中传播这些故事。也许他们会帮助我们向别人展示我们的良好形象。但同时，这些故事可以使另一些人的错误行为合理化，这些人再度把故事传播下去。如此一来，故事如野火般蔓延，最终使得人们的共同利益遭到损害。[31]

许多为自己开脱的故事客观上都是虚假的。它们是人们构建的、编造的，是不真实的。但只要它们听起来合理，有真实的可能，并且容易传播，就足够了。为了让它们听起来可信，故事需要一个核心内容，一个（看起来）能让讲述者与持反对意见的代表保持平等关系的东西，一个参考，一个还过得去的可具体化的关联。只说"我有不同的看法"或"我认为这很愚蠢"是不够的，我们需要一个理由，不管是多么脆弱的理由。我们需要一个论据，以使人们从中得出行动的预期结果。想象力没有上限，不幸的是，品位与诚实却没有下限。

例如，不少人喜欢引用（通常是自由编造的）数字、"事实"或断章取义的统计数据。他们还喜欢搬出所谓的"专家"（X博士指出……），或附带各种所谓的"研究结果"做依据。举一个大家熟知的例子，某"科学"研究称，接种疫苗会诱发儿童孤独症。这项研究已被证伪，并被推翻，但仍有反对接种疫苗的人引用其作为自己的论据。而它在科学上被驳斥的这个事实将被用作下一个阴谋论的基础，一些人高呼着："看哪，权力关系是如何腐蚀科学研究的！"而下一个故事——一个关于少数科学家正确研究结果被打压的故事——随之而来。尤其是围绕疫苗接种，流传着很多荒谬至极的故事，但那些不以为意的人都应该回想一下，这些谎言曾经是如何阻碍实施合理的新冠防控政策，而且现在仍在制造阻力的。

有关否认、保守和诋毁的故事一般出现在需要辩白和解释的地方。以气候保护为例，面对全球范围的气候威胁，可靠的气候保护措施需要巨大的适应成本，鉴于此，你就不会不理解为什么那么多人反对气候保护了。反对者往往利用关于气候的谎言故事：气候变暖的罪魁祸首不是人类（也就是说不是我），而是太阳活动。以地球上二氧化碳的总量来衡量，人类活动造成的排放量很小，根本无法影响气候。即使没有人类活动，也一直存在气候的波动，如冰期和间冰期。气候变化其实是一种自然现象。[32]

你可能会认为，大家都相信气候变化中人为因素的存在，因此上文提到的故事很难站住脚。然而，德国民调机构迪麦颇（Infratest Dimap）的民意调查显示，11%的德国人不相信人为因素会导致气候变化——这是一个重要的群体，他们是有较大发言权的少数人。此外，2%的人认为气候根本没有变化。[33]在美国，多达15%的人质疑气候变化，共有30%的人猜测，就算能断定气候变化的存在，它也不是人类造成的。[34]全球性的可比性调查显示，怀疑论者在美国特别受欢迎。德国处于（稍好一些的）中间水平。[35]

除了简单粗暴地进行否定的故事，还流传着更"高明"的故事，从气候怀疑者的视角看，这些故事可以说是颇有成效的，例如，技术革新的故事。没有人会反对通过创新来阻止气候变化。但是一提到未来的技术方案，很快就会被误解成为今天的坐视不理找托词。此外，从技术上讲目前已经可以实现大幅减少二氧化碳的排放，这是事实。比如在汽车行业，他们只需要研发体积更小、车身更轻、功率更小的汽车，就可以在一夜之间大大减少汽油消耗，而不会严重影响人们出行。这不是一个技术问题，而是一个经济问题。国际化的解决方案势在必行，这个故事，也有延迟效应。这个故事效力很强，因为它的核心是正确的，但同时它也诱使我们等待：等到有足够数量的国家来承担义务。

我们经常听到个体行为不当的故事，这些故事使道德正确的行为显得"毫无意义"："反正已经迟了"，或者，"反正我一个人什么也做不了"。参加联邦议院的选举也不应该这么说（尽管我们认为这是对的）。实际上，关于气候变化的论点不完全是正确的。假设目前国家排放的标准得以执行，人们就能计算出额外排放一吨二氧化碳会带来多大的损害——它将危及 8 平方米的植被。[36] 累计排放一吨二氧化碳比人们想象的要快，只需要从法兰克福到里斯本的一次飞行。个人的行为也有重要的影响，我们的行为会改变朋友、邻居、同事和其他熟人的行为。每一个曾改变饮食习惯，少吃甚至不吃肉的人都知道这一点。我们不应该轻视任何一个人造成的排放量，每一吨都将累计入排放总量！

还有人喜欢说：气候变化尚未得到科学证实，因此，我不需要改变我的行为。经验科学总是只得出概率性的结论，就这一点而言，这种说法是对的。但其结果是荒谬的，因为就气候变化而言，科学界几乎已达成一致：根据调查，超过 97% 的气候研究人员确信人类对气候变化负有主要责任。这一科学共识得到了来

第二章　我们和他人如何看待自己：对形象问题的关注

自 80 个国家的科学院和众多大学以及财务独立的科学组织的支持。这么广泛的共识是罕见的，我们经常用发生的可能性很小的事情为自己的行为辩护。假设你知道一只股票有 97% 的概率会增长 10 倍，但有 3% 的概率小幅下跌，你很可能购买这只股票，而不是抱怨只有 97% 的可能性。尽管如此，人们仍可将"缺乏确定性"当作借口：没有证据证明是这样！科学共识是什么并不重要，重要的是我想相信什么。这就是为什么民粹主义者总是致力于解构事实：如果一切都含糊不清又未经证实，那么最后我可以让人们对我的话言听计从。值得注意的是，大张旗鼓引用伪科学或引用已被推翻的研究的那群人，同时又否认广泛的科学共识，否认数百项虽未证实也没人可以反驳的研究。他们把科学作为一个战斗术语，却从不努力理解和诠释它。

特别恶劣的环境使人无法正常行事，这样的故事也很受欢迎。这常会让人们想到通勤的人，或者社会上的弱势群体。值得注意的是，当反对气候保护时，一些政客总能唤醒"社会良知"。毕竟，没人阻止他们推行社会政策、消除不平等现象。但这与气候变化有什么关系呢？气候与二氧化碳是从哪个排气管排放出来的无关，也与司机是富有还是贫穷无关。有趣的是，现代史上规模最大的自下而上的再分配行动是 2008 年的金融危机，危机期间可供支配的资金十分充沛，几近无限。无论如何，社会问题在"银行救助"时毫无存在感。是的，人们必须制定社会政策。但不可将其与气候政策混为一谈，否则会危及气候目标的实现。一项对气候友好的碳定价政策不能因为与社会政策相冲突，或者有人提反对意见，就被取消，它不能对现状让步。

我们必须从长远考虑，着眼于动态调整：破坏气候的气体产生的实际成本可反映在实实在在的定价上。如果没有碳定价之类的对破坏性气体的明码标价，那么我们迫切需要的创新和行为模式的改变将不会发生。计算结果还表明，收入中性①的二氧化碳税，使资金以某种形式回流到公民手中，这项政策的制定基于与收入挂钩的排放行为，通常可以减少不平等。[37]有些人以不平等为由提出异议，但他们不应该忽视一个事实，那就是：恰恰是较贫穷的国家，受到气候变化的打击尤其严重。

特别可恶的是诋毁别人的故事。[38]这些故事的目的是抹黑对方纯洁的道德形象。例如，将意见不同的人描述为"所谓的好心人"、"冷漠精英"、"气候纳粹"或"生态法西斯"，这些人散布谣言制造恐慌，面对他们时一定要保护好自己。通过诽谤，他们可以将气候友好的思想非法化，从而诋毁持有这种思想的个体。因此，抵制散布制造恐慌的谣言，是拯救西方自由主义的行为。我常自问，当一个好人被打上邪恶的标签时，这个社会会变成什么样。向善而为到底有什么错？

---

① 收入中性是指国家通过对纳税人进行补偿、补贴等形式或者以减少某些类型的税收的方式，使纳税人获得与其所支付的环境税收等值的款项。——译者注

第二章　我们和他人如何看待自己：对形象问题的关注

不仅仅是语义

故事掩盖了现实。它们通过否认责任或痛苦，将我们的对手贬低为合法的受害者，或否认我们的行动能力——哪怕我们能力很强，从而粉碎了我们认知中的行动和（道德）后果的因果链。正是这类故事常常使我们难以成为一个好人。

除此之外，简单的语义转换或滥用语言经常被用来掩盖现实。纳粹擅长特别恶毒的语言创作。用诸如"害虫""亚人类"等字眼称呼犹太人，贬低了数百万人。类似于"最终解决方案"和"特殊待遇"的词汇让人产生一种印象，认为该过程相对无害。历史学家和大屠杀研究者劳尔·希尔伯格（Raul Hilberg）坦白，他阅读了数以万计的纳粹文件，除了一条关于狗的法令，从未看到过"杀戮"一词。在党卫军的特殊内部语言中，"照管"一词代表谋杀。武装党卫军 1942 年 8 月 3 日的一份"活动报告"中写着："犹太人的运输船定期抵达明斯克，由我们照管……因此，我们……已经……再次在定居点挖坑了。"[39]

纳粹统治时期，通过故事[40]和造词实现了去人性化，由此产生了特别残酷的后果。通过语言对犹太人进行贬低的后果一直持续到现在。[41]世界各地的政客和军队都在使用一些言之凿凿的概念来美化残酷的行动：军事打击是"干净的、外科手术式的干预"，给伤亡人员带来"附带损害"。对整个人种群体的灭绝和驱逐被称为"种族清洗"。这类词语的创造改变了道德行为的成本－收益平衡。邪恶被赋予了新的名字，负面效应因此（显得）较小，这使得人们更容易做出不道德的事。

在日常生活中，语言同样有效掩盖了一些实际问题，只是看起来没有上文事例中那么激进。比如人们熟知的"选择性事实"，这样的事件实在可悲。顺便说一句，唐纳德·特朗普并不是第一个使用它的人，理查德·尼克松在他之前就已使用过。委婉语也起到了掩饰的作用：胖子被说成"身材丰满"，提高门票价格或费用被美化为"金额调整"，一个犯罪行为被称作"失足"。委婉语对某种现象进行重新命名，使其从情感上讲变得不那么具体，创造了一种"缓和"的效果。在不改变一个行为的道德质量的情况下，委婉语拉大了行为后果与受害者之间的距离，减少了道德感：它们减轻了痛苦，却没有治好疾病。

心理学家卡尼曼和特沃斯基的一项研究揭示，即使是微小的语义差异也会影响我们的道德感受和行为。在这项研究中，当谈论的话题强调"拯救生命"时与强调"死亡"时，被试会有不同的选择。[42] 这是一个假设性的实验，实验中被试了解到两个防治某罕见病的健康计划，他们必须在两个健康计划中做出选择。据估计，这种疾病可能夺去 600 人的生命。方案 A 可以使 200 人获救，方案 B 有 1/3 的概率使得 600 人都获救，而有 2/3 的概率无人获救。

第二章 我们和他人如何看待自己：对形象问题的关注

在这种情况下，绝大多数被试选择了方案 A，确保其中 200 人能从疾病中存活下来。风险较大的方案 B 几乎没有得到任何支持。在另一项调查中，人们将方案 A 和 B 与方案 C 和 D 进行了比较。方案 C 的说法是，可能有 400 人死亡。与之相应，方案 D 的说法是，有 1/3 的概率没有人因病丧生，另有 2/3 的概率将导致 600 人死亡。面对这样的选择，大多数人都投票给方案 D，也就是说，在这种情况下，他们更愿意选择风险较大的方案。

从本质上讲，选项 A 与 C 是相同的，B 与 D 也是相同的，结果却令人惊讶。那么，为什么被试一次选择 A，一次选择 D 呢，或者换个问法：为什么会出现偏好的逆转呢？答案就在于不同的表达方式。在第一种情况下（A 和 B），强调的是拯救生命；在第二种情况下（C 和 D），强调的是死亡人数。也就是说，一次谈论的是所谓的"收益"，而另一次谈论的是"损失"。人们在涉及收益的情况下倾向于规避风险，但在涉及损失的情况下，更有意愿承担风险。

卡尼曼和特沃斯基的一个突破性发现是，同等规模的收益和损失对应的价值是不同的。围绕本书的主题来讲，最重要的是，表达上的些微差异可以极大地影响我们的道德判断。相比于"拯救生命"，当我们想到死亡时，会更容易把人暴露在死亡的风险中。显然，人们可以轻松利用表达造成的影响，使我们在做一些正确的事情时，行动变得更艰难，或更轻松。我们时常被一些不相关的表达效果干扰，而毫无察觉。

听其自然

表述或决策架构的差异性可能导致人们更加关注是采取行动还是放任自流。这也会产生惊人的影响。换句话说，是下定决心，积极推动一连串的行动，还是不予干涉，让事态自由发展，两种态度会产生两种效果。我们发现，即使后果相同，不予干涉也通常比积极行动在道德上更容易让人接受。现在，让我们来仔细探讨一下这个道德行为的驱动力吧。

想象如下情景：[43]你热爱打网球，而且是本地俱乐部同龄人中的佼佼者，你自己也因此感到非常自豪。在俱乐部成立100周年之际，俱乐部经理设法让前网球巨星比约恩·伯格来参加比赛。虽然球技远不如从前，但比约恩·伯格仍然毫不费力地闯进了决赛，而决赛的对手就是——你！这是你的机会，可以在俱乐部的伙伴面前大显身手，还可以在俱乐部的记录册上永远留下你的名字（是的，你崇拜的克里斯也会观看……）。可问题是，比约恩·伯格当然比你强得多。因此，明天你极有可能狼狈地输掉比赛。在决赛前一晚，你与他相约共进晚餐。从消息灵通人士处你得知他对坚果过敏，而且，还了解到餐馆的自制特色沙拉酱里含有坚果，伯格却并不知情。也许会出现一个幸运的巧合：他食用了含坚果的沙拉酱，明天上场时肚子痛。也许这就是你在比赛中获胜的良机。

我们设想两个不同的场景。

场景1：你积极推荐比约恩·伯格点自制特色沙拉（否则他可能不会点）。

场景2：比约恩·伯格选择了特色沙拉，你没有阻拦，也没有提任何关于坚果的事情。

两种情况的结果都一样：你们点了特色沙拉，吃下后伯格（如你所愿）产生了过敏反应。（至于第二天是否在比赛中获胜，由你想象。）但是，你如何评判这两种场景？难道不是场景1比场景2罪过更大吗？主动点沙拉难道不是比闭口不言、听之任之的做法更糟糕吗？至少，很多人是这么想的。某项研究曾使用该案例，绝大多数被试认为听之任之比主动作为的道德问题要小。也就是说，相较于主动谋划，任由事件发生所受的责怪应该少一些。

为什么会有这种看法，其原因不易解释，人们的说法也大相径庭。但在解释时常常提到意图上的差异。一种观点认为，与听其自然相比，主动行为往往抱有一种明确的（或好或坏的）意图。也许在很多情况下这个解释说得通。然而，在沙拉酱的例子中，我认为它不能解释观察到的结果。这两种情况下，你在做出"决定"的那一刻，都知晓你的（不）作为会导致什么后果。

此处要想构建意图上的差异并不容易。

另一种可能的解释是，在很多情况下，主动行为是造成某种后果的唯一原因或至少是明确的原因。而听其自然的情况却往往不同，因为从理论上讲此时还可能有其他诱因和理由。毕竟人们可以对自己说，即使我根本不在场，也可能出现不良后果。例如，就算比约恩·伯格独自外出就餐，他也可能会点一份特色沙拉。但如果我主动采取了行动，那我就不能这么讲了。

为什么我们对采取行动或听其自然有不同的评价？对于这个问题，即使是哲学家也没有确定的答案。我们会认为一个主动拒绝掏钱救人的人是自私的，虽然我们中的每一个人每一秒都可以捐款，却没有这么做。这是为什么？我们日常的不作为导致人们死于饥饿，每个人也都知道，但无论是法律还是我们自己对道德行为的认识，对这一点似乎都不怎么在乎。

不考虑理由，我们可以认为，即使事件的后果和参与者的意图相同，也会产生不同的道德评价，这取决于我们是主动选择还是听其自然。因此，听其自然对于自我形象的威胁较小。我们自己什么都没做，而且没有我们的干预，也是这样的结果，如果能以此安慰自己，那么自我形象所受的"损害"就会小一些。如果我们只是什么都不做，而不是主动带来一个不良后果，那么在别人看来，也不会那么不道德。

第二章 我们和他人如何看待自己：对形象问题的关注

涉及真相时，每个人都明白：与"不说实话"相比，"撒谎"会让我们对自己产生不一样的感觉。不说实话时，你还可以辩白，说："好吧，但我没有撒谎。"例如：你把车开出停车位时刮伤了另一辆车，你选择驾车离开，没有给受损方留下任何信息。而如果受损方问"你刮伤了我的车吗？"，你予以否认，这两种情况下你的感觉是不同的。比起主动撒谎，人们会觉得沉默、干脆什么都不说问题不大，但实际上两者没什么区别。

我很抱歉

从另一个方面看，我们总是希望在自己和他人面前表现得无可挑剔，这个心愿对回答本书的中心问题也起着重要作用。它使我们在承认错误和向被我们伤害的人道歉时犹豫不决。"我做错了。""请原谅。""我很抱歉。"这些话语对我们来说常常难以启齿，即使我们很清楚自己将事情搞砸了。我一直想知道为什么会这样，特别是在道歉有这么多好处的情况下——不仅是对道歉的对象有好处，对道歉者本人也有好处。

道歉能创造真正的奇迹。它可以修复被错误行为破坏或威胁的关系，还可以释放紧张情绪，有助于澄清矛盾，使人们从过去的错误中解脱出来，克服羞愧和内疚的感觉。而且道歉是得到受害方原谅的先决条件。这反过来不仅可以帮助犯错的人与自己的错误和解，更有助于受害方从受害者的角色中解脱出来，放下对自己所经历的不公正的关注。这让已发生的事情失去了正当性，不再定义什么，从而为一个崭新的开始开辟了空间。

道歉可以缓解紧张情绪，还有助于重建受到不公正待遇威胁的关系，这一事实不仅在朋友和熟人圈子里起作用，在商业关系中也至关重要。我曾经的博士生约翰尼斯·阿贝勒尔（Johannes Abeler）在一项研究中以易贝（eBay）的交易为例对此进行了说明。[44]研究中，一家每月销售量约为1万件的公司对客户的负面评价做出不同的反应。研究的目的是确定不同的反应能否影响顾客撤回差评的意愿。我们选择了三种形式的反应：正式道歉，给予小额的经济补偿（2.50欧元）或给予较大金额的补偿（5欧元）。道歉时，该公司明确承认错误，表示遗憾并请求原谅。三种情况下，公司都表明希望顾客撤销差评。

实际上有45%的顾客在收到道歉后撤回了他们的负面评价。这一比例是经济补偿的两倍（经济补偿至少也隐含了道歉）。由此可见，道歉的力量胜过了金钱。

既然道歉有这么多好处，为什么我们却往往没有道歉的勇气？我反复思考这个问题，我认为，关键在于自我形象和他者印象。"我犯了一个错误，对此我很后悔，并请求得到原谅"，这样的话很难启齿。道歉这个行为是主动承认自己不是或曾经不是一个好人，从而直接且明确地打击了做一个好人的幻想。在某种意义上，主动破坏积极的自我形象与我们上文所描述的行为（如视而不见、回避和压抑）相矛盾。它意味着与积极的自我认知和自我表达背道而驰，它意味着承认自己的不完美，彻底违背了对持续良好的自我形象的心理渴望。[45]

重点在于，正因为道歉给行为人带来了心理上的成本，它才是有效的，并在受害方处达到目的。沟通，只有在与沟通者本人的成本相关时，才是可信的（来自微观经济学理论的一个深刻见解）。这也是为什么只有真诚、坦率和完整的道歉才能发挥积极作用，脱口而出的道歉并不能发挥任何作用。一个看起来不真诚的道歉，只意味着表面上承认错误，只是道歉者在掩饰自己不想为错误行为负责的事实，它只会使事情变得更糟糕。在政治语境下，人们经常听到："您要是这么觉得，我很抱歉。"这样的"道歉"把责任推给了对方，推给了对方的反应。

例如，在发表了种族主义言论之后，我不能说"如果我们的表述引起了负面情绪，我们感到很遗憾"，以此为自己开脱。无论接收者反应如何，这就是一种种族主义言论，我就应该为此道歉。如果没有认识到这一点，"道歉"根本就不是真正的道歉。有效道歉的先决条件始终是承认过错、悔过自责和请求原谅三位一体。这是对自我形象的三重打击，但这是唯一能起作用的方法。

认可的阴暗面

人人都希望被爱，并且得到他人以及自己的尊重、赞美和认可。正如上文所述，这种得到认可的愿望可以为善行插上翅膀。但我们对认可的需求是否也会产生反作用呢？我们为积极的自我形象所做的努力，是否恰恰会促成不良的道德行为？

这个问题的答案取决于我们获得良好自我形象的方式。毋庸置疑，道德上无可挑剔的行为对于树立良好的自我形象起着重要作用。但是，自我形象就归结于这一点吗？仅由我们的行为是否符合我们的道德标准就可以决定我们的形象吗？它是单维的吗？抑或有其他动因，例如人们希望做好本职工作，取得成功，无论他们是科学家、记者、政客还是管理者？难道我们不希望被看作一个自己领域内真正的专家和学者吗？难道我们不会因为自己取得了丰功伟绩而获得同样的快乐吗？答案当然是肯定的！但是，如果做好本职工作的愿望与道德需求相冲突呢？如果野心和虚荣心诱使我们去做一些不好的事情呢？

也许你曾经思考过，科学家内心深处的动力是什么，他们的梦想是什么，他们热切期盼的是什么。通常情况下，他们渴望取得伟大的成果，或提出一个能够改变世界的伟大思想，无论是战胜疾病、促进和平与繁荣、探究复杂的社会或物理规律，还是仅仅启迪人们认识自己。

想象这样一位研究人员，他年轻、受过良好教育，而且雄心勃勃。1942 年，美国的莱斯利·理查德·格罗夫斯将军向这位研究人员提出了一个他无法拒绝的提议：领导有史以来最大的研究团队，该团队享有人类历史上最丰厚的研究预算，聚集最聪明、最优秀的物理学家、数学家、化学家和工程师，要制造真正闻所未闻的东西——原子弹。这项任务可以向自己和世界证明人类的思维能力，非常诱人。于是，罗伯特·奥本海默接受了这个提议，并与数百名意气风发的天才学者一起，完成了一项技术巨作（他们称之为"小玩意"）。剩下的故事就被写进历史了。成千上万的孩子、母亲和父亲被杀害或遭受辐射，这是埃诺拉·盖伊（Enola Gay）号轰炸机投下名为"小男孩"的原子弹后造成的人间惨剧。

美国在广岛和长崎投下原子弹约 40 年后，两位美国研究人员罗伯特·利夫顿和格雷格·米切尔采访了曼哈顿计划曾经的工作人员。[46] 他们发现许多人患有心理疾病。特别是在长崎上空投放钚弹，在研究人员看来是非常不合理的。它引发了道德冲突，导致抑郁、内疚、害怕和恐惧。当被问及他们参与开发巨型炸弹的动机时，他们表示，是创造伟大作品的愿望。之所以参与其中，是因为他们对投身于有史以来最重要的发明感到着迷。例如，世界著名的物理学家理查德·费曼在谈到曼哈顿计划时说："……我们的出发点是好的，接着为了实现伟大目标，开始努力工作，我们为此感到愉悦、兴奋。然后就不再去思考，您知道吗，干脆就停止思考了。"澳大利亚物理学家马克·奥利芬特也表达了类似的观点。他报告说，他在战争中的研究人员身上观察到，"当一个人……对工作感到兴奋时，他就可以干任何事"，他接着说，"让医生研究化学武器，以及让物理学家从事核武器研究并非难事"。而罗伯特·奥本海默本人是怎么说的呢？"当您尝到'甜头'时，您就会情不自禁地着手干这事儿。"

这里的重点不是要从道德上抹黑曼哈顿计划的工作人员。对这一综合事态的政治评估是多层次的，而且多次被记录入册。此处更关心的是多个方面的潜在冲突：一、通过不同的尝试为自己树立良好形象；二、渴望得到积极的道德认同；三、雄心勃勃，要在工作中有"出色"的表现——出类拔萃、优秀、聪明而且成功。英国哲学家杰里米·边沁注意到这样一个事实：当我们认为自己是有能力的人，是工作出色的人时，就会感到快乐。在他记有14种快乐的著名清单中，这种快乐被描述为"技艺的快乐"，其与取得某种成就和对自身能力的确信相关。而经济学家阿尔弗雷德·马歇尔简单称之为"求精动机"。道德高尚和出类拔萃，这两个动机本身都是人类行为的重要驱动力，而且效果显著。但当这两者发生冲突时，对道德意味着什么？

我想用一个实验来说明这种冲突，实验检验了对积极自我形象的渴望是否腐蚀道德观念，以及实现这种腐蚀可以有多么轻松。[47]为了检验这两点,我们需要一个决策环境,在这个环境中,人们可以选择表现得善良或恶毒。另一方面,我们必须向参与者提供不同的方案,让他们向自己证明自己的能力,以便从中获得"技艺的快乐"。这个实验中的决策非同寻常,因为这对实验小鼠来说是生死攸关的,关于这一点,稍后详谈。

参与者是德国一所大学的学生,被随机分为两组。两组的任务都是完成一套细致的智力测试。他们必须理解给定的抽象图案,其中每一个图案都不完整,缺失的部分需要从一个列表中选出来。这听起来很简单,但事实并非如此。我们使用的选择题经常被用来测试认知能力。实验中,参与者总共得到 52 个图案。

如前所述,参与者被分为两组。两组进行的智力测试完全相同,也就是他们使用相同的题目。唯一不同的是,其中一组被告知他们正在进行智力测试,而另一组则被告知他们在填写一份问卷。也就是说,一组人知道正确解答题目的数量越多说明他们的智力水平越高,而另一组人则认为他们只是在填写调查问卷。

这与道德有什么关系?到目前还没有。但现在轮到小鼠发挥作用了。上一章对不道德行为的定义是:出于卑劣的动机而故意给其他生命造成痛苦或伤害的行为。作为一个关注道德问题的研究者,我一直在寻找与不道德行为相对应的决策范式。我想到,可以让参与者选择拯救动物的生命或接受金钱但导致一个动物因此而死。拯救动物的生命还是接受金钱,这个决策的冲突相当准确地反映了上述道德定义。

但是，怎样才能让参与者做这个决定，但又不用担负导致动物死亡的罪责呢？我们的办法是使用所谓的"剩余小鼠"。这些小鼠是专门为实验室实验培育的，但研究已不需要它们了。由于饲养成本高昂，数量庞大的小鼠通常会被杀死，全世界所有使用小鼠进行研究的地方都这么做，当然，须按照适用的动物实验规程进行。由于这种做法本身就会引发道德问题，我们实验的公开报道遭到了误解和批评，尤其是来自动物权益保护者的批评。我们这么做并不是提倡杀害实验小鼠，相反，我们希望尽可能多地拯救小鼠。在我与 PETA（善待动物组织）的代表交谈后，他们明确支持这项研究。

于是我开始寻找为研究而培育小鼠并杀死剩余小鼠的研究实验室。我与该实验室商定，我将购买一定数量的剩余小鼠，从而使它们免于被杀死。购买的数量将由实验中的参与者决定。我买来的小鼠通过这种方式得救，能够继续在最好的条件下生活，与其他小鼠群居，有兽医照看，使用防过敏的筑巢材料。现在已有数百只原本应被杀死的小鼠因为我们的研究而得救。

回到实验中来。两组（分别是智力测试组和问卷调查组）的参与者都了解到，回答问题有一个后果，即可能会杀死一只托付给他们的小鼠。具体规则是：每个参与者，每正确回答一个问题，他们的小鼠被杀死的概率就会增加 0.9%。例如，如果参与者正确回答了10个问题，小鼠被杀的概率是9%，正确回答30个问题，小鼠被杀的概率是27%，以此类推。参与者还被告知，如果他们总是回答"不知道"，托付给他们的小鼠被杀的概率将降到零。但是，如果正确回答，并因此使得小鼠被杀的概率大于0，将由随机数发生器根据这个概率来决定小鼠是死是活。

参与者十分清楚其行为的后果。此外，他们还被告知：在这项研究中，有一只小鼠的生命寄托在他们身上。它是一只健康、年轻的小鼠，它与其他小鼠一同生活在族群中。这只小鼠的预期寿命约为两年。进一步阐释如下：当随机数发生器根据概率确定这只小鼠要死亡时，它就会被毒气杀死。毒气慢慢注入一个密闭的容器里，这种气体能致呼吸停滞。当小鼠呼吸运动不可见时，还会在笼中停留10分钟，然后被清理掉。图2-2是来自实验说明的照片。

图2-2 用于实验的小鼠

为了消除参与者对实验设计的最后一丝疑惑，研究人员随即会播放一段纪录片，直观地说明如何用毒气杀死小鼠，并指出他们的小鼠将以同样的方式被杀死。

如果你是问卷调查组的参与者，假设你认为杀死一只无辜的小鼠是错误的，你会怎么做？也许填写问卷会让你感受到一些社会压力，但实话实说，直接点击"不知道"有何不可呢？

智力测试组的情况则不同。你清楚，正确回答问题可以反映你有很强的认知能力。因此，如果你雄心勃勃，想感受"技艺的快乐"，那你肯定不愿意回答不知道！这就是本实验的逻辑。实验中的参与者会不会为了在自己面前显得聪明而放低自己的道德标准？相较于参加同样的测试但认为自己只是在填写问卷的对照组，这一组是否会正确回答更多的问题？换句话说：我们的虚荣心会腐蚀我们的道德观吗？

虽然测试内容完全相同，但智力测试组回答问题的正确率平均比问卷调查组高22%。真实的结果是，在参与者认为自己在进行智力测试时，死亡的小鼠明显更多——这仅仅是由于人类需要向自己展示自己的机智。

在追求积极的自我形象的过程中，总会出现一些与道德准则相悖的行为。实验结果就是这种紧张关系的证据。令人惊讶的是，教唆人们做错误的事情竟如此容易，而让人践行道德准则如此困难：其一，人们只需轻点鼠标就可以在互联网上进行智力测试，为什么不等等，稍后再做别的测试呢？其二，测试结果不会告知任何人，也就是说不具备社会属性或工具属性。这既不是为了向别人证明自己聪明，也不是为了让雇主或伙伴相信自己的智力。测试结果只有参与者本人知道。

我认为，这里所描述的道德与雄心之间的紧张关系对很多人来讲并不陌生，而且我们常常无法抵制出人头地的诱惑，例如，在科学领域，当某些研究存在潜在危害的时候，或当研究人员隐瞒这种危害的时候。此外，还有许多篡改数据或违反科学标准的案例，其目的是发表漂亮的学术论文、奠定事业基础。

一个发人深省的案例是荷兰社会心理学家德里克·斯塔佩尔（Diederik Stapel）的学术造假事件。在辉煌的学术生涯中，他在2006年取得了蒂尔堡大学的教授席位，建立了自己的实验室，并最终成为该校社会科学与行为科学学院的院长。那时，他已亲自指导了20多名博士生，并与他们一起发表了学术论文。

他的研究经常涉及有争议的话题，这些话题街谈巷议，抓人眼球，也在民众中备受关注，如仇外心理、霸凌、偏见或瘦身热潮。举个例子，在斯塔佩尔的一项研究中，被试在听到"未来"和"我们"这样的概念之后，选择公平贸易巧克力[1]的频率高于普通巧克力。另一项研究的论文发表在享有盛誉的专业期刊《科

---

[1] 这种巧克力的原料以环境可持续的方式种植，其销售遵循道德和人道的贸易惯例，这通常意味着公平贸易巧克力更贵。——译者注

学》（Science）上，该研究中，被试需要填写一份调查问卷并找座位坐下。一排6个座位中有5个空位，其中第6个座位上已坐了一个黑人或白人。该研究"显示"，当周遭环境"遍地垃圾"时，被试就会坐得离黑人更远，这证实了一个关于垃圾与隐性种族主义之间关系的假设。

虽然他的研究结果被广泛引用，并被媒体争相报道，合著者和合作者却开始怀疑数据的准确性，但没有人愿意招惹这位声名显赫的学者和在任院长（顺便说一句，这也属于我们所探讨话题的一个重要子话题）。2010年，斯塔佩尔的一个博士生向另一位教授诉苦，这位教授也早就惊讶于斯塔佩尔的每个实验都能产生漂亮的数据。当他仔细检查这些数据时，发现了许多前后矛盾的地方。同时，那位学生发现了两组相同的数列，它们只可能是复制粘贴而来的。

最后，学校的调查发现斯塔佩尔有大规模的欺骗行为，他最终承认了，在数十项研究和他指导的博士论文中，当数据不能产生预期结果时，他都会不同程度地篡改、伪造、随意编造或干脆删除数据。在上述有关空座位的研究中，他只是自己填写了调查问卷。就连对合著者，斯塔佩尔也会用各种各样的借口和谎言来欺瞒。

调查结束后，他被剥夺了所有的头衔，并被解除了所有职务，共计58项研究被正式撤销，他所获得的学术奖项也均被取

第二章 我们和他人如何看待自己：对形象问题的关注

消。在法庭上，他同意和解，完成120小时的社区服务。

接着，他写了一本自传，书名意味深长——《伪造科学：一个学术造假的真实故事》(*Faking Science: A True Story of Academic Fraud*)，还基于自己的经历举办讲座。他在职业生涯中，由于希望在自己和他人面前树立起伟大学者的形象而欺骗和造假，导致了可悲的结局。顺便说一下，从那时起，"een stapeltje doen"就成了荷兰的一句口头禅，德语中的"Hochstapelei"（骗局）恰如其分地表达了这个意思。[48]

雄心和道德之间的紧张关系不仅可以在科学领域找到例证，新闻领域也有，一个著名案例是克拉斯·雷洛提乌斯（Claas Relotius）事件。这位《明镜》周刊的新星因其出色的报告文学而享有很大的声誉，得到了广泛的认可。报告文学这门新闻学的王牌学科是通过生动的场景、主观的感受和个人的命运给读者讲述真实的事件，但事实的准确性往往难以核实，以至于以这种体裁讲述的内容很容易被伪造和篡改。而雷洛提乌斯充分利用了这一点。例如，他的一篇获奖报告文学《一个孩子的游戏》讲述了一个叙利亚男孩认为他用一个恶作剧引发了内战，除了故事核心是真实的，故事充斥着大量编造的场景、引文、扭曲的事实，还有从其他媒体上抄袭的段落。雷洛提乌斯凭借高超的技巧、魅力和虚构的消息来源，成功骗过了《明镜》周刊内部的事实核查机制，将对其文章的质疑扼杀在萌芽状态。只有他的同事胡安·莫雷诺不顾编辑部的反对，坚持不懈地对许多细节进行了调查，揭露了那些明目张胆的造假行为，最终使谎言建造的大厦轰然倒塌。

《明镜》周刊对事件的重新梳理描绘了德国新闻史上最大的丑闻之一。[49]雷洛提乌斯的文章曾获得21次新闻奖以及其他荣誉，仅德国记者奖就得了4次。他退还了所有奖项。显然，他对获得赞誉的渴望使他突破了所有禁忌，最终断送了自己的职业生涯。

在争取别人认可的过程中表现出不道德的行为，是无处不在的现象。在体育界、学术界、新闻界如此，在商业领域、管理领域和政治领域也是如此。工程师希望证明某些事的可行性，致力于改进地雷或化学武器，甚至开发欺诈性柴油机关闭装置①。同样的道理，在公司里，管理层想要展示他们能够控制成本，可以开发市场，并培养优秀的人才。官僚和行政人员也受到雄心和道德之间的对立的影响。

当追求别人的认可需要不良的道德行为时，对正面形象的渴望不会带来更多的亲社会行为，而是恰恰相反。在这种情况下，问题的关键就在于我们想成为什么样的人，这由我们自己决定。

---

① 某些汽车品牌的工程师为了使柴油车尾气排放符合标准，在柴油车上安装"作弊软件"，当软件检测到汽车处于测试状态时便减少排放，正常行驶状态下则污染排放成倍增加。——编者注

第二章　我们和他人如何看待自己：对形象问题的关注

第三章

如果凭直觉做决定：心情、嫉妒和其他感觉

使用过它的大多数人对它的感觉可能是爱恨交织。当你需要它时，它总是被占用，门口还有不少人挤来挤去，又或者硬币倏忽间就用光了。是的，它就是电话亭！但它也是某个揭示性实验的现场。

公用电话不仅有投币口，还有一个手拨的退币装置，用来把没消费的钱弹出来，这样的装置非常适合进行实验操作。著名情感研究专家爱丽丝·伊森领导的一个研究小组就利用退币装置来做实验，他们在一个购物中心附近的电话亭里准备了退币装置。[1]在 41 名到过电话亭的被试中，有一半的人在退币口发现了 10 美分，另一些人什么也没发现，一如往常。主要的部分是：被试离开电话亭后，附近有一名临时"演员"将装有纸张的文件夹掉到了地上。这是一个关于需要帮助的典型案例。

意外得到点小钱当然是个不错的惊喜。但是，这一点小惊喜是否足以增加人们帮助他人的意愿呢？比如帮助这位"不幸"的临时"演员"。事实上，与没有在退币口发现钱的人相比，收到惊喜的人表现得更亲社会，更愿意上前帮助临时"演员"。

电话亭实验经常被加以修改后重复进行。每次的操作（在电话亭里找到钱）都是一样的，但亲社会行为的类型不同。反复实验的结果总体来讲好坏参半。[2] 但是，好心情通常会使我们更乐于助人，更加亲社会，这一事实似乎是可信的，这也同许多相关研究的结果一致。根据那些研究，心情好的人会做出更多的亲社会行为。因此，下次当你有重要事情请求别人帮忙时，请先关注他或她的心情是好是坏，你的请求得到应允的概率可能在很大程度上受此影响。

在另外一项关注情绪的实验中，被试观看了两部著名电影中的片段。[3] 观看电影是为了让被试处于一种积极或压抑的情绪中，以便接下来观察这种情绪是否会影响他们的亲社会行为。鉴于此，研究人员选择了史蒂文·斯皮尔伯格的《辛德勒的名单》中克拉科夫犹太人区遭到"清理"的压抑场景和《城市之光》中查理·卓别林滑稽演绎一名拳击手的片段。

正如预期的那样，不同的电影场景导致了情绪的显著变化：观看欢快电影片段的被试的情绪要普遍好于观看压抑场景的被试。值得注意的是，这些情绪差异导致了不同的行为：与情绪低落的被试相比，情绪开朗的被试表现得更为慷慨，为他人花费的钱也更多。另一项研究考察了负面情绪（愤怒）和积极情绪（愉快）对合作意愿的影响。[4] 情绪的变化同样是通过电影片段来实现的：电影《憨豆先生的假期》用于制造积极情绪；《芝加哥校园里的老鼠》中一个可恶的霸凌场景，用于制造消极情绪。与愤怒的被试相比，心情愉悦的被试更愿意合作，而且在实验中平均收入更高。可见，愤怒并没有带来回报。

这些例子表明，情绪对我们是否会表现出亲社会行为发挥着决定性的作用。我们相信，并且通常在自己身上是如此察觉的——我们的行为是有根据的，是在仔细权衡利弊之后的理性行为。但理性并不总能指导行为。过去25年的大量研究表明，指导我们行为的往往是情绪、兴奋程度和情感。[5] 在不同的决策环境中，例如在谈判中或股市上，[6] 在消费与储蓄的决策中以及风险与安全的决策中，都可以发现行为效应。

在亲社会行为的背景下，情绪往往会引导我们去做一些我们本不想做的事情。理性往往滞后于行为，事后人们会努力为自己的行为辩护并使其合理化。因为我们往往意识不到情感状态在采取行动时的作用。回忆时，我们自己都会惊讶于自己对于琐事的反应如此夸张，嗓门如此大；或者惊讶于自己真的骂了句"白痴"，而只能祈祷老板没听到，因为在那一刻我们狠狠地摔上了他办公室的门。

情绪也会影响我们的道德价值判断。一个心理学家的团队研究了通过不同方式产生的厌恶感，[7]比如引爆臭气弹（更确切地说，是屁味喷雾）。在另一项实验中，被试处于一个杂乱、肮脏的房间里，或者被要求写下一次不愉快的经历，又或者观看电影中令人恶心的场景。然后，被试需要对某些行为的道德适当性进行评分。例如，他们需要从道德的角度判断，以下行为在多大程度上是合适的：宠物狗死于车祸，全家人把它当晚餐吃。结果发现，情绪状态会影响道德价值判断。在怀有厌恶情绪时，被试倾向于做出更极端的判断，这里特指更具批判性的判断。[8]

负面情绪和过度兴奋也会促使人们实施最丑陋、最不道德的行为之一——性暴力。很不幸，家庭暴力在我们的社会中屡见不鲜。根据德国联邦政府家庭、老年人、妇女和青年事务部的数据，大约每4名妇女中就有1人至少遭受过一次伴侣的身体暴力或性暴力。[9]

伯克利学院对男大学生的兴奋程度和性暴力之间的关系进行了深入研究。[10]人们可能认为这一实验有失体统，但实验结果却发人深省。被试被分为两组，并被要求回答一系列有关其性偏好和性行为的问题。其中一组要在回答问题前自慰，但只能达到性高潮前的水平。[11]另一组则在非兴奋状态下回答问题。其中一个问题是：是否会同一位女性说爱她以增加与之发生性关系的可能性。第二组有30%的被试表示他们会这样做，而处于兴奋状态下的人，表示会这样做的比例上升至51%。不止于此，其他不道德甚至违法犯罪的行为也得到了明显更多的肯定回答，例如为了与女性发生性关系而向女性投放毒品（分别为 5% 和 26%），或者在女性已说"不"的情况下仍试图与其发生性关系（分别为 20% 和 45%）。兴奋水平与做出犯罪和不道德行为的意愿之间有正相关关系，这一点让我感到震惊。让我感到震惊的还有在非兴奋状态下的被试给出的答案。

诺贝尔奖获得者戴维·卡德及其同事戈登·达尔撰写的一篇研究论文备受关注，该论文展示了在实际生活中负面情绪如何增加实施（家庭）暴力的意愿。[12] 为了得出可靠的结论，研究人员必须衡量负面情绪的触发因素，并将其与暴力统计数据相关联。作者利用的事实依据是，对许多美国男性而言（当然不仅仅是在美国），他们支持的体育俱乐部比赛失利会导致相当大的负面情绪反应。作者提出假设：当地职业橄榄球大联盟（NFL）橄榄球队的意外失败会引发支持者的愤怒和挫败感。这些情绪继而又增加了在与伴侣争吵时使用暴力的可能性。研究人员将 12 年间 750 个城市中披露的家庭暴力案件数据与 NFL 周日比赛的结果相关联。如果比赛结果令人大跌眼镜，热门球队败给了所谓的劣势对手，则相应 NFL 球队所在地区的暴力发生率会增加 10%。针对女性伴侣的暴力行为的增加主要集中在比赛终场哨响前后。

还有其他研究也利用地方体育俱乐部的（意外）失败或胜

利,来衡量日常生活中情绪对我们社会行为的影响。例如,当"他们的"橄榄球队恰好输球时,法官会对年轻人进行特别严厉的惩罚。[13]城市暴力犯罪率的上升或下降在一定程度上取决于城市橄榄球俱乐部的成绩。[14]

七宗罪之一

有种感觉可能人人都知道,却都不愿意谈起。教皇格列高利(540—604)将这种感觉列入他提出的著名的"七宗罪"——我们来谈谈嫉妒。

嫉妒是一种强烈的,同时又具有破坏性的感觉,是当别人拥有自己求而不得的东西时产生的不适感。无论是收入、汽车、房子或体面的工作等物质方面的东西,还是社会地位、美貌、智慧、口才或教养等非物质方面的东西,都会引发这种感觉。每个人都认识一个在某些方面更出色、更富有或更可爱的人,我们会因此嫉妒他/她。人们还会嫉妒那些在社会上享有特权的或成功的人,尤其是当人们感到被排斥、被亏待或受歧视时。

总有一些东西让我们眼红。作为一名科学家,你可能不会因为邻居拥有更大的花园和更豪华的汽车而感觉不适。但是,如果你的同事只有你一半的能力,却赢得了一个又一个学术奖项,获得了更好的大学的青睐,文章被引用的次数更多,在推特上的粉丝更多，而且收入还更高呢？

为什么隔壁的电视迷拥有绝对理想的身材，而你，虽然经常跑步锻炼，体重却怎么也减不掉？为什么那个信口开河的党内同事，尽管只是"草包"一个，却在联邦选举中获得了更好的名次？为什么你去北海度假时总是下雨，而你的朋友却不断给你发送棕榈树下的自拍照？

一般来说，嫉妒是邪恶的推进剂。也就是说，嫉妒转化为失意，而失意又转化为攻击。然而，情况并非总是如此。心理学家将嫉妒分为良性嫉妒和恶性嫉妒，前者表现为实现渴求目标的积极动机，比如更努力、更有耐心、更自律地做事。有些人认为这种嫉妒总体来讲是促进繁荣和进步的，但这是另一个问题。

不幸的是，恶性嫉妒也同样常见。有这种嫉妒心理的人不问自己应该怎样做才能同样获得所羡慕的事物和能力，而旨在摧毁让他们嫉妒的事物。我们可以这样描述这种嫉妒：毁灭那些让自己心烦的东西。比如，刮花保时捷，毒死邻居饲养的漂亮贵宾犬，诋毁竞争对手，在老板面前抹黑工作出色的同事，一听到豪华的空中别墅有噪声就立即报警。

换句话说：嫉妒会减少我们对某些人的同理心，因为他们拥有我们渴望拥有却不能拥有的东西。同理心的减少意味着我们不太关心他们的幸福，甚至可能希望他们不幸福。这继而导致我们在他们面前表现得不那么友好。简而言之，嫉妒使我们变得不道德。

第三章　如果凭直觉做决定：心情、嫉妒和其他感觉

这是个很合理的假设。但如何验证呢？当我思考这个问题时，我意识到只有借助实验才能实现，我想到可以用电击来实施一种明显不道德的行为。但如何引发嫉妒呢？在文献中，性吸引力经常被描述为嫉妒的潜在根源。[15]对有性繁殖的物种来说，交配行为的成功绝对是进化过程中的核心。[16]因此，对性满足的渴望以及被拒是我们情绪的相关驱动因素，我可以从这一点着手。

从参与者的角度来看，我的实验[17]步骤如下：设想你受邀参加这项研究。几周前，你向实验室发送了一张自己的照片。你被要求发送一张"照得不错"的照片，但你不知道用途。你坐在实验室的工作台前，首先有人会告诉你，你将与另一名参与者组成一个二人小组。然后，你从实验说明中了解到，一会儿你将有机会对另一人实施医学上无害却使人痛苦的电击。说明书中有具体说明，你可以选择A，此时你不会额外获得一分钱。你也可以选择B，说明中写道："如果你选择B选项，你将获得额外的10欧元报酬。你的决定还将导致另一个结果。如果你选择B选项，另一名参与者将遭到痛苦的电击。连接在参与者前臂上的两个电极将产生脉冲电流。"我们会如实告诉你，脉冲电流对人体健康完全无害。为了消除你对实验内容的所有疑虑，请阅读以下内容：在本实验中，你需要做出的决定是，你是否愿意为了金钱而使他人遭受痛苦。

接着，你将很快收到另一位参与者的其他信息。如果你是男性，你将知道对方也是男性；如果你是女性，你将知道对方也是女性。对一位女性参与者来说，实验如下（对男性来说，一切相同，只需调换性别角色）：你得到提醒，在实验开始前几周，你发送了一张自己"照得不错"的照片。你了解到另一位参与者也发送了一张自己的照片，由三位风度翩翩的年轻男士对你和另一位参与者的两张照片进行比较。"这三名青年需要回答，照片上的两位——你和另一位参与者——在他们眼中谁更有吸引力。"

我们为了这项评价任务特地邀请了三位青年男性，向他们提出的三个问题分别是：这两位女士哪一位更漂亮、更有吸引力？如果让你选择，你更愿意深入了解这两位女士中的哪一位？你能想象与两位中的哪一位更加亲密？接着，几位俊逸青年对所有问题进行了一致投票，答案要么是你或另一位参与者更有吸引力，要么是两位吸引力相当，你将在下一屏中获悉答案。

消化完所有信息并准备就绪后，继续点击鼠标进入下一屏，获取最关键的信息。屏幕现在显示为：

此处你将看到三位俊逸青年的答案
—— 这两位女士哪一位更漂亮、更有吸引力？回答：另一位参与者。

第三章 如果凭直觉做决定：心情、嫉妒和其他感觉

——如果让你选择：你更愿意深入了解这两位女士中的哪一位？回答：另一位参与者。

——你能想象与两位中的哪一位更亲密？回答：另一位参与者。

接下来是问题：你选择哪一项，A 选项（无电击）还是 B 选项（电击）？

很可能你早已摒弃了所有卑劣的动机。你永远不会选择 B 选项，但鉴于另一位参与者显然在性方面更有魅力，你也许感到嫉妒，并萌生了这样的想法："我为什么要对她友善，她一定是个傲慢的讨厌鬼。"

我无法观察参与者的头脑，但我可以观察他们的行为。结果很明显：当参与者获悉她俩看起来"大致一样迷人"时，也就是在没有产生嫉妒的条件下，29.6% 的参与者会电击对方。考虑到实验说明中明确指出了这些决定的后果，这一数字本身就令人不安。但这仅仅是个开始，当参与者得知对方更有性吸引力时，选择 B 选项的人数上升到 70% 以上。大幅的增长说明了嫉妒是邪恶的推进剂：对方拥有我没有的东西，我嫉妒他——而他必须为此付出代价。顺便说一下，男性和女性实验组的结果非常相似。尽管总体来说女性给人的震撼要小一些，但她们的嫉妒反应与男性相同。

嫉妒与暴力

嫉妒会减少我们对他人的同情。然而，这种去抑制效应并不专门和直接针对我们所嫉妒的对象。它也不一定只针对一个人。嫉妒可以针对一群人，并将释放出来的攻击性转移到其他人群。

所有人都嫉妒"上等人"，也就是那些长相俊美、事业有成的人，他们在生活中（应该）是文雅的、自信的。人们嫉妒那些深谙成功之道并能运用以及最终获取成功的人，他们似乎能毫不费力地将财富、健康、权力和幸福聚集到自己身上。这让所谓的"落后者"感到自己处于不利地位而且得不到尊重。这种生活在阴影中的挫败感再度激发了嫉妒，然后是愤怒，甚至是仇恨。事态会如何发展呢？

通常，人们会将这种由嫉妒引发的仇恨发泄到那些他们认为对自己的失败负有责任的人身上。在斯洛伐克进行的一项实验表明，是否愿意将一个群体当作另一个群体的替罪羊与前者的社会地位息息相关。[18] 该研究测试了人们是否愿意为他人的不当行为惩罚一个无辜的人（替罪羊）。这个实验的特殊之处在于研究人员将无辜者的种族设计为变量。如果一个无辜的旁观者属于少数族裔（本例中为吉普赛人），那么实验中他因为别人的粗鲁行为而受到惩罚的概率就会增加一倍。

替罪羊一词来自《圣经》，更确切地说来自第三卷。替罪羊是一种祭祀用的山羊，人们把自己的罪孽都推卸给它。社会心理学家认为，当无法惩罚真正造成问题的人时，我们总是将愤怒和攻击转移到替罪羊身上。[19]然而，一个"最理想的替罪羊"究竟有什么特征呢？据我所知，这方面还没有令人信服且普遍有效的理论，但有两个因素在我看来至关重要。首先，被当作替罪羊的群体要使人们有可能将痛苦（部分）归咎于他。为使这一做法有一定的可信度，该群体必须拥有最低限度的权力。其次，这个群体也不能太强大，否则就不适合成为牺牲的目标，毕竟，人们希望以"胜利者"的身份离场。也就是说，要足够强大，但又不能太强大。这样，人们选择一个替罪羊群体时就需要考虑两个条件：一方面，它为自己的不足提供了一个"理由"，这使嫉妒者感到宽慰，因为他或她不必为自己的痛苦负责。另一方面，它为自己的挫折和仇恨提供了一个恰当的目标，因为它足够弱小，人们能够将"责任"推卸给它，而无须付出太多代价。

从历史的角度看，某些人为了达到自己的目的，将犹太人当作替罪羊，对犹太人的集体迫害和暴力就像一条主线贯穿欧洲历史。嫉妒是欧洲人仇恨犹太人的一个主要因素，而这又被纳粹利用，这似乎非常合理。许多作者都曾提及，正是犹太人（大多被同化）在德意志帝国取得的过度成功，"轻轻松松"让许多人支持反犹主义或至少不反对反犹主义。这既是对商界、学术界和艺术界杰出人物的嫉妒，也是对犹太人教育成果的嫉妒，衡量的依据是高中毕业生、医生或律师中犹太人占总人口的比例过高。[20]

时至今日，社会少数群体仍是有嫉妒心理的人的攻击目标，尤其是外国人和寻求庇护者。我并不是说嫉妒是种族主义骚乱的唯一原因，但这是一个非常重要的原因。嫉妒是因为一个人拥有的少，没有归属感，感到被排斥。还有什么比把压抑已久的挫折感和愤怒情绪发泄到那些更弱小的人身上更"理所应当"呢？何况还可以把自己的艰难处境归咎于他们：因为可以说是他们抢走了自己的工作，还能得到国家的慷慨资助，而"正统的德国人"——"人民"——却在苦难中煎熬。

我和苏黎世大学的同事约瑟夫·茨魏米勒一起，对右翼极端主义的暴力行为和失业之间的关系进行了更深入的研究。[21]在研究中，我们使用了数年来德国各个州每月右翼极端分子刑事和暴力犯罪案件的数据，数据来源于联邦刑事犯罪调查局。通过对不同州不同时期的细致观察，我们发现犯罪率的变化与该州失业率的变化有关。我们假设，较高的失业率会对右翼极端主义暴力产生推动作用。一方面，因为"外国人抢走了工作"的言论是一个保护自己不受伤害的"好"理由。另一方面，我们猜测是因为民众为外国人出头并保护他们免受侵犯的意愿正在下降。

第三章　如果凭直觉做决定：心情、嫉妒和其他感觉

诚然，真正准备使用暴力的人相对较少，但是，这些人是否能够肆无忌惮地使用暴力取决于大多数人是否允许他们这么做。人们是愿意插手干预，与准备使用暴力的人进行理论，还是视而不见，甚至拍手称快？暴力最终是否被普遍使用取决于大多数人的行为，而不是心理变态的个别施暴者。

事实上，我们发现失业率对右翼极端主义的犯罪和暴力行为有显著的刺激作用，尤其是对犯罪行为的影响更为明显。顺便提一下，我们还可以证明，东西部右翼极端主义暴力行为差异的决定性因素是失业率的差异，而不是"东部的社会主义思想"。

在嫉妒与暴力的相互作用下，我看到了要求减少社会和经济不平等的核心论点。一个社会的幸福感和地位差异越明显，就越可能出现道德冷漠和暴力的问题。这一点正是大量相关研究的结果，那些研究阐释了社会不平等的表现形式与暴力之间的相关性。[22] 研究认为，发生暴力的因素包括失业率高、贫困、晋升机会少、平等机会缺乏和住房短缺。因此，消除日益加剧的不平等现象不仅是人道主义的需要，也符合经济和社会利益，对我们的民主制度的存续也至关重要。

接下来该干什么？走近百姓。那些因为缺乏认可而有暴力倾向的人的状况无法通过暴力得到改善，只能鼓励和认可他们。当然，这比嘲笑那些所谓的"没教养的失败者"和"白痴"要难得多。但是，真正关心社会团结的人都不应该嘲笑他们，而应该不厌其烦地进行正面的交谈（参见第七章）。

嫉妒不仅可以自发产生，还可能因为某些政治目的被人激发和煽动。一个古老但至今仍然奏效的伎俩就是夸大其词，对问题大肆渲染，同时自己来扮演救世主的角色，同所谓的问题制造者进行斗争。正如将犹太人、少数族裔和外国人看作苦难的始作俑者，刻意强化对他们的仇恨，甚至在原本没有仇恨的时候去刻意挑起。斥责他们的"罪过"可以否认自己的失败，因此让人心理舒适，而且还为政治行动确定了一个有利的目标。[23]

我想通过一张海报来说明某些人如何通过诽谤和挑唆来激发民众的嫉妒，以此实现右翼分子的煽动目的。我之所以选择这张海报，是因为它与我实验中嫉妒的动因相同——性竞争。图3-1是纳粹宣传刊物《先锋报》上的插图。它说明了纳粹是如何利用民众对犹太人的嫉妒来达到自己的目的，从而煽动反犹主义的。这幅画展示了一个富有的犹太人，他不仅富有，还利用自己的财富引诱女人。在标题《奇耻大辱》之下写着："化外之民，被金子所诱惑——伫立在金子堆上，蒙受玷污。灵魂被毒害，血液被污染——灾难栖息在他们的怀。"这不仅是对财富的嫉妒，也是对"富有的犹太人"从"德国人"那里"偷走"女人这一假定事实的嫉妒。这幅海报中，性嫉妒强化了犹太人贪婪而且富有的言论，这种手段在今天的排外运动中仍可看到。

第三章　如果凭直觉做决定：心情、嫉妒和其他感觉

图 3-1 《先锋报》插图

注：摘自《先锋报》(1935 年)

是 / 不是我们中的一员

我们已经看到同理心是如何被嫉妒之情所削弱甚至消灭的，但很多时候根本不需要嫉妒，而只需要一种感觉，觉得某人不属于我们，不是我们中的一员，而属于另一个群体。想象一下，我问一个来自科隆的人，在独裁者游戏中，愿意在 10 欧元中分出多少给一个陌生人。这个陌生人要么来自科隆，要么来自杜塞尔多夫。你认为他给谁更多？科隆人还是杜塞尔多夫人？

几年前，当我还在苏黎世生活和工作的时候，克里斯蒂安·泽恩德（现在已是在洛桑工作的同事了）和我做了一个实验，参与者可以根据另一个参与者住在苏黎世的哪个区来做决定。[24] 实验规则是这样的：一个参与者得到10法郎，他可以决定将其中的多少分给另一个人。他分给对方的每一法郎都会被我们增加到3倍。例如，如果他分出去8法郎，对方就能得到24法郎。转账后，轮到由对方决定是否转回以及转回多少钱。在专业文献中，这种游戏被称为信任博弈，[25]因为参与者转给对方的金额体现了他对另一位参与者公平行事的信任程度。如果参与者完全信任对方，将10法郎全部转给他，而对方也公平行事，那么双方都能得到15法郎。如果他不信任对方，一分不给，则双方都只能获得其原始的配额（10法郎和0法郎）。当然，如果参与者信任对方并转出资金，而事实证明对方不值得信任，那这个结果对参与者来说就很糟糕。例如，他转出10法郎，而对方转回0法郎，那么转出资金者最终一无所获，而另一位则带着30法郎回家。

我们组织了大约1 000位苏黎世市民参与这项游戏。除了居所属于哪一个区，参与者对对方的信息一无所知。苏黎世市民平均会将总额的66%转给对方，但转出金额因居住区域的差异而大有不同。社会弱势群体较多的区域和那些所谓的"不良"区域的市民得到的相对较少，而相反，较富裕区域的市民得到的较多。也就是说，居住在吸引力较低区域的人很不幸。仅仅因为他们居所的位置不好，得到的金额就相对较少，这种效应被专业文献称为统计性歧视。这种歧视是合理的，因为从领取较多的人那里收到的金额，平均也高于从领取较少的人那里收到的金额。

但是，另一个发现使这项研究变得格外有趣：无论一个区的普遍受信任程度如何，参与者转给与自己同区的人的金额总是多于转给其他区的人的金额。某人"和我来自同一个区"，这一事实额外提升了信任度。因此，人们一般会积极看待和自己同区的人，这些人得到的数额平均比其他区的人多10%。

研究结果表明了亲社会行为的一个重要决定因素。我们将旁人划分为自己人和其他群体，分为"我们"和"他们"，再根据这个分类来行事。我们通常会以更多的同理心对待和自己属于同一群体的人，并对他们表现得更加友好和亲切。所属群体在移情和社会知觉中的作用是塔吉菲尔和特纳提出的社会认同理论的核心，[26]该理论将群体间的歧视进行了概念化并加以解释。简而言之，该理论的基础建立在这个事实上：我们一直以来都将自己和他人划分为不同的类别，如男人、女人、学者或外国人。此外，相比于其他群体成员，我们更积极地评价自己的群体及其成员，从而产生社会认同感。我们希望对自己和所有与我们相关的人进行乐观的评判。这种对自己人的偏爱和对其他群体的排斥解释了为什么苏黎世人更信任自己同区的人。

令人惊叹的是，划分群体所需的条件并不多。研究表明，一件T恤的颜色、掷硬币的结果或对某些著名画家的偏爱都足以划分自己人和其他群体。[27]例如，陈艳（Yan Chen）和李欣

（Sherry Xin Li）在塔菲尔等人的开创性研究基础之上，说明了这种"最小群体"如何影响亲社会行为。[28] 群体认同感的创建过程如下：向所有参与者展示两位画家（保罗·克利和瓦西里·康定斯基）的作品，让他们选出自己认为更美的一幅。根据他们的喜好，参与者被分配到"克利组"和"康定斯基组"。[29]

看似无关的分组将如何影响我们的社会行为？两位作者通过这个研究进行了说明。相较于对康定斯基爱好者，克利爱好者对其他克利爱好者表现得更为慷慨。他们对康定斯基组内成员的反社会行为的惩罚也明显更严厉。他们对自己群体的亲社会行为的奖励要多于其他群体。由此可见，仅仅对少数艺术作品进行不同的鉴赏，就能影响亲社会行为。

从群体归属的角度思考问题可能会产生非常糟糕的后果。例如，法官在审判本族罪犯时会更加宽容，[30] 而法官和警察在刑事诉讼中也总体上会表现出偏向本族的种族偏见。[31] 还有一个例子是党派归属。政治学家仙托·艾英戈和肖恩·J.韦斯特伍德在一项实验中要求参与者在两名奖学金获得者候选人中做出选择。两名候选人的申请书质量完全相同，不同之处仅在于党派倾向。尽管他们的能力相同，但投票结果却因党派倾向而表现出了明显的偏好。79%的民主党人选择了支持民主党的候选人。共和党人中，80%的人选择了共和党的候选人。甚至当本党派候选人的成绩不如其他候选人时，参与者也更倾向于选择本党派候选人。[32]

第三章　如果凭直觉做决定：心情、嫉妒和其他感觉

困境

当涉及道德困境时，情绪也会影响我们的判断。最著名的可能就是"电车难题"了。电车难题出自哲学家菲利帕·福特的思想实验：[33]假设一辆电车失去了控制，有可能碾过电车轨道上的五个人。人们有机会将电车转向旁边的轨道，在旁边那条轨道上只有一个人，转向后，就不是主轨道上的五个人被电车碾轧致死，而是一个人。为了救五个人而让电车转向，从而导致一个人的死亡，从道德上讲正当吗？不管如何抉择，最后都会导致至少一人死亡。

虽然这只是一个思想实验，但在现实中却有很多应用场景。假设一架客机被恐怖分子劫持，恐怖分子的目的是将飞机撞向人山人海的体育场：如果没有其他办法让飞机偏离这一目标，那么是否应该下达命令击落飞机？德国立法者对此有明确的意见。2006 年，在一项具有里程碑意义的判决中，联邦宪法法院裁定，这种击落命令不符合《基本法》。[34]法官们认为，击落飞机侵犯了未参与犯罪的客机乘客的生命权，因此这一行为是不被允许的。

自动驾驶车辆的编程问题也离不开电车困境的伦理讨论。即使会对其他道路使用者带来危险，算法是否也应该保护驾驶员和乘客？举例来说，如果一群行人突然穿过绿树成荫的街道，没有注意到自动驾驶汽车，汽车已来不及刹车，那么自动驾驶汽车应该径直撞向行人，还是转而撞向旁边的大树，从而对车内人员造成致命后果？还有，算法在"决策"时是否应该考虑行人的身份，例如老人或者儿童？德国数字化和交通部任命的伦理委员会对此表达了明确的立场，[35]认为不应考虑个人特征。

但是，"普通人"如何看待这个问题呢？一组研究人员收集了来自世界各地的4 000万人关于设定算法的选择。[36]其中大部分人的决定基于相关人员的个人特征。如果路上是孩子，他们宁愿为了保护孩子而危及车内乘客。如果换成老年人则刚好相反。他们对罪犯表现出了特别的反感：保护这个群体的意愿甚至比保护狗还低。另一个决定性因素是个人关注点：一般来说，大多数人认为自动驾驶汽车在任何情况下都应尽量减少受害者人数，即使这意味着牺牲车内人员。然而，当被问及会购买什么样的汽车时，大多数人都要求自动驾驶汽车能够不惜一切代价保护乘客。[37]

在一个备受关注的电车难题的衍化实验中，不是选择是否将电车转向另一条轨道（牺牲一个人），从而挽救五个人的生命，而是行为人必须决定是否要把一个人从桥栏杆处推下去，以此让火车停下，救出五个人。数十项研究表明，大多数人愿意让火车改道，然而，在衍化实验中，大多数人不愿意推人下桥。一项颇具影响力的研究[38]用情绪来解释这种差异：一想到要主动把人推下桥，人们就会自动产生情绪反应，将该行为归类为道德错误和令人厌恶的。而在"只"让火车改道的情况下，这种反应不那么明显。

这一说法得到了神经生理学研究结果的支持。借助功能性磁共振成像，研究得出了如下结果：在桥梁研究中，涉及面对面的人际互动，而让火车改道则没有人际接触。在有人际互动的情况下，大脑中负责情绪反应的区域被激活的程度更强烈。作者还发现，在桥梁研究中选择推人下桥的决策时间比决定让火车转向的时间要长得多。这表明参与者需要更加努力地控制自己的情绪。

当然，人们可能会问，无论是对于情绪的作用，还是对于自动驾驶的相关问题，电车困境的研究结果究竟有多大意义。毕竟，这个决策的场景是纯粹的假设。没有人真正决定别人的生死、改变电车方向、击落飞机或将人推下桥。我也在思考这个问题，因此，与罗兰·贝纳博以及卢卡·亨克尔一道，进行了世界上首次真正关乎别人生死的电车实验。[39]

为此，我们再次使用了"拯救者研究"的实验设计：通过向救援组织捐款，可以使人们避免死于结核病，如果没有捐款，人们就会死于结核病。在这样的背景下，我们在新实验中创造了一个与经典的电车难题完全吻合的决策情境。替代电车难题中改变电车的行驶方向的是，本实验的参与者可以改变捐款的去向。后续与经典的思想实验相同：如果不改变捐款去向，印度某邦将有三人死于结核病；然而，如果参与者进行干预并改变捐款去向，那么印度另一个邦一名原本可以存活下来的人就会死去。因此，参与者必须仔细思量：是应该转移捐款，但带来一名无关人员的死亡，还是应该不干预，最终导致三个人死亡？

这个情境不仅仅是电车困境的真实写照，也是援助组织经常要面对的情况：他们经常在某地区救助当地民众，但行动期间，另一个地区却发生了更严重的灾难。现在是否应该让原救助地的民众听天由命，而去帮助灾区更多的人？

在实验中，参与者通过一个动画来完成选择（见图3-2）。如图，"骷髅头"缓慢地向右边的三个小人移动。参与者可以选择干预，即改变捐款的去向，方法是将交界处左侧的滑块向下拉。于是，岔路口被打开，骷髅头向下方的单个小人移动，正如该决定所暗示的结果。

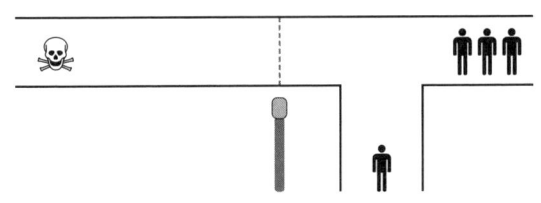

图3-2 真实版电车难题中的决策画面

注：骷髅头从左到右缓慢移动。如果它没有转向，就会有三个人死亡，如果被滑块控制转向，它就会向下"拐弯"，从而导致一个（不相关的）人死亡。

为了搞清楚与纯粹假设的实验中所做的决定相比，一个具有真实后果的决定是否会引起不同的情绪和行为，我们分两种情况进行实验：一种是（如上所述）他们的决定会产生关乎生死的实际后果，另一种是附注这是一个假设性的决定（正如经典的电车难题）。在有实际后果的方案中，的确会根据参与者的决定，发起真实的捐款和挽救生命。

参与者是如何决策的？在假设性的决策场景下，略低于79%的人决定进行干预并转移捐款以挽救更多的人。21%的少数人不愿意为此接受一个人的死亡。在具有真实后果的决策中，76%的人选择干预，24%的人选择不干预。可见，两种情况的实际后果只有细微的、在统计学上不显著的差异。

显然，这个困境是假设的还是有真实后果的，对结果并没有太大的影响。顺便提一下，实验中，参与者还需要就经典的电车难题做出选择，决定是否让电车改道，75%的人愿意这样做，几乎与前述两个比例相同。

通常，电车困境中的决定被用来区分两个核心道德范畴：功利主义的道德观念关注的是后果，康德开创的伦理学关注的是对与错的问题，不考虑后果。因此，功利主义者会改变电车（或捐款）的去向，因为这样做的结果是"只有"一个人死亡，如果不干预，则会有好几个人死亡。另一方面，康德主义者通常认为不应干预，因为从道德的角度来讲，杀死一个人从根本上是错误的，无论这一决定是否使更多人免于死亡。生命无价，不能"换算"成任何东西，也不能与另一条生命进行"换算"。

在德国，联邦宪法法院或伦理委员会（见上文）代表的正是康德主义立场。然而，与之形成鲜明对比的是，在我们的研究（以及假设性电车困境的经典实验）中，大多数参与者都是功利主义者。

我们还想弄清楚：功利主义者（转移捐款）和康德主义者（不转移捐款）在亲社会和利他方面有何差异。为此，我们从合作、利他、信任以及说谎方面进行了进一步的行为实验。我们发现，他们在道德准则方面没有明显差异。无论是在利他行为和合作行为的意愿方面，还是在信任他人或自己的诚信方面，功利主义者和康德主义者都非常相似。例如，功利主义者和康德主义者玩独裁者游戏，游戏中，他们获得了 20 欧元，他们可以将这笔钱在自己和一个关爱癌症儿童的慈善机构之间进行分配。康德主义者平均捐出 6.51 欧元，而功利主义者平均捐出 6.64 欧元，差异仅为 13 欧分。在合作行为方面的差异甚至更小。在一个最多可以捐出 5 欧元的合作实验中，康德主义者平均捐出 2.50 欧元，功利主义者平均捐出 2.48 欧元。

一切都可以如此简单：道德会让我们快乐吗？

到目前为止，我们已经讨论了情绪对行为的影响。最后，我想谈一个反向因果关系，这也是本书的一个核心问题：道德行为会让我们快乐吗？也就是说，此处的问题不是我们在心情好、快乐的时候是否会做出更多亲社会的行为，而是要探讨，亲社会行为是否让我们快乐（或至少快乐一点）。

我之所以提出这个问题，也是因为有不少研究人员对此持肯定的观点。而且这种相异的观点对本书的核心假设提出了挑战。我在第一章中曾论证，是成本阻碍了我们保持行善。当我捐款时，放弃了金钱；当我帮助他人时，留给自己的时间就少了；如果去搭乘拥挤的地铁，我就不能舒舒服服地坐在车里。这些削弱了我的个人利益，感觉都不好。这正是人们自私的原因。但这种观点是否过于悲观？我所描述的目标冲突真的如此强大吗，抑或实际情况大不相同？也许，做好事的收益和喜悦最终会占上风？

如果幸福与道德合而为一，那么我们在追求幸福的过程中，就别无他选，只能始终行善。这样一来，道德与自身利益的根本冲突就不攻自破了，道德问题也就不复存在了。当然，我们也不再需要一本书来探讨为什么做一个好人如此困难。

亲社会行为可以让我们快乐的观点有许多支持者，尤其是在心理学家中，普通大众中也有。那么我们就来谈谈这个观点吧。与此相关的最著名的一项研究证实了"亲社会行为使人快乐"的假设，该研究在《科学》杂志上发表了一篇题为《为他人花钱能提升幸福感》的论文。[40]实验过程如下：共有46名参与者于上午在大学校园里接受了研究负责人递过来的一笔钱（5 美元或 20 美元）。他们得在傍晚之前花完这笔钱。研究参与者随机被分为两组。其中一组参与者收到的建议是将钱捐出去或为别人购买礼物。与之不同，对照组则规定参与者将这笔钱花在自己身上，建议用于偿还未付账单或为自己购买礼物。衡量幸福程度的指标之一，是参与者要回答的一个问题：总体来讲是否感到幸福？这个问题会被问及两次，一次是早上，另一次是在参与者花完这笔钱之后。由两次回答的变化得出研究结果。

作者报告说，与把钱花在自己身上的人相比，那些把钱花在他人身上的人明显更幸福。这一发现实际上表明，相对于草率的个人消费，将金钱用于亲社会行为会让我们幸福感更强。其他研究也有类似发现。例如，参与者可以决定如何使用一张价值 3 美元的糖果券。[41] 其中一组是为参与者本人准备的，另一组是为当地医院的孩子准备的。把代金券捐给孩子们的参与者随后的情绪比把代金券留给自己的参与者稍好一些。结合其他研究结果，研究者们得出了一个"普遍"适用的结论，[42] 即亲社会行为会让我们快乐。

那么，是否可以认为，因为做好人的感觉很好，所以自身利益与道德之间根本不存在冲突？很多人都喜欢这些实验和实验得出的结论，这些结论无疑很受欢迎。我承认，我也喜欢幸福与道德水乳交融的观点，也想分享出去，但有两个理由阻止

第三章　如果凭直觉做决定：心情、嫉妒和其他感觉

我这么做。

第一个理由基于几个简单的问题。如果像研究所说,做好事能"普遍"让我们快乐,那为什么我们生活的世界是这样的?为什么我们不能更体谅别人,帮助处于困境中的人,减轻人和动物的痛苦,或者减少对环境的破坏?为什么在"拯救者研究"中只有一半的参与者愿意挽救生命,而另一半人却选择拿走100欧元?如果自私会让我们不快乐,为什么我们还常常只考虑自己?这不合理。

第二个理由与研究本身有关。在我看来,这些研究存在一些问题,我想以上述校园实验为例加以说明。这项研究要求参与者为自己或他人花费一定数额的金钱,紧接着测量幸福感的变化。我认为这项研究主要存在三个问题。第一,涉及的金额相对较小。花费3美元或5美元能让我们持续地感到更快乐或更不快乐吗?也许不能。第二,研究中的参与者没有进行选择,因此他们不知道自己所做的"决定"有何代价。这一点在我看来尤为重要。参与者处于亲社会条件下,得到了一笔钱,紧接着他需要将这笔钱花在某个特定的亲社会用途上。从这个意义上说,这种行为对他来说没有任何成本,因为他不能把钱据为己有或花在自己身上。与此相反,我们在日常生活中非常清楚我们的决定需要的成本。一般来讲,我们很清楚我们必须放弃什么以及我们需要付出的代价是什么。第三,关于研究的时间问题:在做出亲社会决定的那一刻，我可能感觉良好，没有人会否认这一点，但这种感觉能持续多久呢？也许衡量的只是短期的情绪变化，而不是幸福感的稳定变化。

如果在另一项研究中使用更高的金额，让参与者意识到其所做决定的代价，并对长期影响进行研究，结果是否会有所不同？我和我曾经的博士生托马斯·格雷伯（现在就职于哈佛商学院）共同研究了这个问题，并再次使用了"拯救者研究"的范式（见第一章）。我们的研究关乎参与者的决定——是捐出350欧元救人一命，还是自己保留100欧元。金额相对较大，而且涉及一个明确的亲社会决定。为了研究道德行为的因果效应，参与者被要求在两种彩票中做出选择。

我们称这两种彩票为"好彩票"和"坏彩票"（实验中称为A彩票和B彩票）。其结构如图3-3所示。选择好彩票的人有60%的概率启动捐款并挽救一条生命，有40%的概率自己获得100欧元。对于选择坏彩票的人，概率正好相反：有40%的概率挽救生命，而有60%的概率自己获得100欧元。因此，如果选择好彩票，做好事的概率比选坏彩票要高50%。

因此，那些想做好事的人会选择好彩票。而自私的参与者会选择坏彩票。目前为止，一切都好。实验的关键在于，救人还是得100欧元，实际结果是根据彩票上的概率随机决定的。因此，我们可以根据因果关系确定，最终是救了人还是得到了钱让他们

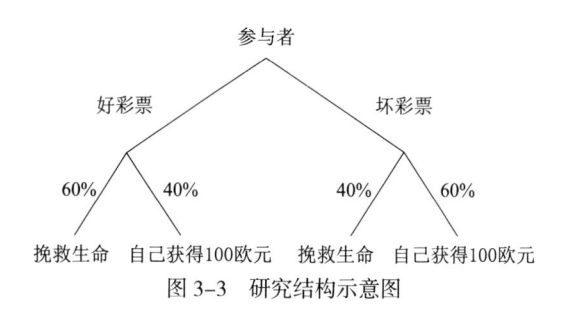

```
                    参与者
          好彩票              坏彩票
      60%      40%        40%      60%
    挽救生命  自己获得100欧元  挽救生命  自己获得100欧元
```

图 3-3　研究结构示意图

更快乐。要想知道道德行为同幸福感是否有因果关系，就不能简单地看参与者在进行了道德或自利行为之后幸福感如何变化。为什么呢？因为这种观察只能得出相关性结论。但是，因果关系可能是双向的：也许他们正是因为快乐，才愿意做出亲社会行为。

这个研究的设计与校园实验类似，谁启动亲社会结果，谁不启动，也是随机决定的。但与校园实验不同的是，参与者知道道德结果（挽救生命）是有代价的（100 欧元）。

我们也用量表衡量了参与者的快乐程度。第一次是在实验开始时，此时参与者还不知道实验的内容。第二次是参与者得知最终结果（救人或得到 100 欧元）后。四周后再测一次，以测量可能存在的长期效应。与校园实验一样，重点是幸福感的变化，对比参照的是实验开始时的第一次测量。

结果如何？当参与者得知自己虽然付出了代价，不得不放弃 100 欧元，但是挽救了一个人的生命时，他们会更快乐吗？让我们先看看短期效应，也就是彩票结果公布后即刻发生的变化。

与幸福感研究一致，此处我们的确发现了对幸福感的积极影响。无论选择了哪种彩票（好彩票或坏彩票），当被告知彩票选中了"挽救生命"这一选项时，参与者的幸福感都会增加。不过，影响极小。选择好彩票也会产生微小的幸福效应。（然而这种效应与彩票效应不同，并非因果关系，而只能被视为一种相关关系。）因此，参与者做出决定后，我们所得出的数据与上述幸福感研究的结果是一致的。

但四周之后情况又如何呢？当参与者回忆起他们在此期间得到了100欧元，或者挽救了一个人的生命时，他们会有何感受？情况与之前截然相反。我们发现，抽中了救人的参与者呈现出强烈的负因果效应，结果如图3-4所示。

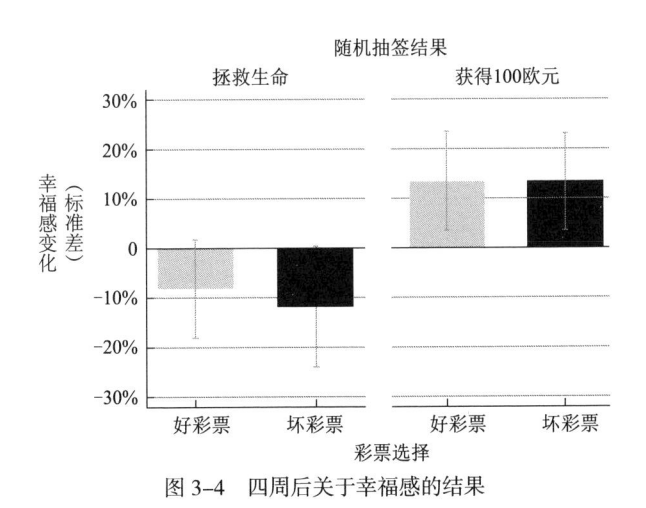

图3-4 四周后关于幸福感的结果

注：误差线表示平均值标准误差

第三章 如果凭直觉做决定：心情、嫉妒和其他感觉

图3-4中显示了实验结束四周后幸福感的变化。左侧两个竖条显示的幸福感变化来自所选彩票"决定"救人的参与者。右边的两根竖条显示了参与者所选彩票结果为自己获得100欧元时的相应变化。灰色条表示的结果来自选择好彩票的参与者，黑色条表示的结果来自选择坏彩票的参与者。

左侧的两个竖条显示为负增长。这意味着参与者在挽救了一条生命后，不如实验开始时幸福感强。这种效应与参与者选择的彩票无关：灰色和黑色的两根竖条都指向下方。而最后得到100欧元的参与者，则出现了完全不同的效果。右侧的两根竖条均指向上方，这意味着获得100欧元的参与者在四周后报告的幸福值高于实验开始时。

如果将左边的两根竖条与右边的两根竖条进行比较，我们可以总结得出：无论选择哪种彩票，获得100欧元的参与者与挽救一条生命的参与者相比，其幸福值明显更高。顺便一提，长期效应（四周后）的影响力是短期积极效应的四倍多。因此，获得金钱比拯救生命更能使参与者感到幸福。

有趣的是，对于那些在四周前选择了好彩票的参与者来说，这笔钱也让他们更快乐，见图3-4中右侧灰色条。对于这些参与者来说，在某种意义上这是一个完美的结果：他们表达了自己的善意，选择了更亲社会的彩票，接着仍然拿到了钱，十全十美！这就好比你主动提出帮朋友或熟人搬家，但在搬家当天却

"不幸"因为德国铁路公司取消了火车班次而无法成行。你可以说:"我十分抱歉,我当然很想去,但是……"

综上所述,在短期内,亲社会行为和该行为带来的道德结果会对许多人的幸福感至少产生微小的积极影响。这是一种短期的情绪效应。一段时间后,得到一笔钱的喜悦,也就是私心得到满足的喜悦,似乎压倒了做好事的快乐。这也解释了为什么在我们的实验中,只有60%的参与者选择了好彩票。如果做好事确实能普遍给人带来幸福感,那么应该有更大比例的参与者选择好彩票。因为通过我们的实验挽救生命,也许是最轻松的途径。

显然,我们必须区分短期效应和长期效应。在短期内,情感效应,即积极的情绪或良好的自我形象,对于感知幸福发挥着重要作用。但这些影响是短暂的,很快就会被金钱和消费的积极影响取代。人们一贯做好事,只是因为做好事能让我们快乐,这种说法太美好了,美好得不现实。也许,面对这一觉悟,我们可以从西格蒙德·弗洛伊德的观点中得到安慰:"让人类幸福,并不在上帝创造世界的计划中。"他一定是有所了悟。

小结

情绪和情感很重要,这一点毋庸置疑。但我不会像有些研究人员那样，认为我们所有的道德行为原则上最终都由情感来决定。"社会直觉模型"[43]在道德心理学中获得了极大的认可，根据这个模型的逻辑，我们的道德判断是"自动"生成的，意思是无须思考，是道德直觉的结果。情绪作为强烈的、具有情感色彩的道德直觉，在其中扮演着核心角色。[44]此处，对道德及其认知理据的思考主要被理解为一种合理化的表述，以便能够在他人或自己面前证明已经存在的某种判断的合理性。然而，即使是直觉主义的支持者也赋予理性以适度的积极作用：虽然通常是直觉占据上风并决定判断，但理性并不完全是情感的奴隶。人们有时会借助理性校正自己的直觉，或通过从对方的角度出发以及其他方式，有意识地接受新的道德直觉。

直觉主义者主张，或至少是含蓄地主张把责任交给情感，我认为，这无论在本质上还是在规范上都不成立。情感无疑起着重要作用，但它不能作为我们不当行为的可靠借口。此外，作为理性的人，我们会不断地在头脑中进行权衡。例如，我要在两个筹款组织中选一个进行捐款，其中一个从情感上对我有强烈吸引力，但如果我看到宣传单上的小字表示25%的捐款用于管理和广告，我就不会向其捐款。这一点我们在前文已经讨论过了。

许多研究还表明，某些细节决定行动的成本和收益，这些细节对决策行为有重大影响。举例来说，我的决定对结果是否具有权威性和决定性,也是一种需要认知高度参与的因素。我们将在下文中详细讨论其重要性。

此外,我们做出的许多与道德相关的决定也不是出于本能自发生成的,而是要经历数小时、数月或数年的时间沉淀。自发性和情感常常被混淆。如果我正以每小时 100 公里的速度行驶在乡间小路上,一头鹿跳上了行车道,距我 10 米左右,我不可能从容刹停,也无法冷静思考该怎么办,这毫无疑问。但是,精心策划通过 Cum-Ex[①] 交易逃税、有计划地欺骗商业伙伴,或常常逃票乘车,这些都是经过深思熟虑和尽心谋划的行动。做出这些决定,需要最高程度的理性考量,因此,这种情况下不可能由情感和本能做主。

自发的情感可能是有用的,身体的自然反应显然是生存所必需的。但是,因为老板不涨工资或优待同事就立即对老板大吼大叫并不是一个好主意。这种情况下最好先睡一觉,平息下来,然后再行动。给自己一个冷静期几乎总是值得的,因为正如研究所示,冷静期往往会带来更理性的决策,也就是符合我们价值观的决策和结果。[45]

我现在不想过多地扮演顾问的角色,请允许我在此简要地

---

① "Cum-Ex" 是一种股票交易策略,是指在股票分发红利的当天,同时进行出售和再次收购,交易时间很短,税务机构无法确定股票产权一方到底是谁,由此,买卖双方都可以拿到资本利得税的退税。——译者注

第三章 如果凭直觉做决定:心情、嫉妒和其他感觉

总结一下：情感是我们的行为（包括道德行为）的核心，它不能取代我们对是非对错的权衡和思考，但会促进或阻碍我们做好事。因此，在你做出具有深远道德意义的决定之前，应该时刻注意自己的情绪状态。

为了避免后悔莫及，你最好数到三——然后再做决定。

第四章

投桃报李：互惠与合作

人当以善待友，以礼回礼，以微笑回报微笑，以背叛对付谎言。

——《埃达》，13世纪北欧史诗集

几年前的圣诞节，我与一家慈善机构合作，在苏黎世及周边地区发出了约10 000份募捐呼吁书。捐款用于帮助孟加拉国的流浪儿童。[1]不过，我的另一个目的是观察小礼品的作用，研究小礼品除了像人们所说的那样能保持友谊，是否还能对捐款意愿产生积极影响。

我们随机寄出了三种不同类型的信函。第一类只介绍了活动目的并请求捐款。第二类内含一张由孩子们亲手绘制的明信片，收信人可以保留这张明信片。在第三类信件中，有四张手绘明信片。这样，我们就可以比较三种情况：没有礼物、有一件小礼物和有一件大礼物。

明信片对捐赠行为的影响令人印象深刻。人们在没有礼物时，捐款比例为12%，有小礼物时增加到14%，收到大礼物后捐款比例增加到21%。如果对比没有明信片和有四张明信片的情况，捐款意愿上升了75%，捐款金额也从17 000欧元增加到28 000欧元。

我们在餐厅常有这样的经历：我们会把友善当作服务员送出的小礼物，并在付小费时给予相应回报。如果遇到糟糕的服务、蛮横的服务员，你在付款时愿意凑多少小费呢？相反，如果得到了友善的微笑、细心的服务、专业又友好的建议，这时你肯定愿意多付一些。

心理学家凯西·L.蒂德在一项研究中也证实了这一点。[2]她23岁时，在西雅图一家鸡尾酒吧做服务员，她在所工作的酒吧进行了一项颇有启发性的研究：在接待顾客时，带着"些许"微笑（嘴角上扬但不张嘴），或带着"灿烂"笑容（嘴角上扬更多，露出牙齿）。事实上，友好的态度给她带来了实际的回报。当她带着友善的微笑服务时，无论是男性还是女性顾客所给的小费都明显更多。当凯西带着些许微笑时，男性平均支付4.75美元作为小费，女性平均支付4.65美元。如果她露出灿烂的笑容，女性给的小费平均为9.05美元，男性则高达14.15美元，几乎是微笑时的3倍。

现在谈谈人类最重要的行为方式之一——互惠。积极互惠所指的行为方式是，别人对我公平、友好，而我也对他们和善、友好、积极配合。消极互惠是指，当别人对我表现出不友好或不公平的行为时，我就对他们进行制裁和惩罚。[3]因此，这两种形式的互惠都是有条件的行为，这意味着，我的行为，是对我在他人处的体验和经历所做出的回应。

因此，在什么条件下人们会表现得易于合作、公平或道德？对于我们提出的这一问题，可以再增加一个核心条件：人们的行为取决于他们周围人的行为。无条件的利他主义不问"别人做什么"，而互惠行为则不同，它向来是对所经历的或至少是所预期的事情做出反应。我甚至可以说，世界上最能摧毁人们的公平、友善或合作意愿的，就是遭遇别人不公平、不友善或不合作的对待。与此同时，我们也承受道德上的压力，当别人对我们做出友好的举动，我们也应以同样友好的姿态来回应。例如，别人邀请我们共进晚餐，我们也要回请他。总之，我们的行为是好是坏，在很大程度上取决于别人待我们是好是坏。我态度和善的前提是，别人也态度和善。

在我与厄恩斯特·费尔和乌尔斯·菲施巴赫共同进行的一项实验中，[4]两位参与者A和B都得到了一笔瑞士法郎。在第一阶段，由A决定是给B钱还是将B的钱拿走，也就是说A要在公平和不公平的行为中做出选择。在第二阶段，B可以奖励或惩罚

A 的行为。奖励的意思是 B 将自己的钱转出一些给 A，惩罚的意思是 B 扣掉 A 一些钱，但这也会让自己蒙受损失。

扮演角色 B 的参与者可能会怎么做呢？假设 A 在第一阶段向他转账，这无疑是一种友好的行为。B 是否会给予奖励呢？如果他是利己主义者，就不会，因为奖励会花费他的钱。既然这个游戏到此结束，他就没有奖励 A 的战略动机。但如果 B 是互惠型的人，那么他就会觉得有必要奖励这种友好行为，即使这将使他有一定的经济损失（积极互惠）。

如果第一阶段 A 将 B 的钱拿走了，也就是 A 对 B 采取不公平行为，情况又会怎样呢？B 要因此惩罚 A 吗？如果 B 是个利己主义者，就肯定不会，因为惩罚对方，自己也要付出代价，从收益最大化的角度来看毫无意义。相反，如果 B 是一个互惠型的人，他就会非常想惩罚 A 的行为，即使这样做会让他付出代价（消极互惠），因为他认为 A 的行为是不公平的。因此，从 B 的行为中我们就能看出本实验是否可以体现互惠原则。如果是，B 就会奖励 A 的公平行为，惩罚 A 的不公平行为，哪怕 B 要因此付出代价。

结果证明了积极互惠和消极互惠的核心意义：A 给 B 的钱越多，平均回报就越高，也就是说，公平的行为会带来相应的回报。与此同时，不公平行为也会招致惩罚。A 在 B 处拿的钱越多，B 对他的惩罚力度就越大。如果 A 拿得太多，最终他得到的甚至比一开始时还少。立足于 B 所表现出来的互惠反应，我们可以说 A 的公平行为一般得到了回报。相反，不公平的行为却让他得不偿失。例如，一位行为特别不公平的参与者 A 从对方那里拿走了 6 法郎，这是最大限额，他最后得到的钱比实验开始时还少了 8 法郎。反之，如果 A 按最大限额将钱转给了参与者 B，后者就能确保他们在游戏结束时平均多得近 6.5 法郎，一半以上的人在此情况下甚至得到了 9 法郎或更多。

有很多实验可以证明在有控制的条件下存在互惠行为，这只是其中之一。互惠，既强大又普遍，几乎没有别的人类动机能与之相比。它表现在谈判中、市场上等各种场合。正如我稍后要说明的，它存在于所有文化中，只是程度不同而已。

在我们探讨互惠行为如何影响人际关系之前，先要解释一个概念：我所谈的互惠，指的是一个人回报友好行为和惩罚不公平行为的动机，即使这种回报或惩罚不会给他带来任何战略意义上的好处。例如，在上述实验中，角色 B 在奖励或惩罚 A 的行为时并没有获得任何物质利益。游戏随着他选择的结束而结束，参与者之间的互动是匿名的。因此，B 不可能是为了促使 A 在未来的互动中表现出公平而做出互惠行为。B 不可能获得"硬汉"的名声，也无法借此指望在下一轮实验中受到更好的对待。

然而，这种战略动机在日常生活中经常出现。当我们与他人反复互动时，为了自己的利益，我们甚至会发出某些可靠的信号，

第四章　投桃报李：互惠与合作

奖励公平的行为，惩罚不公平的行为，这样对方下次就会表现得更好。例如，当你痛斥邻居又把垃圾丢在走廊里，或者责骂同事在团队工作中不予配合时，在互惠动机之外，还多了一个策略方面的因素：下次请改正，否则你会很难受！因此，互惠行为有两个根源：互惠动机和战略考虑。在反复互动中，即使所有参与者都是自私的，没有真正的互惠动机，也能观察到互惠行为模式。他们之所以采取互惠行为，是因为这符合他们的战略利益——博弈论很早就提出了这样的见解。[5]然而，即使在匿名或单次互动中，大多数人也会采取互惠行为，这是行为经济学的一个重要见解。该结论来源于相应实验，排除了战略考虑和声誉效应。

合理的工资，出色的工作

互惠行为在劳资关系中的应用尤为有趣，相关性也特别大。这是有原因的。关于劳务市场和组织运作的最著名的经济理论之一是委托-代理理论。该理论着重分析企业（代表是"老板"或"主管"）与员工（"代理人"）的关系。简而言之，就是讨论利益冲突。一方是老板，他从利润最大化的角度出发，希望员工尽可能多地工作，但工资却尽可能低，因为支付工资会减少他的利润。另一方则是员工，他们希望少干活多挣钱。原则上，这种典型的利益冲突可以通过一份完整的劳动合同来解决，该合同应明确规定要做什么、何时做、如何做以及回报是什么。

但问题是，劳动合同从本质上讲是不全面的，它只能大致描述适当的工作量。造成这种情况的原因很多。例如，日常工作安排往往很烦琐，工作任务在签订合同时不明了或不完全明了。此外，具体范围内的工作成效往往也无法完整地看到。即使公司能够完美地衡量员工的工作表现，也仍然存在一个法律问题，那就是必须在法庭上证明雇员缺乏履行义务的意愿，而这非常困难，甚至是不可能的。除了员工明目张胆地拒绝执行，老板很难证明员工缺乏工作意愿或没有做出足够的努力。

由此可见，根据合同，工作成效只能在有限的范围内强制执行，因此，公司始终依赖于员工自愿投入或合作的意愿。当然，我们可以检查工作时间，对迟到或粗暴拒绝工作的行为进行处罚。但是，员工的积极性、对公司问题的主人翁意识，以及主动寻求解决方案的能动性是无法通过合同来实现的。公司和组织要想取得成绩，必须成功唤起员工高度的合作意愿并长期维持下去。归根结底，只有员工希望公司取得成功时，公司才能取得成功。

这里概述的问题也被称为基本动机问题。如何确保员工通力合作、积极进取呢？对此，经济学家和经济顾问的答案历来相当简单：金钱，最好再加上绩效控制、激励协议和解雇威胁。这一建议是建立在这样一个假设之上的：人们的积极性主要来自物质激励。这是事实，且这些建议都非常重要。如果不这么想，那就太天真了。但是，仅靠物质激励还远远不够。

没有人会为你付给他的钱而殚精竭虑，却可能因为你给予了他认可和尊重，为你鞠躬尽瘁死而后已。早在1964年，著名的社会学家彼得·M.布劳就说过："只有社会交换会引起个人的义务感、感激之情和信任感，而纯粹的经济交换则不能。"这听起来像教会日的诗歌，却有实证研究的证明。

让我们从一个颇具影响力的实验（"礼物交换游戏"）开始，仔细研究一下互惠行为在劳务市场中的作用。"礼物交换游戏"最早由三位奥地利经济学家厄恩斯特·费尔、格奥尔格·基希施泰格和阿尔诺·里德尔组织完成，此后在大量的衍化实验中证实了：它是行为经济学的真正经典。[6]实验设计（见图4-1）精确地再现了上述利益冲突以及由此产生的动机问题。"雇主"向"雇员"提供工作机会，并确定愿意支付的工资。雇员决定是否接受这份工作。如果接受，他接下来就要决定自己究竟想做多少工作。对他来说，选择的工作成效越高，付出的人工成本就越高，这意味着他要有更强的工作意愿、更长的工作时间和更大的工作强度，简而言之，他要尽一切可能把工作做得更好。这些在实验中通过金钱反映出来。如果员工选择更努力地工作，他获得的利益就会减少。[7]对雇主来说，情况恰恰相反，他支付的工资越高，自己的收入就越少，员工的工作成效越高，雇主的收入就越多。这就是典型的利益冲突。

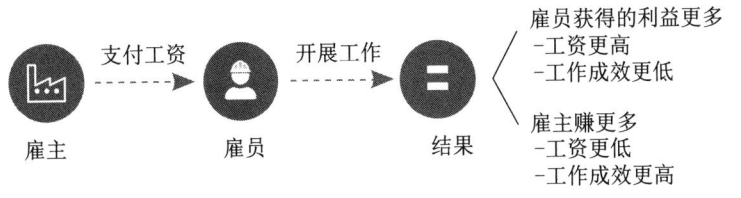

图 4-1 "礼物交换游戏"示意图

在这种情况下，自私的雇员总是会选择尽可能少地投入劳动力，无论得到多少工资，越多的工作最终意味着越高的人工成本和越少的个人利益。但大多数雇员的实际表现如何呢？数据再次给出了明确的答案。平均而言，雇员表现出积极的互惠性。付给他们的工资越高，他们工作得越多。换句话说，他们自愿合作，以更高的工作成效来回报公司的友好或慷慨行为。请注意，这里并不是纯粹的物质激励在起作用，因为工资并不取决于工作成效，而是相反，先付钱，后干活。

这种"礼物交换"不仅存在于雇主与雇员的双边关系中，也存在于雇员争夺好工作与雇主争夺好员工的劳务市场中。1999年，我与厄恩斯特·费尔一起证明了这一点。[8] 之所以强调是在1999年，是因为当时我们还没有建立计算机化的实验室。因此，模拟劳务市场的工作不能依赖计算机编程，而是要靠人力来完成。实验中有两个房间，一间给雇主，一间给雇员。每个房间里悬挂了两块板，每块板前站着一个助手。当一位雇主想开出一份工资时，他就会站出来报价，比如说50美元。这个数字就被记录在雇主房间的一块板子上，同时也记录到员工房间的一块板子上。为了把这位雇主开50美元工资的消息传达到另一个房间，雇主房间板子前的人给雇员房间的助手打电话。由于我们的实验是在手机普及之前进行的，所以我们在两个房间之间安装了电话线，连接了两部借来的军用电话。雇员也可以提出报价，相应的工资记录在雇员房间的第二块板上，然后通过电话传达到雇主房间，并记录在另一块板上。这样，所有劳务市场的参与者几乎都能实时看到所有有效的工资报价。

如果一位市场参与者（无论是雇员还是雇主）想接受一个报价，他就会再次示意，并宣布是哪个报价。然后，交易被中断，由另一名助手打开相应房间中的一个开关，亮起一盏红灯。在明确谁接受了谁的报价并记录在案后，再将灯调回绿色，交易继续进行。

总体而言，11名雇员和7名雇主间，雇员总是供过于求，因为每名参与者每轮只能接受一份工资报价。7份合同签订完成后，签订合同的雇员必须决定选择哪种工作成效。与现实生活中的情况一样，对雇员来说，工作成效越高，成本就越高。因此，单从物质角度思考，选择最低工作量才是可取的。

然而，结果表明，互惠的行为动机在这里也发挥了作用〔见图4-2（a）〕。商定的工资越高，选择的工作成效就越高，良好的报酬换来了优质的工作成效！同样令人惊讶的是，雇主平均支付的工资很可观，尽管他们本可以少付一点：由于雇员供过于求，竞争给工资带来了巨大压力，雇员们无情地相互压价。然而，雇主并没有给出低工资，而是选择相对较高的工资，尽管这对他们来说意味着劳动力成本更高。为什么呢？因为工资与工作成效之间的正相关关系意味着，工资高时比工资低时，他们的利润更高〔见图4-2（b）〕。

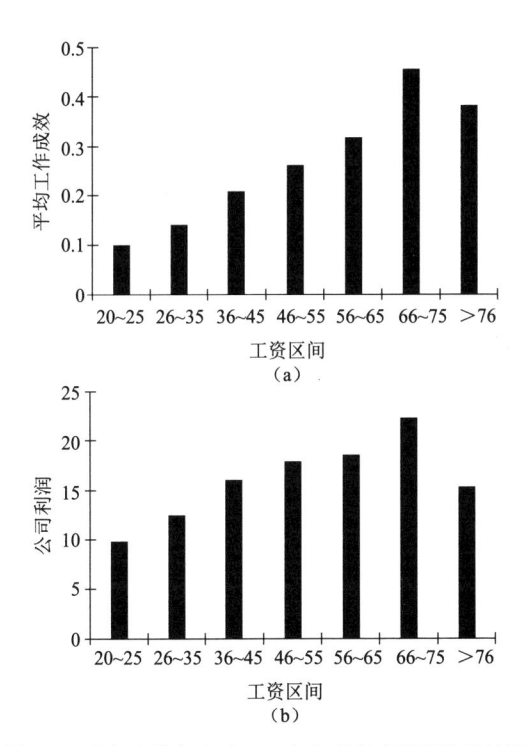

图4-2 费尔和法尔克（1999年）劳务市场实验的结果

第四章 投桃报李：互惠与合作

换句话说，雇主没有利用员工因供过于求而相互压价的现实，而是给了员工体面的报酬，这种行为是值得的，这样的慷慨反过来也得到了回报。因此，互惠对市场的总体结果也发挥着作用。然而，关键在于是否存在给予互惠反应的空间：在劳动力市场等不完全契约市场中，互惠可以影响市场结果，但在完全契约市场中则不然。[9]

美国经济学家杜鲁门·F. 比利在其著作《为什么经济衰退时工资不会下降》(*Why Wages Don't Fall During a Recession*) 中证实了这一点。[10] 书中，他向美国的人力资源经理们发问，为什么他们在20世纪90年代初的经济衰退期间没有简单削减员工的工资。他们的回答是：减薪会削减工人的士气，损害他们为公司工作的意愿，因而减薪的成本更高。与其面对员工遭遇减薪时的愤怒，还不如让他们离开。因此，互惠原则不仅能在实验室中模拟观察得到，在真实的劳动力市场上也能发挥作用，出于互惠原则的考虑，即使在失业率相对较高的危机时期，雇主通常也不会降低工资（按票面价值）。比利不仅证实了实验室的实验结果，还证实了乔治·阿克洛夫和珍妮特·耶伦最著名的失业理论之一。[11]（除此之外，还有许多其他类似的问卷调查研究。）顺便提一下，就是这位珍妮特·耶伦，如今作为美国财政部长，正致力于执行全球企业最低税率。

关于"礼物交换"的话题，我还想再说一点。要想启动公平对待和激励机制的有效循环，雇主应该将公平对待作为"礼物"，让员工有切实感受。在日常工作和生活中，物质，首先是报酬，起着核心作用，但提供良好的报酬并不是唯一方式。对雇主而言也可以是：引入灵活的工作时间、支持员工的职业规划、提供有利于家庭的服务（如提供儿童托管服务）、创造有吸引力的工作环境或营造愉快友好的整体工作氛围，同时也不要忘记真正认可员工的成绩和贡献。公平表现在很多方面，最终起决定作用的是"礼物"中透露出的对对方的关注和尊重。如果缺乏善意或只是口头说说，"礼物交换"就不会奏效。

有一项研究说明了人们对礼物的看法是多么不同。该研究要求学生为图书馆的图书编制目录，[12] 使前两组学生出乎意料的是，他们要么得到了比最初约定多 7 欧元的报酬，要么得到了一个包装精美的保温瓶。与没有收到额外礼物的第三组相比，这两组学生都工作得更努力。但这两组仍有很大差别：保温瓶上贴有醒目的价签，标价为 7 欧元，获得保温瓶的这一组学生比没有收到礼物的小组多工作了 30%，而额外获得 7 欧元的学生只多工作了 6%。有人可能会反对说，对这些学生来说，保温瓶似乎"更值钱"（尽管其标价也是 7 欧元）。其实不然。面对"愿意要保温瓶还是 7 欧元"的选择，其他参与者给出了明确的答案：92% 的人选择了钱，而不是保温瓶。

显然，除了纯粹的物质考量，情感因素在对礼品的认知中也发挥着重要作用。作为礼品，包装好的保温瓶主要不是为了体现其物质价值，它表示有人为取悦受赠者做出了努力。这就是互惠动机的真谛——真诚地想为对方做点好事，以表明自己是认真的，是花了心思的。任何一个在圣诞节收到过礼品店标准化的普通礼物的人都明白我的意思。送对礼物是一门艺术，送错礼物会适得其反。因此，尤其是在个人交往中，送钱可能会带来很大的问题。试想一下，在一个"浪漫之夜"后，给对方一个装有50欧元的信封，而不是一束价值50欧元的鲜花……礼物的类型决定了关系：私人关系还是业务关系。

信任是好事

我们已经看到，老板们公平对待有互惠意识的员工是值得的。但是，是否应该信任他们呢？给员工自由，下放决策权，希望他们不要滥用对他们的信任？这能起到激励作用吗？如果他人，比如我们的上级，给予我们信任，那么我们对他们的行为会不会更具有亲社会性和合作性？或者说，"信任固然好，监控更重要"这句格言是否适用呢？

我与法兰克福大学的同事迈克尔·科斯菲尔德一起仔细研究了信任与监控之间的相互关系。[13] 相较于信任，监控给人的感觉如何？缺乏信任是否会降低我们自发的合作意愿？还是说信任他人并不是一个好主意，因为贪婪和自私占据了主导地位？

实验设计非常简单（见图4-3）：实验中，参与者分别扮演"雇主"或"雇员"的角色。在雇员选择劳动力投入之前，雇主先决定是信任他还是监控他。在典型的利益冲突中，劳动力投入越多，雇主就越有利可图。与此同时，劳动力投入越多，比如工作质量更好或工作时间更长，雇员的劳动成本也就越高。在实验中，劳动力投入用分数来表示。

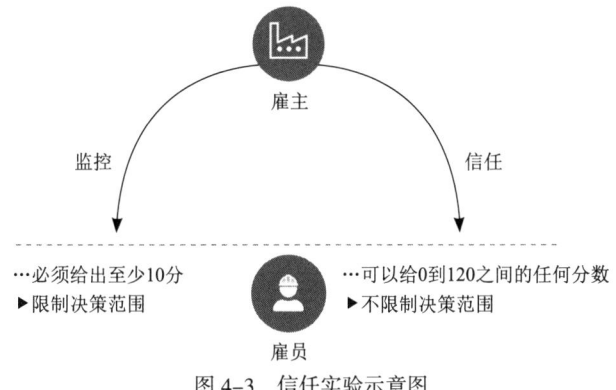

图4-3 信任实验示意图

具体来说，雇员必须决定如何在自己和雇主之间分配120分，类似于独裁者游戏。实验的关键在于，雇主可以决定是否限制雇员的决策空间，而且是在雇员做出决定之前。他要么让雇员自由决定，也就是说雇员可以给雇主0到120之间的任何分数；要么规定雇员必须给出至少10分，即给出10到120之间的分数。不限制决策范围是一种信任行为,因为雇主要承担雇员分配出的分数少于 10 的风险。而监控则意味着限制决策范围,从而确保雇员至少给出 10 分。[14]

因此,按照尼克拉斯·卢曼的定义,[15]信任在这里意味着"关键的投入"。信任总是让行为人面临风险,风险在于他的信任可能会遭人辜负,他的处境会比不信任时更糟。如果不让对方自由选择,规避这种风险,就不会产生信任。但正是因为这种风险,给予信任的人才会得到积极互惠者的回报。因为信任行为表达了对对方的积极期望,毕竟,一个人只会信任他认为值得信赖的好人,他这么做也是为了让对方明白这一点。

不信任别人,反而要控制他,表达的恰恰是相反的意思:我认为你不是自愿合作的,你只是在胁迫或物质刺激和威胁下才去做别人期望你做的事。因此,不信任别人传达的内容是对对方行为和品格的负面预期。为此,有互惠意识的人会在必要时惩罚你。

几年前,当我在图卢兹经济学院的一次学术研讨会上介绍这个实验,并刚刚解释了回报规则时,一位叫梯若尔蒂克的同事发言了。[16]他批评说:"如此显而易见的事情居然还要花钱做实验。"一时间,我竟哑口无言,但还是说道:"好吧,既然实验中发生的事情如此显而易见,不如您给我们总结一下实验的可能结果吧。"

接着他对自私而理性的经济人①进行了示范性分析：雇员总是会选择最低标准。如果（在信任条件下）他可以自由决定，他肯定给出 0 分。如果他（在监控条件下）受到限制，他就会给 10 分。雇主会预料到这一点，选择监控员工，员工就给出 10 分。

在这样的时刻，我真的很享受我的工作。我回答说，我们会牢记这一"显而易见"的预测，并将其与数据进行比较。

数据与预测相反：在受到监控的情况下，员工给出分数的中位数确实是 10 分，但如果得到信任，他们给的不是 0 分，而是 20 分，是受到监控时的两倍。因此，雇主的信任得到了回报，平均算下来他们赚得更多。但这并不意味着每个雇主都能通过信任获得更多收入。毕竟，也有一些员工没有回报信任，他们给出的是 0 分，这就是利己主义者。"这是你自己的错，"他们可能会想，"如果你愚蠢到信任我，那就不是我的问题了。"如我所说，给予信任的人要冒风险——遇到这种利己主义者的风险。如果所有人都是值得信任的，信任的概念也就失去了意义。

但是，由于绝大多数雇员对雇主的信任做出了积极的互惠反应，信任雇员的雇主平均收入要高得多。尽管如此，仍有近 30% 的人选择了监控选项。为什么呢？因为他们认为人们会像我的图

---

① "经济人假设"中的概念，其核心思想是人是自利的，以理性追求自身利益的最大化。这是经济学和某些心理学分析中常用的基本假设。——译者注

卢兹经济学院的同事预测的那样行事。当被问及对雇员行为的预期时，我们发现，那些选择监控选项的雇主认为他们会因此赚得更多。而那些信任雇员的雇主则恰好相反。因此，根据他们的预期，两组人的行为都是完全理性的，只是信任雇员的雇主的预期是正确的，而选择监控的雇主的预期是错误的。

有趣的是，雇员的行为似乎证实了这两点。那些信任他人的人平均得到了较多的回报，而那些选择监控的人得到的回报恰恰是最低的，看起来与他们对人性的悲观看法相符。他事后可以对自己说："我就知道，他们只会做必要的事情，幸好我监控了他们！如果我不限制他们，我肯定什么也得不到。"

研究结果对亲社会行为的本质有两个重要启示。一方面，研究表明，由于人类愿意互惠，两种情况下的期望都会成为"自我实现预言"：如果我抱有悲观的预期，因此不信任我的员工，那么他的行为也会相应地不值得信任。如果我含蓄地告诉他我不看好他，他为什么还要表现得很配合呢？相反，如果我因为对对方抱有更乐观的看法而给予他信任，那么这份信任就会得到回报。

另一方面，这也说明，偶尔改变一下自己的行为，做一些尝试，以不同于平常的方式与人交往，也是值得的。一个人可能会被困在自己建造的社会牢笼当中，因为尽管一切都符合自己的预期，自己也不认为会出错，但在反事实思维下的预期实际上是错误的。这种锁定效应①提供了一个说明为什么公司和团队高层的变动会产生巨大影响的理由。如果团队领导者不信任他人，或者企业文化建立在不信任和监督的基础上，那么各个团队就不会和公司有什么自愿合作。为什么要对一个认为我是坏人的老板好呢？如果换个领导，或领导者改变了自己的行为，那么原本不合作、不信任的状态就有可能发展成合作、信任的状态。

惠普公司的创始人戴维·帕卡德在他的回忆录中也描述了这一想法："20世纪30年代末，我在通用电气（GE）工作。公司特别热衷于保护工具和备件，以确保员工不会偷东西。面对这种明显的不信任，许多员工开始通过偷窃没有钉牢的东西来证实此事……惠普公司（HP）成立之初，我决定始终开放我们的工具和备件仓库，对此，我仍记忆犹新。这对惠普有两个好处：一个好处是，产品设计师和其他想在家里研究或周末研究新创意的人可以方便地进出；另外一个重要的好处是，开放式仓库是一种信任的象征。"

通用电气的员工通过自己的行为"证明"公司对他们的不信任，戴维·帕卡德的这个描述我尤其喜欢。这是互惠行为的一个很贴切的例子。

实验结束后，迈克尔和我又进行了一次问卷调查，以便在更

---

① "锁定效应"是行为心理学中的概念，描述人们一旦形成行为规则就很难改变这种规则，原因是事物在发展过程中对路径和规则的选择有依赖性。——译者注

第四章　投桃报李：互惠与合作

真实的环境中验证我们的观点。为此，我们描述了五个日常工作场景，每个场景分为两种情况（一种是监控，一种是信任），然后向参与者提问："您的工作积极性有多高？"两组参与者在工作岗位上的初始情况完全相同，但随后上司的行为方式有所不同，或充满信任，或乐于监控。

其中一个场景是这样的："您在一家超市做假期工。您的工作是在傍晚检查收银机里的现金余额，即查看收银机中的金额是否与账面金额相符。原则上，您只需从收银机里取钱，就可以轻易地利用超市的钱来敛财。但是，您认真检查了收银机，没有谋取私利，并如实报告了检查结果。"这就是相同的基本情况。在信任条件下，参与者接着将听到："超市经理相信您的汇报，不会再对余额进行仔细核对。"而在监控条件下参与者听到的是："在回家的路上，您发现自己忘了带雨伞。当您掉头进入超市时，您看到店长正在核查所有的现金余额。"紧接着，研究人员会询问参与者的工作积极性。

其他四个场景的设计与此相似，相关主题及监控与信任措施如下。

（a）遵守工作时间（监控：签署具有约束力的声明。信任：呼吁）。

（b）在求职面试中发现缺少一封推荐信（监控：补交推荐信。信任：求职者在未核实推荐信的情况下被录用）。

（c）禁止因私人目的使用复印机（监控：复印室上锁，钥匙需领取。信任：呼吁大家遵守规则，复印室开放）。

（d）禁止因私人目的使用互联网（监控：使用特殊软件进行监控。信任：仍然是呼吁）。

在五种场景下，情况都是一样的。与对照组相比，信任条件下员工的工作积极性始终较高，而在监控条件下员工的工作积极性往往很低，很少有高积极性。

当然，如果复印室上了锁，员工必须从"凶恶的管理员"那里拿钥匙，对公司来说，可以节省一些成本，但这样做会向员工发出什么样的信号呢？他们不信任我吗？为什么要限制我对复印机的操作？这是一个重要的观点：信任就像怀孕一样，只存在是或不是，而没有一点点之说。雇主不可能对他的员工说：没有，我只是在复印机的使用上对你不信任，但在其他方面我是相信你的。对别人的信任或不信任，不可能划分领域，而是针对个人的。对员工来说，这也意味着他的积极性在所有领域都被普遍削弱，即使他只是在某些无关紧要的情况下感受到不被信任。还有一点很重要：建立信任需要大量时间，还需要诚实；破坏信任则非常迅速，而且很难恢复。

说到节约成本，在贝尔吉施格拉德巴赫的一家地区医院担任护理人员期间，我在重症监护室照顾病人（很好），也在手术后清洗妇科手术椅，简直是蹚在溶剂和清洁剂中（不那么

第四章　投桃报李：互惠与合作

好）。此外，我们这些护理人员——处于医院职位金字塔的最底层——必须在早上6点报到，这也非常糟糕。在第一次巡视病房后、7点左右有一次早餐休息时间，在这之前，我们已经整理好了床铺、清空了仪器托盘、清理好了呼吸机。医院为所有工作人员免费提供小面包，这一做法受到了广泛好评。然而有一天，也许是某位顾问或某位心态特别差的主管"灵光一现"，小面包被取消了，理由是削减成本：我们不是面包店，人们是来工作的，不是来喝咖啡。毫不客气地讲，取消小面包的做法并不可取。举例来说，护士或护工在轮班时经常要小心翼翼地清理比医院所有早餐面包加起来还要贵的材料和护理用具，这样做是否真的值得？他们是否要因为新病人入院而延长值班时间？是否要自愿值圣诞班？

节约了面包成本，却破坏了工作氛围，降低了员工的忠诚度，在我看来，这可不是什么好买卖。因为这样一来，互惠的意愿就彻底消失了。

另一个小小的案例也值得一提，这次是来自服装行业的案例：两位加拿大心理学家萨布丽娜·多伊奇·萨拉蒙和桑德拉·L.罗宾逊与一家零售连锁公司合作，调查了信任对员工队伍、销售额以及最终客户满意度的影响。[17]该公司定期就各种主题对其约6 000名员工进行匿名调查。在调查中，研究人员增加了两组问题：首先，他们想知道员工在多大程度上认为管理层对他们抱有信任。其次，他们询问了员工对各自连锁店的经济效益的责任感有多强。调查结果与各连锁店的销售数字之间是否存在关联？是。如果员工普遍认为管理层信任他们，那么，该连锁店不仅在平均水平上比其他店更成功，那里的员工还认为自己对所在门店的经营业绩负有更大的责任。

围绕所谓的居家办公的争论也涉及信任问题。长期以来，"基于信任的工作时间"这一概念本身就令许多老板恼火，居家办公甚至是失控的缩影。老板如何监控员工在编制季度财务报表时有没有悠闲地高跷着脚或边做边看网飞？只有在新冠疫情背景下强制要求居家办公之后，许多怀疑论者才意识到，企业仍然在平稳运行，在某些情况下甚至比强制出勤时运行得更好。对此一直有证据表明，自主工作有利于提高生产效率。其中最著名的一项研究是斯坦福大学经济学家尼古拉斯·布鲁姆和他的同事们几年前在中国的一家呼叫中心进行的研究。[18] 研究随机选取了愿意转为居家办公 9 个月的员工。与继续在办公室工作的同事相比，他们的工作业绩提高了 13%。他们喝咖啡的时间减少了，请病假的次数减少了，在同样的时间内拨打的电话增多了。此外，他们的工作满意度也更高，对公司保持忠诚的平均时间更长。

对雇主来说，多一些信任、少一些监控确实会带来回报。当然，并不是每份工作都适合居家办公，基于信任的工作时间也不是没有缺点，尤其是当与同事的交流在工作中发挥重要作用时。[19]

第四章　投桃报李：互惠与合作

但总体来说，只要满足一个重要条件，增加灵活性就是双赢的，这个条件就是：员工必须将新赢得的自主权视为信任的象征，而不是削减成本的措施，例如节省办公空间或将成本转嫁给员工。[20]

信任的赞歌到此为止，我不得不泼一点冷水：我们绝不能从上述内容中就得出结论，认为信任总是比监控更好。老实说，我很高兴"民兵3"洲际弹道导弹或装有毁灭性核弹头的Topol导弹的发射台受到严格看守和监控，基地指挥官也没有开门的权限。一个人，哪怕是一国总统，也无法以此毁灭世界，因为我们的信任还远没有强大到让这样的事情脱离监管。

当然，在特别敏感的领域，不监控是行不通的，在工作环境中也是如此。你不会第一天就把银行保险柜的钥匙交给一个实习生，也不会在没有副驾驶的情况下把一架满载的空中客车交给一个新手飞行员。然而，凡是有必要进行监控的地方，沟通就起着重要作用。必须明确指出，这并不是对个人的不信任，而是出于相关组织的要求，为了防止对组织及其员工整体造成损害。在这方面，语气语调很重要。不提监控，改说"协商"，或者在"反馈过程"的框架内实施监控，都会有所帮助。此外，人们并不愚蠢。每个人都明白，有时需要一定程度的监控，但如果监控过度，很快就会适得其反，毁掉积极性。

报复是甜蜜的

互惠不仅仅是用合作来回报友好行为，当遭遇不公平对待时，人们也会用报复、破坏或毁灭来回应。因此，让我们仔细看看互惠的阴暗面——消极互惠。它的威力至少不亚于积极互惠，人们应该仔细考虑是否要与它为敌。无论如何，我们将了解到人们做出"不道德"行为的另一个原因——他们遭受了不公平的对待。

名为"最后通牒博弈"的实验说明了消极互惠的存在，这是关于该话题最著名的实验室实验，它对学界产生了持久的影响。

该实验由沃纳·古思和他的合著者于1982年首次进行。[21] 与所有好的实验一样，该实验的规则很简单。有一个分配者，他收到一笔钱，可以任意分配：全部保留，全部给别人，五五分，等等。之后，接收者可获知分配给他的金额，并决定是否接受。如果他接受，则分配者按照提出的金额予以支付。如果他拒绝，则双方都得不到钱。在这样的规定下，经常可以看到接收者拒绝小数额的分配，尽管他们因此也要放弃金钱。例如，从100欧元中拿出10欧元给接收者，大多数接收者都会拒绝，因为他们认为分配者将90欧元据为己有是不公平的。换句话说，他们愿意放弃这10欧元，来惩罚分配者的自私行为，这正是消极互惠。

最后通牒博弈已被重复了数百次，人们对它的所有衍化形式都进行了研究。然而，从本质上讲，情况总是一样的。如果接收者感觉到分配给自己的金额不公平，那么他通常会拒绝这笔钱，以此来惩罚他认为贪婪的分配者。

为什么我们愿意惩罚一个我们一生都不会再见面的陌生人，即使这将导致我们自己必须有所放弃或承担损失，甚至付出高昂的代价？惩罚一个将来还会打交道的人，这件事比较容易解释，这是为了建立威望：不能这么对我！但面对陌生人呢？为什么会这样，我们无从得知。不过，从进化的角度来看，进行有效反击可能是有益处的。如果我在给洞穴里的伙伴分配猛犸象肉时，分到的量不合他意，他可能会暴跳如雷，用棍子打我的脑袋，这种预判可能会让我有所顾忌而避免不当操作——而这正是上面所讲的对他有利的点。在第六章中，我将再次讨论与此相关的一个有趣假设。

无论如何，互惠似乎是写入人类大脑的程序，因为惩罚不公平的行为会直接导致大脑某些区域被激活，比如伏隔核，这个区域负责奖励，在性爱和吃巧克力时也会被激活。[22] 人们可能会说，报复是甜蜜的。可能人人都熟悉这样的电影桥段：在漫长又跌宕起伏的剧情之后，人们终于盼来了影片中大反派死亡的下场。比如在《西部往事》中，演员查尔斯·布朗森在"死亡琴声"中对阵亨利·方达，口琴手最终在决斗中射杀了浑蛋弗兰克。所有正邪对决的电影都是这样,用90分钟或120分钟的时间为我们准备一个恶棍最终受到惩罚、被摧毁、被消灭的舒适瞬间。

我在一开始就说过,鼓励一个人做出破坏性行为的最好办法莫过于不公平地对待他或不尊重他。两位美国经济学家艾伦·B.克鲁格和亚历山大·马斯在一个案例研究中描述了这个观点对企业的意义。[23] 2000年8月,轮胎制造商凡士通(Firestone)史无前例地召回了1 400多万个汽车轮胎。原因是某些轮胎存在严重的质量问题:所涉型号的轮胎橡胶胎面有可能松动,导致轮胎在全速行驶时爆裂,特别是在天气炎热和高速行驶时。据美国国家公路交通安全管理局称,凡士通轮胎的缺陷导致了多起事故,情况很严峻,共有271人在事故中丧生。在召回消息发布后的四个月内,凡士通及其母公司普利司通的股票市值从167亿美元跌至75亿美元。随后,公司计划放弃"凡士通"这一品牌名称,并更换所有高层管理人员。

克鲁格和马斯调查了造成产品瑕疵的可能原因。他们发现,大部分有缺陷的轮胎出厂年份在1994年至1996年之间。涉及的型号主要是在凡士通的迪凯特(Decatur)工厂生产的,该工厂在20世纪90年代中期发生了行业内最严重的劳资纠纷之一。

1994年4月,普利司通与橡胶工人联合会签订的合同到期。普利司通公司借此机会使工作条件大幅恶化,包括新员工减薪30%,老员工减少两周假期,将8小时轮班制改为12小时轮

第四章 投桃报李:互惠与合作

139

班制。联合会的工人以罢工作为回应。普利司通则开始雇用临时工,支付给他们的工资比工会标准低30%。1995年5月,橡胶工人联合会结束了罢工,没有取得任何明显的成果。不过,普利司通宣布将继续使用临时工,只有在必要时才会允许罢工者返回工作岗位。直到1996年12月,该公司才恢复了所有员工的工作。

如果工会文件属实,公司还让这些回归者为他们的抗争行为付出了代价:他们被分配到最差的机器上从事最艰苦的工作,还要遭受轮班主管的故意刁难。

调查报告的作者指出,迪凯特的严重质量问题正是在这次劳资纠纷中出现的。1994年、1995年和1996年在迪凯特工厂生产的轮胎被投诉的概率是普利司通其他工厂生产轮胎的15倍。作者认为,劳资纠纷很可能在这些问题中起了决定性作用。在员工眼里十分不公平的减薪,还有工作条件的进一步恶化,全面地打击了员工的积极性,给公司、工人和客户带来了严重的后果。

但并非所有的减薪都有这样的伤害性,主要取决于减薪的原因。如果减薪明显是为了保住工作岗位或公司的整体利益,工人就更愿意选择忍气吞声。相反,如果减薪是为了提高管理层的工资或董事会和股东的报酬,那么员工就会抗议、失去动力,或者采取其他形式的消极互惠。行动者的动机和意图(即雇主或公司负责人的行为是否具有亲社会性)起着决定性作用。

我与厄恩斯特·费尔和乌尔斯·菲施巴赫合作进行了一个最后通牒博弈的衍化实验，它很好地说明了意图在消极互惠行为的程度上所起的作用。[24] 一个人在判断对方的某种行为是公平还是不公平时，在多大程度上取决于他有哪些行动选择？找到这个答案这就是本次实验的目的。为了更好地理解，请看图4-4。

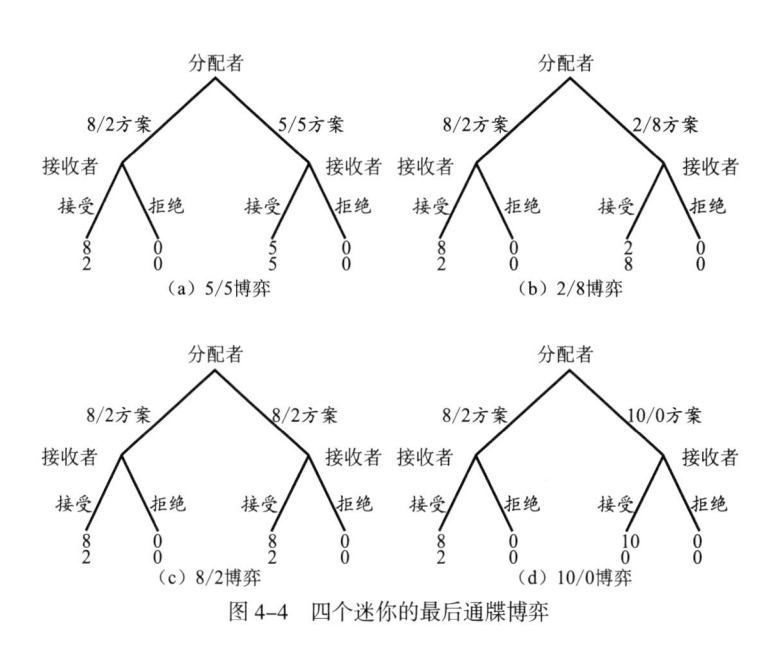

（a）5/5博弈

（b）2/8博弈

（c）8/2博弈

（d）10/0博弈

图4-4 四个迷你的最后通牒博弈

这里有四个迷你的最后通牒博弈。在这些游戏中，分配者可以从给定的两个方案中选择一个，来决定10欧元的分配，其中第二个方案因游戏不同而有所不同。在每种情况下，接收者都可以选择接受或拒绝。

第四章 投桃报李：互惠与合作

我们从（a）"5/5博弈"开始。此处，分配者可以出2欧元，自己留8欧元（左边的方案），也可以出5欧元，自己留5欧元（右边的方案）。如果接收者接受，他可以得到2或5欧元。反之，如果接收者拒绝，则双方都得到0欧元。当然，只给出2欧元并不是一个非常公平的举动，因为分配者会将蛋糕的80%都据为己有。既然他可以选择给出5欧元，从而得到一个公平的解决方案，那么提供2欧元就显得颇不公平了。因此，在这个游戏中，许多接收者拒绝接受"8/2方案"也就不足为奇了。

现在让我们看看其他三个游戏，即（b）、（c）和（d）。在这些博弈中，分配者都可以采取不公平的"8/2方案"，但替代方案发生了变化。在"2/8博弈"中，分配者现在仅有的替换选项是将8欧元分给接收者，自己只留2欧元。你现在觉得"8/2方案"有多大程度的不公平？你认为它和"5/5博弈"中一样不公平吗？也许不会了，因为在"5/5博弈"中，分配者可以选择一个对双方都公平的结果，而现在他不再有这个公平的选择，他只能决定是对自己有利（得到8欧元），还是接收者得到8欧元而他自己只有2欧元。在这种情况下，还能指望分配者损害自己的利益吗？

在"8/2博弈"中，左边的方案是否不公平就更不清楚了，因为现在分配者根本没有真正的选择：他只能选择"8/2方案"，也就是说他必须进行"不公平"的分配。

最后，在"10/0博弈"中，情况更为极端。此处，"8/2方案"的替代方案是"10/0方案"。因此，分配者只能决定给接收者2欧元还是0欧元。在这种情况下，"8/2方案"甚至显得更公平。

如果我们观察一下"不公平"的"8/2方案"在4种博弈中被拒绝的概率，我们会发现这种情况在"5/5博弈"中最多，其次是"2/8博弈"，然后是"8/2博弈"，最后是"10/0博弈"，在"10/0博弈"中几乎没有被拒绝的情况。虽然分配者选择"8/2方案"的结果在4种博弈中完全相同，但对于分配者有哪种备选项，接收者表现出了相当高的关注度。如果他有机会公平行事，"8/2方案"通常会被拒绝。但是，如果他没有这种机会，例如，在"8/2博弈"中他根本没有其他选择，或者在"10/0博弈"中他的备选项是一个更加不公平的方案，那么"8/2方案"被拒绝的次数就少得多。

原因在于，我们主要惩罚的是意图，而不是后果。在有机会选择一个公平的分配方案时仍选择不公平的"8/2方案"，这样的人显然没有好的意图。毫无疑问，他是贪婪的，人们会通过拒绝该方案来惩罚他。但是，当一个人连给我提供更好选择的机会都没有时，我为什么还要惩罚他呢？在这种情况下，我怎么能认为他居心不良呢？

从我在本章开头所描述实验的衍化实验中也可以看到极为相似的结果。[25]在原本的实验中，在第一阶段，参与者A可以从参与者 B 那里拿走钱，也可以把钱给参与者 B。这两种行为都是互惠的，也就是会得到惩罚或奖励。而在衍化实验中，不是由参与者 A 决定要给出或要拿多少钱，而是由随机数发生器来决定，这样情况就完全不同了。尽管付款的结果完全相同，但在这种情况下，互惠行为几乎完全消失了。因为参与者 B 凭直觉就能领会：如果某人对我的"好"并非他自发的，我为什么要奖励他（并为此花钱）；如果某人不应对某事负责，不该受到责备，我为什么要花钱去惩罚他？

我们判断行为不仅要看该行为的后果，还要看行为背后的意图。换句话说：情境和决策环境对于判断他人的行为至关重要，这不仅仅是因为它们提供了不同的方式来揭示我们的意图。如果行为者可以将不得人心的措施归咎于外部环境，那么这些措施就更有可能被接受。

例如，雇主们总喜欢用全球化、成本压力、竞争或集体商定的薪资协议做挡箭牌。无论如何，这些都是雇主个人无法控制的原因。我们在日常生活中也会遇到类似的现象，例如，德国铁路公司或加油站将价格上涨归咎于能源成本的增加，或者输掉比赛的足球队队长在赛后接受采访时解释说是球场、裁判或球的原因导致失败。

至于具体情况是否真的如此，也就是人们经常提到的，是否真的是外部情况不允许采取更好的行动，则是另一回事了。通常情况下，提及"外部情况"可能是一种不太新颖的方法。其背后的动机是显而易见的：掩盖责任、表明良好意图、将不利条件作为原因——一切都是为了规避消极互惠。

不公平的行为让人生病

受到不公平对待不仅会打击人的积极性，还会给人带来压力，使人生病。至少流行病学研究表明了这一点。在最近发表的一篇论文中，我和合著者结合实验和实地数据对这些关系进行了研究。[26]

在实验框架内，一名员工和一名老板组成一对。老板根本什么都不必做，而员工却要做一件特别愚蠢、特别烦人的工作，那就是在写有0和1的纸上数出0的数量。（我们也可以让他们数1，但不知为什么，我觉得专心数0更愚蠢。我想设计的是一项没有内在回报、没有乐趣的任务。）每数对一页纸，员工就能获得3欧元。不过，这笔钱不是给他，而是给老板的。例如，如果正确数了9页，则他们总共赚得27欧元。员工工作期间，老板也许只是阅读杂志打发时间，结束后，由老板决定赚来的钱如何在他们两人之间进行分配。

在整个实验过程中，我们通过之前使用过的监测器测量了被试在扮演员工角色时的心率变异性。心率变异性能很好地反映压力，预测心血管疾病发生的可能性。根据世界卫生组织的数据，心血管疾病是全球与疾病相关死亡的主要原因之一。正常情况下，心脏跳动具有良好的不规则性，即相对较高的变异性。在压力状态下，变异性会降低，而心率变异性低被认为是心脏病的一个风险因素。

在员工知道老板给他们分配的金额之前，他们会被问及心目中公平和适当的薪资分配方式。平均而言，他们要求至少分得所赚总额的2/3，从"按劳分配"的角度，这是可以理解的。但事实上他们得到的要少得多。我现在感兴趣的是，根据实际支付的工资与主观上期待的公平且适当的工资之间的差异是否能预测心率变异性。特别是，当差异较大时，是否会导致心率变异性降低。

我们所观察到的结果正好与此吻合。体验到的不公平（期待中适当的工资与实际工资之间的差异）与压力（相对较低的心率变异性）之间存在正相关关系。据我所知，这是证明受到不公平待遇会让人产生压力的第一个生理学实验室证据。

医学证明，压力是导致许多疾病，尤其是心血管疾病发生的原因。那么，会不会是认为工资不公平导致了长期的压力负担，进而增加了疾病的易感性呢？

为了回答德国劳动力市场的这一问题，我们分析了社会经济小组的数据，这是一项具有代表性的年度调查，调查对象为约2

万名17岁及以上的德国人。在几轮访谈中,我们都询问了关于收入的看法:"您认为您在当前雇主那里赚取的工资公平吗?"结果是,平均有37%的受访者表示他们认为自己的薪酬不公平,占比超过1/3。

此外,社会经济小组还定期询问健康状况,包括目前的总体健康状况和特定疾病。

现在的问题是,健康与不公平薪酬之间是否存在统计学上的相关性。答案显然是肯定的。薪酬公平与否对总体健康状况的影响在统计上是显著的和巨大的,与每月净减薪1 000欧元的影响大致相同。

应该指出的是,在排除收入和年龄因素后,这些影响也同样存在。这就意味着,两个收入相同、年龄相同的员工,因其对自己的薪酬是否公平有不同的看法,而有不同的患病风险。更准确地说,如果感知到的不公平待遇对健康的影响主要与压力有关,那么我们就应该发现,这种影响主要表现为与压力有关的疾病。如果仔细研究具体的健康问题,实际上会发现相应的选择性关联:对心脏病、抑郁症和偏头痛的影响最大,而对哮喘、癌症和糖尿病等疾病的影响微不足道。

顺便提一下,人们心目中适当的工资具有很强的相对性和主观性。我们可以多年来对自己的工资完全满意,但是,一旦发现同事做同样的工作能拿到更高的工资,我们就会突然觉得自己的工资非常不合理。这种效应也有大脑生理学的依据。为了证明这一点，我们让两个被试同时进入脑部扫描仪。[27] 图 4-5 显示了一名即将被推进扫描仪的被试。每两个被试同时进入两台同步扫描仪，他们必须回答相同的问题，但有时回答正确所获的报酬不同。不出所料，大脑奖励系统的活跃度会随着自身报酬的增加而增加。然而，有趣的是，在给定报酬的情况下，某位被试在得知其他被试完成同样的任务获得更高报酬时，其奖励系统的活跃度明显降低。由此得知，同工不同酬会被大脑即刻认定为"不公平"，大脑"批准发放的奖励"也会减少。

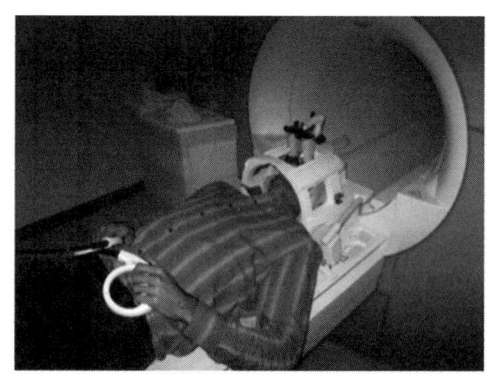

图 4-5 即将被推进脑部扫描仪的被试

我们判断薪酬（和其他结果）的公平性大多是相对于某个参照点而言的。这个参照点可能是同事的薪酬，就像在扫描仪实验中一样。《纽约客》上的一幅漫画生动地说明了这一点："那么，"一名员工在要求加薪遭到上司拒绝后建议道，"您把帕克森的工资降下来怎么样?"不过，自己过去的薪酬也可以作为参照点，这就是为什么薪酬的增加具有很强的激励意义。这同样适用于对薪酬发展的预期。[28] 如果我目前的薪酬比去年多，逐年递增，这就是一种积极的体验。反之，如果我的薪酬低于预期，则会产生负面影响。

例如，如果一名雇员希望涨薪 1 000 欧元，而他的同事并未抱有这个期待，那么当他们都涨了 500 欧元之后，前者会认为不公平，后者则会因此感到高兴。可见，参照点可能来自社会比较，也可能来自现状比较或自身期望。鉴于上述原因，企业内部必须重视薪酬制度的平衡，实行明智的期望值管理。[29] 若承诺得多却没有兑现，就会产生负面影响。人们应该言出必行。

不公平的行为不仅会降低人们的积极性，还会对幸福和健康产生负面影响，从而破坏潜力巨大的积极性和幸福感。在我看来，这对公司和组织的影响是显而易见的：公平对待他人、尊重他人不仅是体面的，也具有特殊的经济意义。在这方面，公平和效率问题并不像经济学家通常所说的那样可以明确区分。公平问题就是效率问题。

当出现不公平的情况时，例如在最后通牒博弈中出现低额分配或工人报酬不合理，随后可切分的蛋糕实际上就会变小。这也是各经济体内部和经济体之间的极端不平等会引发问题的另一个原因。自 1995 年以来，全球亿万富翁的财富占比已从 1% 上升到 3% 以上，而占世界总人口一半的穷人的财富占比仅为 2%。[30] 根据德国经济研究所（DIW）的数据，2020 年，占德国总人口 1% 的国内最富有的那批人所拥有的财富约占净财富总额的 35%，[31] 相当于占比 75% 的贫穷的成年公民所拥有的财富总和。这些不平等现象不仅令人不适，而且造成生产效率低下。它们降低了德国乃至全人类的福祉。

共同利益：合作与公益

合作能力是实现共同利益的重要前提。它决定了人类各种群体的成败，无论群体规模大小，古往今来都是如此。狩猎和采集时代的部落集体狩猎，农耕时代的人们共同耕种村落的共有土地，合作能力至关重要；在现代社会中，初创公司的团队合作、罢工的维持、沿海地区的捕鱼或获得足够的税收，也是如此。相关群体可以包括全人类，如应对全球变暖或防治流行病。

虽然不同背景下合作的具体形式和特点各不相同，但合作问题的核心始终是相同的，那就是自身利益与群体利益之间的矛盾。从个人角度看，合作是要付出代价的，但从群体角度看，合作却是有利的，因为合作会产生积极的外部效应。因此，"好的"或道德上可取的行为是在合作中以某种方式形成的，在此过程中个人将群体利益置于自身利益之上。这恰恰是问题所在。

前不久，在苏黎世大学的一次微观经济学入门讲座上，我做了一个实验，在场的700多名学生都参加了这个实验。在场的每个人都必须决定是否将1瑞士法郎存入一个集体账户。有人核对收到的金额，然后由我加倍，随后平均分给所有学生。在讲座开始之前，我们在每个座位上放了一个信封，里面装着1瑞士法郎，大家可以将它留在信封里，也可以取出来。课间休息时，每个人都可以将自己的信封（无论是否装有瑞士法郎）放进讲堂出口处的大箱子里。我们清点钱数，将金额翻倍，然后将相应的金额平均分配后分装进所有信封，再将信封交还给学生。

如果他们每个人都在信封里留下了自己的钱，那么，每个人随后都能收到2瑞士法郎，这样他们的钱数就翻了一番。因此，愉快地把自己的钱存入集体账户似乎是完全合理的，但这只是从集体的角度来看。从个人的角度来看，情况就不同了。此时他们关注的问题是：我留着的1瑞士法郎值多少钱，如果我把它存入集体账户，同样的1瑞士法郎又值多少钱？

当然，如果我留着，它值1瑞士法郎整，如果我用它进行投资，它就会翻倍（这是好事），然后分给包括我在内的700名学生（这就不太好了）。这样它的价值就是2/700瑞士法郎，也就是约0.003瑞士法郎，比1（德）分还少得多！因此，从个人角度来看，把钱投资到集体账户上简直是疯了。我的钱对700名学

第四章 投桃报李：互惠与合作

生中的每一个人来说值 0.003 瑞士法郎，这很好，但其他的 699 名学生跟我又有什么关系呢？尤其是，无论其他人怎么做，无论他们是否合作，这个换算都是一样的。对我而言，这笔钱还是留在我手中时更有价值。这种想法适用于所有人。那么，我还能指望有人投资或合作吗？当然，对我来说最好的情况是其他人都合作，而我留下我的钱。在这种情况下，我将赚到将近 3 瑞士法郎（1 + 699 × 2/700 ≈ 2.997）。但是，如果没有人合作，我就还是持有 1 瑞士法郎，其他人也一样。

从个人角度出发的考虑就这么多了。苏黎世大学讲堂那些学生的合作率约为 70%，随后的辩论（"你怎么能这么没有公德心，不肯出钱！"和"你怎么能这么愚蠢，还出钱！"）异常激烈，也很有启发性。辩论揭示了每个人在决定赞成或反对合作、赞成或反对共同利益时必须面对的内心冲突。

刚刚描述的实验在研究中被称为公益游戏，行为科学家利用它来找出我们合作的原因以及合作的主要决定因素。如图 4-6 所示，该游戏通常在较小的群体中进行，例如有 4 个参与者的群体。4 人中的每个人都会得到 20 分，并决定自己贡献给公益或集体账户的分值，0 到 20 分之间的任何数值都可以。向集体账户提供的所有分值的总和将加倍，并平均分配给 4 位参与者。不管玩家本人是否付给集体账户，也不管付了多少，每个人都能从账户中获得相同的金额。总之，每个小组成员的支付规则如下：

$$所得分值 = 20 - 存入集体账户的分值 +$$
$$2 \times \left(\frac{存入集体账户的所有分值}{4} \right)$$

从支付规则可以看出，对每个参与者来说，最好不要为公益事业做任何贡献，因为他为集体账户贡献的每一分都会使他损失 1 分，却只获得 0.5 分。然而，由于四名参与者每人都能从一个投资分值中获益，所以当所有参与者都全额出资时，集体利润最高，在这种情况下，每个参与者最终得到的分值都是 40。但如果每个人都零投入，那么他们最终的分值只有 20。当然，对个人而言，最好的情况是其他人全额出资，而他自己一分也不出。这时他的最终分值是 50，而其他三人的分值只有 30。

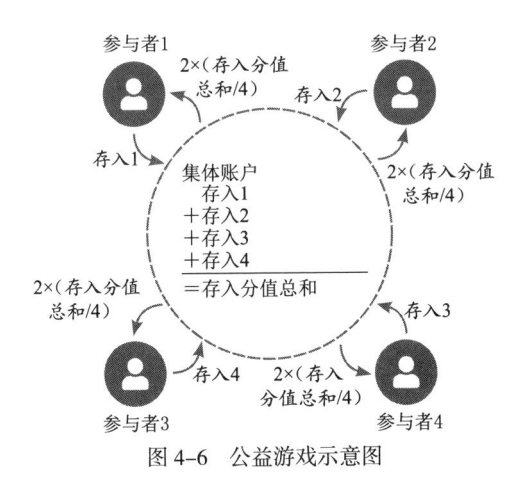

图 4-6 公益游戏示意图

第四章 投桃报李：互惠与合作

每个参与者都可以决定从自己的配额中拿出多少存入集体账户。无论投入多少，每个参与者都能从集体账户中获得相同的金额：$2 \times \left(\dfrac{\text{存入集体账户的所有分值之和}}{4} \right)$。

因此，实验产生了一个合作问题。这种社会困境在于，个人的最佳策略是不做任何贡献，但对集体而言，这将导致效率低下。该实验经常被重复进行，以观察合作在群体中是如何随着时间的推移而发展的。

在我攻读博士学位之初，我参加的第一个实验正是这种公益游戏。我的工作是协助我的博士生导师厄恩斯特·费尔和第二导师西蒙·盖希特在没有电脑的情况下进行总共 10 轮实验。因此，我必须在每轮游戏中走到每个参与者身边，在他们的决策表上读出他们在本轮游戏中为集体账户贡献了多少分。

我清楚地记得，这个过程是多么令人着迷，同时又是多么令人恐惧。所有团队的所有成员都清楚，当彼此合作时，他们作为一个团队能获得更大的利益。但是，没有一个团队能够做到通力合作。在第一轮游戏中，我就惊讶地发现，并不是每个人都贡献了 20 分，而且随着游戏的推进，分数一轮接一轮地向 0 分靠拢。每当我在一轮游戏结束后回到座位，在参与者做出下一轮游戏决定之前，将上一轮游戏中团队贡献的总和输入记分表时，我能真切地感受到参与者的紧张和沮丧。一轮接一轮，贡献的分数越来越少。见微知著，我了解了世界为什么是这样——即使在最小的群体中，要取得合作的结果也是很难的。

因此，我们有了第一个发现：在重复的公益游戏中，各小组开始时平均有60%~80%的合作意愿，然后一轮一轮地接近几乎完全没有合作的局面。这种模式已被成百上千次的实验证实了。可悲，却是事实。

60多年来，心理学和经济学领域的科学家分析了公益游戏的多种衍化实验，研究了与合作行为相关的诸多动机。在我看来，迄今为止最重要的行为动机无疑是所谓的"有条件合作"，这是互惠行为的一种形式：其他人贡献得越多，我贡献得越多。

因此，有条件合作说的是，我的合作意愿取决于我周围其他人的合作程度。如果他们贡献很多，我就更容易控制自己获取个人利益的欲望。如果他们贡献很少或没有贡献，那我也不会有任何付出。毕竟，没有人愿意做"傻子"。这才是最糟糕的事情。

有很多证据证明了这一动机。例如，我们可以设计一些实验，让被试根据其他人的贡献做出决定：假设其他人平均贡献20分，你愿意贡献多少？假设其他人平均贡献19分……一直减到0分。因此，被试根据小组的实际平均值来确定自己的贡献。在这种实验设计下，人们总会发现，可以将人简单划分为两类。[32]一类是多数人，当其他人的捐款平均值较高时，这些人捐得较多。另一类是极少数的利己主义者，他们将自己的物质利益最大化，无论别人在这个环节的表现如何，他们都不做任何贡献，这是些滑头，是"聪明人"。他们在超市的磅秤上错称水果的重量，向保险公司报告相机被"偷"了，或者因为收银员多找给他们零钱而窃喜。他们以牺牲他人利益为代价赚取好处。他们自己贡献甚少，却总是在事情不顺利时第一个开口抱怨。

但是，让我们来谈谈大多数人，即有条件合作者。大家都熟悉这类情况：在为同事的生日或婚礼凑红包时，大家都会问其他人给多少，10欧元、20欧元还是50欧元？其他人所给金额的平均值不仅是一个参考，而且几乎就是上限。几乎没有人会比其他人给得更多，而是略比这个数少一些。没有无条件采取合作行为的人，也就是说，没有人会在他人不合作时仍持合作态度。

人类有一种极其强烈的倾向，就是以他人的行为作为自己合作行为的条件，在任何情况下都不会比别人多付出，这种倾向表现为一种巨大的厌恶情感，害怕自己最终看起来很愚蠢。在合租公寓中打扫厕所、清理洗碗机，邀请朋友并为他们做饭，社团聚会时带来沙拉，清扫人行道上的积雪，购买公共汽车票，打扫楼梯间，打理公共花园，给垃圾分类，遵守卫生规则……没有人想当唯一做这些事的人。这类人往往不会像一个优秀的康德主义者那样，自豪而有尊严地做自己认为"正确"的事，而只会做出跟别人一样多的贡献,甚至做得更少一些。

综上所述,第二个重要发现是,有少数利己主义者(通常占 20%~30%)根本不合作,而大多数人可以被描述为有条件合作者。

基于这一发现,我们现在也能解释为什么人类虽然拥有十分强大的智力,却连在小型群体中都不具备合作的能力。这个解释基于两个因素:有条件合作和预期。让我们再来看看上述实验。在第一轮实验中,有条件合作的参与者会想:其他人的贡献是什么?如果每个人都全力合作,那么对小组来说就是最优的,因此我们可能会期望每个人都向集体账户贡献 20 分,不是吗?但也可能会有人贡献得少一些,所以我们假设参与者的预期是每个人贡献 17 分。有条件合作的人就会想:如果其他人贡献的是这么多,我绝对不会比这个分数更多,也许会少出一点,比如 15 分,这样就可以确保我不是傻子。于是,有条件合作的人把 15 分存入集体账户,而不合作的人一如既往——1 分都不捐。这意味着平均值实际上低于预期的 17 分,可能是 13 分。然后,又重新开始这个过程。如果重复的次数足够多,每个人贡献的分最终会降至零。[33]

因此,尽管实际上存在着许多以有条件合作的意愿为形式的"善意",但参与者没法通过协调来实现高水平的合作。当然,利己主义者对此也难辞其咎,因为他们拒绝做出贡献会自动拖累整个群体。即使是在大型群体中，几个这样的人也足以破坏合作氛围。

因此，第三个发现是，合作的减少是预期与有条件合作的个体以及自私的个体相互作用的结果，由于上一轮结果相较预期令人失望，个体对此做出反应，减少了贡献。

难道就没有办法了吗？"公地悲剧"，人类合作的失败，是否不可避免？诚实地回答：是的，如果没有其他机制来约束行为，单靠自愿进行合作的希望通常会落空。

研究发现了几种至少可以减少合作问题的机制。其中一个机制是形象效应，正如我们在第二章中所了解到的。如果在群体内的行为可以被观察到，或者群体中的人可以确定自己的身份，那么合作的意愿就会增强。[34] 另一种机制是社会规范，它可以引导行为朝着更好的方向发展。芝加哥社会学家詹姆斯·科尔曼提出了这样一个观点：社会规范的出现正是为了解决合作问题，它通过规范化的方式对社会期望的行为提出要求，并针对不期望的行为证明其负面性。[35]

社会规范的定义有很多，但它们有一个共同点：在评价一个人在某种情况下应采取何种行为时，存在社会共识。比如在德国，不管是在别人家门前的花园里小便，还是在森林里倒垃圾，或在公共汽车上同残疾人抢座位，都是规范所不允许的。这种类型的规范使个人更容易表现出良好或正确的行为，因为规范要么是内化的，表现为内疚和羞耻感，要么是由他人督促执行的，比如某人在公共汽车上要求座位上的乘客："请为这位老太太让座。"或者通过社会排斥和社会禁令惩罚或制裁不当行为，比如我们因为某人公开发表了种族主义言论，而不再邀请他参加邻里聚会。

通过惩罚方式来督促执行合作规范能产生多大的力量？人们通过实验对这个问题进行了深入研究。在厄恩斯特·费尔和西蒙·盖希特发表的一篇被广泛引用的文章中，两人在公益游戏的规则中增加了一个微小但基本的细节。[36]在普通游戏中，四个玩家贡献出自己的份额，了解其他人各贡献了多少，然后进入下一轮。两人在游戏中增加了一个步骤：每个玩家都可以通过决定是否从其他人那里拿走钱来惩罚他。不过，这种惩罚对他本人来说也是要付出代价的——就像在现实生活中一样。毕竟，指出他人的错误行为是令人不快的，甚至是危险的。也许有人会想：为什么是我？

为什么还会有人选择惩罚，即使他自己也因此而有所损失？换句话说，执行规范（惩罚不当行为）本身不就是一种合作行为吗？是的，就是这样。如果所有人都是自私自利的，那么既不会有合作行为，也不会有对不合作的惩罚，这是令人沮丧的。但这时，一个熟悉的概念出现了——消极互惠。

现在设想一下，你与另外两个有条件合作的人刚刚通力合作，把各自的 20 分全部投入了集体账户。然而，第四个自作聪明的利己主义者却什么也没给……你是什么感觉？因为你的配合，这个利己主义者现在却比你赚得还多，你对他有什么感觉？

在基本游戏规则中，你只能通过在下一轮中也减少贡献量来减轻你的愤怒，正如我们所看到的，这种情况时有发生，将会导致合作意愿的下降。而有了惩罚选项，你就可以直接打击"白吃白喝者"。人们也会这么做。通常，一个人偏离社会规范越远受到的惩罚就越严厉。继续使用刚才的例子来进行说明，如果三个合作的人一起惩罚这个利己主义者，会让后者感到非常不舒服。最重要的是，如果他不合作，他的收入就会比他参与合作的收入少。由于他只关心自己的收入，面对确切的惩罚的威胁，不管是否愿意，他都会合作。

由于做出自私行为可能受到惩罚，人们才更有可能执行规范和开展合作。在实验中，确实可以观察到在这种情况下人们的合作率明显较高，这是由于有条件合作和消极互惠的相互作用。然而，这一机制的前提条件是，违背规范的行为是可以观察到的，并且是可以针对个人进行惩罚的。人们必须找出违规者并追究其个人责任，这样有条件合作者才能约束不合作者。这些条件在小群体中当然比在匿名的大群体中更有可能得到满足。因此，与家人、朋友、邻里之间及俱乐部、工作场所或社区级别的合作相比，大型社会环境中的合作行为较少，也就不足为奇了。另一方面，规模较大的群体中容易出现不合作行为，需要国家以法律、监督和惩罚的形式采取额外措施。

制裁违反规范的行为不仅能有效地约束自私的行为，还能通过强调规范的存在性和有效性来促进合作。例如，如果容忍轻微的违规行为，就可能导致所谓的"破窗效应"，[37]使原本无关紧要的违规行为升级为大规模违规行为——例如，逃票或破坏公物的行为鼓励甚至煽动更多和更严重的违规行为。

罗伯特·西奥迪尼及其合著者在一项实地实验中研究了公共空间的外部造型与人们遵守标准和规则的意愿之间的关系。[38]在研究中，他们测试了当人们身处已经有大量垃圾的环境中时，是否更有可能直接扔掉垃圾。为此，他们在一整座多层停车场做实验。首先，他们在停车场所停汽车的风挡玻璃上贴了张宣传单（是关于汽车安全的）——可以说是"随手扔掉的资料"。在第一种实验设计中，停车场本来是干净的，周围没有垃圾。在第二种实验设计中，研究者把一些宣传单扔到了停车场的地面上，就好像是其他司机把宣传单从风挡玻璃上拿下来，然后随手扔到地上的样子。这样，停车场现在就变脏了。

结果是：在干净的停车场，司机扔掉的宣传单比在已经很脏的停车场扔掉的要少。因此，对于规则规范的有效性和遵守情况，环境状况会发出一个强烈信号，而我们也会做出相应的反应：如果别人扔了垃圾，我也可以扔，这似乎很正常……相反，如果环境给人的印象是大家完全遵守规范，那么人们就更有可能按照这一规范行事。[39]

因此，规则的执行也总是具有表达价值，它提醒我们社会公约的存在和有效性，协调我们的期待。人们根据自己对他人行为的期望来指导自己的行为。从这个意义上说，期待的平衡有"好"有"坏"，一方面，期待每个人都遵守规则实际上有助于确保规则得到遵守，另一方面，对破坏规则的预期实际上导致了对规则的侵蚀，从而证实了对破坏规则的预期。我将在最后一章以气候保护为例解释如何运用这一机制。

在本章的最后，我想回到核心论点上来。证据表明，当别人对我们好时，我们更容易成为一个"好人"，而当别人对我们不公平或不合作时，我们就很难成为一个"好人"。当别人善待我们时，我们会更努力地工作，捐款更多，给更多的小费。同时，我们也会惩罚那些对我们不公平的人，无论是在实验中还是在工作岗位上。因此，公平和信任是重要的激励因素，明智的管理者应意识到这一点。

原则上，我们也有能力采取合作行为。但是，我们是否愿意这样做在很大程度上取决于我们对同伴合作程度的预期——没有人愿意当傻瓜。如果我们不合作会受到惩罚，如果我们所处环境中的社会规范是完整的,尤其是有人监督执行,那么我们的合作意愿就会更高。从这些因素中可以看出,对社会规范进行明智的预期管理具有至关重要的作用。这一点我在下文中还会再谈到。

第四章　投桃报李:互惠与合作

第五章

为什么是我?
组织和市场中的责任扩散

有时，道德意识会在事情的进展过程中逐渐消失。打个比方，这就像长长的水管：在从 A 点到 B 点的途中，水总会在某些地方以某种方式渗出，最终到达 B 点的水量远远少于最初供应的水量。组织和市场中的道德也是如此。它陷入了困境，因为没有人真正觉得自己负有责任，因为管理事情的总是另有他人，因为我们只是听从指挥，可以将责任转嫁他人，或者是因为我们在以劳动分工、国际销售、供应和贸易关系为基础的复杂的生产结构下，最终在难以驾驭的多样化消费品中失去了全局观念。

以分工为基础的不同组织形式导致责任扩散，无论是主管、员工还是消费者，我们最终的道德行为水平低于我们对自己的期望。因此，让我们来谈谈委托、权威的作用以及群体和市场中的责任扩散。

你来做：道德与委托

管理咨询公司又一次出色地完成了任务，几个星期以来，顾问们一直窝在公司里，孜孜不倦地翻阅公司内部文件，与员工面谈，研究资产负债表，找出"摇钱树"和"潜力股"，也识别出成本陷阱和亏损领域，总之，彻底颠覆了整个公司。管理层接受了建议，并宣布了新的战略：重组、节约、裁员。作为委托人，他们似乎"束手无策"，因为顾问们显然具有超人的能力和权威。能怎么办呢？因此，不受欢迎的后果应归咎于服务提供者。

委托外部顾问或专家是一种流行的责任下放形式。然而，行政部门和公司寻求他们的支持并不仅仅是为了真正了解本组织的新情况和制定新战略。顾问的另一项重要职能是：捍卫和实施早已确定的战略。他们是坏消息的"始作俑者"和传播者，是避雷针和替罪羊。

但这真的有用吗？你能利用委托将责任转移给他人，并执行那些原本难以传达的事情吗？你能简单地把责任推给别人吗？

比约恩·巴特林和乌尔斯·菲施巴赫通过一个简单的实验，研究了委托他人完成任务是否会导致责任转移。[1] 他们首先提出了这样一个假设：对老板来说，将可能不受欢迎或不公平的行动委派给他人是一件好事，因为这样做可以将负面结果的责任从领导者身上转移到执行者身上。研究所依据的是独裁者游戏的一个衍化实验，每组有四名参与者：一名老板、一名代理人和两名接收者（参见图5-1）。

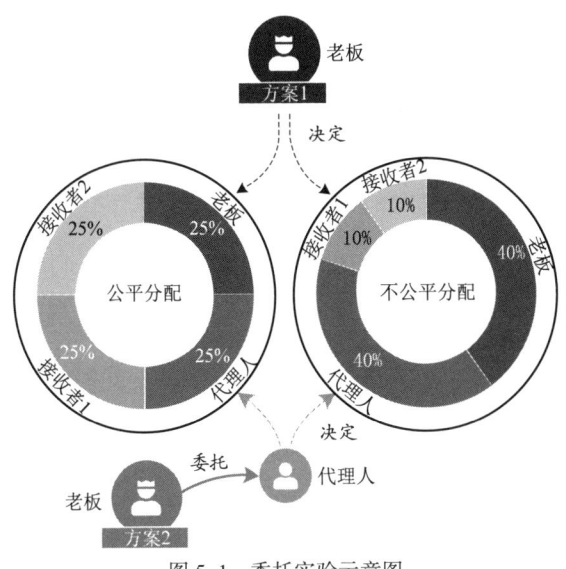

图 5-1 委托实验示意图

老板面临一个问题——要分配一笔钱，可以采取的方案有两种：或公平分配，或不公平分配。第一种方案是四名成员各分得25%，第二种方案是老板和代理人各得40%，而两名接收者只能分别得到10%。因此，对老板来说，道德的目标冲突在于，要么处事公平，要么赚取更多。不过，实验的亮点是，他现在可以选择把决定权交给代理人，而不是自己做决定。在这种情况下，他将决定权以及在两种分配方案中做出选择的责任都交给

第五章 为什么是我？组织和市场中的责任扩散

了后者。为了掌握接收者对责任转移的看法，我们允许接收者随后决定是否要减少支付给老板和／或代理人的金额。

参与者的表现如何？首先，不出所料，老板或代理人如果采用公平分配的方式，就不会受到来自接收者的任何惩罚，因为接收者没有这么做的理由。我们主要关注的是选择不公平分配时会发生什么。如果是代理人实际执行这一不利于接收者的方案，那么他会首当其冲受到惩罚。对老板来说，这意味着如果他把决定权转给代理人，而后者选择了不公平的分配方式，那么他受到的惩罚要比自己做决策时少得多。虽然在这两种情况下，老板同样受益，而且是他自己安排了责任的转移，但他或多或少都能逍遥事外。如果他亲自进行了不公平的分配，他就会受到接收者的惩罚，被扣留的金额是将决定权委托给代理人的三倍。

作者研究了其他情况后发现，如果老板不委托他人来做决定，而是让随机机制来决定，比如简单地掷骰子，那么老板受到的惩罚也会大大减少。在这种情况下，决定权就交给了偶然性，由运气来决定。

可以看出，为了在道义上摆脱怒火的冲击，委托别人来执行是值得的。但与此同时，这种情况也增加了出现不道德或不公平结果的可能性。有些公司甚至以此为商业模式，聘用所谓的"临时经理"（首席重组官，CRO）。他们当然会带来宝贵的经验，但他们的职责会让他们做出一些不受欢迎的决策，他们会因此而受到指责。故而，一家提供临时管理服务的公司就是这样做广告的："变革往往需要做出困难且不受欢迎的决策。聘用临时经理可以使执行这些决策成为可能，然后继续推进。接下来，您可以聘用一位新的长期管理人，他既没有参与这些麻烦事儿，也不会因为前任引发的负面情绪而受到影响。"

是的，还有：如果可以在不"弄脏手"的情况下委派别人做不公平的事，那么最理想的做法就是委派特别听话的——通常是不道德的——代理人去干那些"脏活"。约翰·哈曼、乔治·罗文斯坦和罗伯托·韦伯在一项实验[2]中就是做的这方面的研究：如果有一个市场，让那些"没有底线"的代理人推荐自己的服务，会发生什么呢？

首先，作者表明，当老板们可以在反复进行的独裁者游戏中将钱分配给自己和各自的接收者时，他们的行为就相对公平。在没有委托的情况下，道德行为还算正常。但是，一旦有机会，老板们就会委托代理人代替自己做决定。而代理人之间也在相互竞争，希望获得分配权，因为他们可以从中赚钱。因此，他们试图用越来越不公平的分配方案来讨好潜在的委托人，而潜在委托人则会优先考虑那些特别无良的代理人。这样，道德意识就被抛诸脑后了。与没有代理人、没有委托环节的分配相比，接收者得到的份额显著下降。

这是一个恶性循环。老板选择了那些分配特别不公平的代理人，而代理人又在提出和执行特别不公平的分配方面相互竞争。这对老板们来说十分有利可图，最重要的是，没有人需要担心道德问题。毕竟，老板们没有亲自采取行动，而代理人完全遵从委托人的意愿。太完美了！

这两个实验的结果说明，委托他人使人们更容易有自私的表现，而不会因此感到特别难受或被他人视为特别不道德。如果存在一个代理人的市场，公司可以在该市场挑选道德上"毫无底线"的代理人，那么这种机制就会得到强化。不难想象，众多行为人之间织就了一个广泛的委托关系网，这个网将责任层层淡化，最终消散无踪。实验中只有一个老板和一个代理人的情况是例外。在实际工作中，责任在无数个决策层之间来回流转，谁还需要为错误行为负责往往已经完全不清楚了。

所谓的柴油机丑闻就是一个很好的例子。迫于尽快为美国市场开发出"清洁柴油机"的压力，工程师们想出了一个"绝妙"的主意，那就是在程序中设置一个关闭装置，以检测汽车是否正在排放测试台上。一旦遇到测试，它就是"清洁"的；一旦进入正常运行状态，污染物排放量就会成倍增加。这样就可以"遵守"废气排放规定，却对环境和健康造成了严重的后果。[3] 在处理这一战后历史上最大的工业丑闻时，工程师们声称，他们已将问题告知上级，并遵照上级指示行事，这些领导却无法或不愿回忆起这些事。工程师们指出，自己的犯罪行为至少得到了上级的默许，而他们的上级却对此矢口否认。谁该对此负责？是研发人员、上级主管还是营销战略人员？检测机构和消费者扮演了什么角色？也许他们自己都不清楚。各方都在推卸责任，没有人愿意承认知道任何事情，每个人都试图通过指出上司已经同意、测试中心不否定的事实来规避损失。这明显是授权委托导致的道德失范。

在我们这个组织结构复杂的工作世界里，责任和道德在流转于上下级、团队同事、顾问、分包商、各部门、分公司和子公司之间的漫长旅程中逐渐消解，这是很典型的现象。所谓的分包，就是一种常见的具体委托形式。发生在肉类加工企业滕尼斯的事件就是一个很好的例子，该公司因剥削东欧工人而声名狼藉，这一事件也是新冠疫情期间的热点事件。至于职业安全、工作条件、工作场所卫生或员工的体面待遇等相关方面的责任，在肉类行业，这往往是分包商的事儿。

让我们仔细看看相关背景。通常情况下，肉类加工企业与承包商（分包商）签订工作合同，以获得特定的工作服务。然后，分包商必须独立组织这项工作，并负责实施。在肉类行业，这些合同主要是所谓的现场工作合同，分包商根据规定在客户的场地提供服务。例如，分包商要屠宰的猪的数量是确定的，为此，它可以获得一笔固定的金额，至于履行合同的具体方式，则由它自己决定。为了使自己的利润最大化，分包商希望尽可能降低自己的开支，这也会产生相应的后果。利用这种方式，滕尼斯公司也可以将责任转嫁给分包商。德国工会联合会的约翰尼斯·雅各布在接受《今日新闻》的采访时总结道，几乎所有的生产都是通过工作合同外包给分包商的，2020年年中，该行业16 500名员工中约有50%受雇于分包商："这使得肉类加工企业可以完全逃避对工作条件所负的责任。"[4] 这具体意味着什么？

这造成了员工"奴隶般的"境况：[5] 最低工资标准往往得不到执行。由于通常没有电子工时记录，分包商还存在着欺骗工时的可能，例如，工人不得不在空白工资条上签字或工作超过16小时。此外，工人被压榨休息时间，两班之间11个小时的休息时间也没有兑现。分包商往往还充当房东的角色。工人们挤在狭小的空间里，最多时与其他6人合住一个房间，还必须为此支付高昂的租金，租金直接从他们的工资中扣除。还有，劳动保护制度也不完善，工作存在危险，例如，为了加快工作速度而拆除工具上的防护装置。工人生病时通常领不到工资，如果长期生病，就会面临被解雇的威胁。工人犯了微小的错误就会遭到重罚。在某些情况下，工人必须自费购买工作用品（刀具、围裙、手套）。除此之外，分包商还对时间记录芯片或休息室的使用收取费用，十分荒唐。许多工人的德语水平不高，又面临着给家人汇款的压力，导致公司可以轻松地对他们进行盘剥。

工作合同非常普遍。根据欧洲经济研究中心（ZEW）的一项研究，近90%的德国公司都会外包至少一项核心工序。[6]在食品/纺织/服装/家具行业、建筑行业以及通信和信息部门，现场合同工占比最高。因此，自2021年1月1日起，德国新的《职业健康与安全法》开始生效，禁止在肉类行业的核心领域，即屠宰、切割和肉类加工领域，签订现场劳务外包合同，这一举措值得肯定。[7]但愿它能带来一些改变。

总之，可以说，在每一次委托过程中，责任都会从一个人转移到另一个人身上。主管人或负责人总是可以声称他自己"什么也没做"，而执行者则可以指出他只是执行了一项任务；最终，主管人或负责人要承担责任，这种观点是站得住脚的。毋庸讳言，人们有很多理由委派任务。例如，从经济理论的角度来看，专业化或信息不对称都会带来好处。但是，其中无疑还包括将责任和耻辱推卸给他人的可能性。

权威、命令和死亡

委托关系的性质取决于委托人和代理人之间的关系。在前面的例子中，委托关系都是基于自愿而安排的，代理人可以承接一项任务，从而承担相应责任，但不是非做不可。然而，如果老板和代理人之间是一种权力关系，即代理人受指令的约束，比如公务员，情况将截然不同。这种类型的关系在军队中最为典型，军队之所以能够运作正是因为士兵服从上司的命令。权力机构并不是通过合同来规定代理人在什么情况下承担任务，而只是简单地要求下属服从命令。这种机制可能会再次大大加剧委托问题，甚至成为重大反人类罪行的罪魁祸首。

士兵们以"被迫执行命令"为由，实施了大规模屠杀和其他暴行。例如，在第二次世界大战中，安全警察、安全局和武装党卫军的"特别行动队"，以及德国国防军士兵在前线后方，特别是在东欧，屠杀了无数平民，饿死战俘，还杀害政治和文化精英。他们下达了无数罪恶的命令，而这些命令也得到了执行。例如，在对苏联的侵略战争"巴巴罗萨行动"中，陆军最高统帅部发布了"政委令"，根据该命令，苏联共产党的政委和红军的主要军官在被俘后应立即枪毙，数千人因此被处决。而"赎罪令"的目的则是报复和威慑：1941年9月，德国国防军最高司令部表示，每有一名德国士兵被游击队杀死，就要50~100名平民抵命。1942年10月的"突击队命令"针对的是盟军突击队的成员，他们一旦被俘就会被"干掉"。

在今天的研究中，德国国防军参与并积极支持这种野蛮行径是毋庸置疑的。如果没有德国士兵做帮凶，就不可能对平民和战俘进行条理清晰、计划周全的谋杀和虐待，也不可能通过歼灭战进行集体屠杀，而对苏联的进攻从一开始就被设想为歼灭战。

图 5-2　1941 年 9 月，德国国防军士兵在苏联射杀被认定为游击队员的人

对普通士兵来说，公然违抗命令往往十分困难，甚至有生命危险，这的确是事实。尽管如此，士兵仍然有办法抵抗。历史学家发现，在某些情况下，无论是执行谋杀命令还是在集中营中"工作"，个人在决策时都有很大的转圜空间。例如，大量文件证明，汉堡后备警察 101 营的成员曾多次面临是否参与大规模处决的自由选择。[8] 然而，该营成员积极参与杀害至少 38 000 名犹太人。显然，拒绝既不会受到惩罚，也不会产生其他负面影响。历史学家斯特凡·霍德勒[9]证明，在施图特霍夫集中营和其他集中营，党卫军看守可以调职，例如调回原来的部队或调至内勤部门，而不会因此受到排挤，他们中有一些人也的确这样做了。[10] 即使是对集中营囚犯给予积极支持的人——用党卫军当时的话来说就是偏袒囚犯的人——也主要是被判处三到六个月的监禁，之后，涉事人员便可重新回归社会。[11]

第五章　为什么是我？组织和市场中的责任扩散

纳粹时代的女性罪犯也有这样的自主空间：集中营系统的许多女看守和党卫军的女助手（特别是情报部门女助手）都是自愿报名的，只要她们愿意，特别是在战争的头几年，她们可以离开军队，回归平民生活。[12]

因此，总的来说，拒绝服从杀人命令并非必然给自己带来生命危险。然而，战后许多因战争罪而接受审判的被告都声称有"主观上被迫执行命令的苦衷"。根据这种说法，个人感觉到有执行命令的必要性，也就是感觉到自己的生命和身体有危险就足够了，而不必考虑胁迫是否客观存在。许多法院沿用了这一论点，判定被告人无罪，20世纪50年代和60年代这类情况尤其常见。

1944年7月的抵抗运动证明，人们意识到了自己行为的可憎，以及在指挥和服从这种精心设计的机制之外人们还有其他的行动选择。无论如何，如果一个人至少有一点灵活操作的空间，却用只是执行命令来为自己辩解，这在道德上是无法令人信服的。从这个意义上说，我理解汉娜·阿伦特在与约阿希姆·费斯特的一次谈话中所说的话：没有人有权盲从。这句话已成为被广泛引用的、几乎是标志性的哲学名言，这是有道理的。[13]

我们对这些令人发指的行径视而不见，也许我们还确信自己绝不会做同样的事情：仅仅因为有人命令或发布指令，就折磨和虐待他人。我们会这样做吗？

人性的博弈

正是这个问题促使美国社会心理学家斯坦利·米尔格拉姆进行了一项研究，这是迄今为止最重要、最具启发性的，也是最具争议性的社会心理学实验之一。这项研究表明，要把我们，至少其中一部分人，变成邪恶的"走狗"，仅需要微不足道的权威。米尔格拉姆在1963年进行的这项著名研究的出发点是猜想二战中的罪行之所以可能发生，是因为愿意服从拥有权力的精英阶层的顺从者——也就是普通人——足够多。[14]

在一项关于"惩罚对学习效果的影响"的研究中，他招募了一些参与者来进行实验。这些参与者扮演老师的角色，教授学生语序，必要时使用电击进行惩罚。电击等级从15伏特的"轻微电击"开始，以15伏特为间隔，逐次递增，到"强力电击"（135～180伏特）再到"危险：超强电击"（375～420伏特）。最高的两个等级，也就是435伏特和450伏特，仅标记为"XXX"。每当学生出错一次，实验人员就会指示参与者将电压等级提高一级。

电力装置完全是假的。但参与者并不知道这一点，他们也不知道这些"学生"是扮演的，这也是实验设计的一部分。"学生"们按照预先确定的方案表演：面对300伏特以下的电压，他们不会对电击提出抗议，但超过300伏特以后，他们就会开始撞墙，好像很痛苦的样子，也开始停止回答问题。接着，实验人员告诉参与者，不作答也算错误答案。尽管他们已经停止答题了，但参

第五章 为什么是我？组织和市场中的责任扩散

与者仍收到指令，继续对其进行电击。如果他们不愿意这样做，实验人员会敦促他们实施。

40名参与者中，没有人在300伏特之前停止电击，只有5名参与者在电压达到300伏特时，见到学生撞墙后停止了电击，另有9人在后来阶段中途停止，也就是说，有35%的人在电压达到一定程度后拒绝继续，其余65%的人则继续进行电击，电压最高达到450伏特。

尽管存在种种明显的疑点，但服从的意愿从何而来？为什么不是所有参与者都站起来说："嘿，我可不想再干这变态的事。如果这一切真的如你所描述的那样，那我就以人身伤害举报你。我还会联系学校领导。这些事情从根本上就有问题，已经失控了！"相反，大多数参与者都压抑自己的道德心，选择顺从，服从所谓的权威强加的命令。显然，实验地点和机构环境赋予了实验人员一定程度的权威性，毕竟，他们是就重大问题开展调查的科学家，这代表了可信度和严肃性。[15]另外，参与者也可能认为这是正常科学实验的一部分，这实验大概并没有违反科学研究学会的规定，否则，实验还能进行吗？

关于米尔格拉姆的实验，人们已经写了很多文章。几乎没有任何其他社会心理学的实验像米尔格拉姆的实验一样，如此广泛地被大众接受并讨论。当然，也不乏有理有据的批评，[16]美国心理学家戴安娜·鲍姆林德提出了第一个明确的反对意见。[17]她批评说，实验对参与者的心理造成的负面结果并不能证明从实验中获得的结论是正确的。由此引发了一场关于实验伦理规则的争论，这场争论促使相关部门于1973年制定了新的心理实验准则。

我们坚持认为：委托、权力关系和命令之间的逻辑营造了一种不利于道德的氛围。[18] 如果上级命令下级执行一项在道德上并非完全无懈可击的行动，那么道德就很容易化为乌有。因为事成之后，上级可以声称自己什么也没"做"，毕竟都是下属做的，下属则会反驳说，他只是遵照指令行事，实际的道德责任在于上级。这样一来，一加一就突然小于二了——我喜欢称之为"道德的劣可加性"。

群体——或当责任扩散时

通常情况下，我们不是自己单独做出决定，而是在群体或团队中，与他人一起做决定。事实上，集体行动甚至往往是行政部门、组织和公司的规定。这给道德带来了真正的危险，因为个人无法确定自己的行为是否真的具有决定性的作用——责任扩散了。

让我们从一个直观的例子开始反思。也许你会思考，为什么行刑队里总是有几个射击手，从技术上讲，一个射击手就足够了。不仅有几个人同时用步枪射击，有些枪里还只是空包弹。为什么会这样呢？假设你是一名射击手，在你眼前，手无寸铁的罪犯倒地身亡，但你可以告诉自己，导致他死亡的可能不是你这一枪，而是另一位射击手的射击，甚至你枪里的可能还是个空包弹。无论如何，这一程序降低了负罪感，从而打破了对违背道德的行为的心理抵制。

这个例子说明了道德研究的一个核心观点，这个观点主张，群体行为特别容易导致不良的道德行为，原因很简单——个人行为的责任被扩散了。人们会想：为什么偏偏要我去帮助别人？为什么不是其他人去？这同我有什么关系？

1964年一桩家喻户晓的事件表明，一些群体无法体面和负责任地行事，这一事件同时也是一系列密集研究活动的起始信号。那一年的3月，女青年基蒂·吉诺维斯在纽约惨遭杀害。事件发生两周后，《纽约时报》刊登了一篇文章，称共有38个人听到甚至看到了这起谋杀案，但他们既没有干预，也没有报警。

文章的内容令人窒息：皇后区，一个中产阶级社区，凌晨3点20分，基蒂停好车后正要回家，一名男子突然持刀袭击了她。周围房屋灯光亮起，窗户打开。基蒂尖叫道："天哪，他刺伤了我！请救救我！请救救我！"这时一位住户喊道："放开这个女孩！"听到这个声音，袭击者放开她跑了。灯光再次熄灭。过了一会儿，又发生了第二次袭击，基蒂向着公寓方向爬了过去，但袭击者再次刺向她。她尖叫着："我要死了！我要死了！我要死了！"和前一次一样，灯光亮起，有人打开窗户，袭击者再次撤退，钻进汽车，扬长而去。但是凌晨 3 点 35 分，袭击者又一次返回，第三次袭击基蒂，最后强奸并杀害了她。凌晨 3 点 50 分，警方接到第一个报警电话，并在很短的时间内赶到现场。警察到达现场时，只有三名邻居守在基蒂身边。六天后，袭击者温斯顿·莫斯利被捕。

这篇文章引起了人们的强烈愤慨。如果居民们早点报警，基蒂·吉诺维斯也许就不会死。他们为什么什么都没做？他们的回答支支吾吾，从"我不知道"到"坦率地说，我很害怕"，再到"我累了"或"我不想让我丈夫与此事有任何关系"。今天我们知道，文章中的一些说法是夸大和错误的，包括事件的过程、目击者的数量以及他们对犯罪行为的了解。但是，基蒂·吉诺维斯案件仍然引发了一场关于人类行为的核心的科学辩论：责任扩散。

两位心理学家约翰·M.达利和比伯·拉坦纳是第一批通过系列实验来探讨这一问题的研究者。[19] 他们的第一个实验试图再现与吉诺维斯案类似的情境，专门研究"目击者"的数量是否会影响人们在"医疗紧急情况"下的救助意愿。（紧急情况只是演员表演出来的，但被试并不知情。）研究得出的主要结论是：群体越大，人们提供帮助的概率越低。当被试与受害者单独在一起时，所有人都表现出愿意提供帮助，但在六人小组中，只有 62% 的人愿意提供帮助。

为什么人们在群体中较少表现出道德行为？这有几个原因。

第五章　为什么是我？组织和市场中的责任扩散

从经济学的角度来看，有一个动机尤为重要，那就是行为人是不是"关键人物"，也就是说，他或她的行动是否对事情的进展起决定性作用。假设我认为已经有人在组织提供帮助，那么我的帮助就不再是必不可少的或起决定性作用的了，我提供或不提供帮助根本没有区别，我不是关键人物。如果是这样，即使仅需要付出微小代价，也足以说服我，我的帮助没有意义。

我们在一项实验中研究了这种结果主义思想与我们行为的道德相关性，在这项实验中，个人单独或在小组内决定是否拯救一只小鼠的生命。[20] 除了他们的决定，我们还对参与者的期望进行了调查，以便了解"成为关键人物"的期望是否真的决定了行为。同我此前关于雄心与道德的实验（见第二章）一样，决策的背景是某人是否愿意为了钱而杀死一只小鼠。正如我在上文所解释的，这一决策背景与道德的定义相符，根据道德的定义，出于卑劣的动机而故意给其他生命造成痛苦或伤害是不道德的，其中应包括致死。需要提醒的是，这项研究涉及的是所谓的"剩余小鼠"，本实验挽救了那些原本会被杀死的动物。

想象一下，你需要做出选择。可以救一只必死的小鼠，却得不到一分钱（选项 A），也可以杀死一只小鼠，并因此获得 10 欧元（选项 B）。在这种情况下，你是做决策的唯一关键人物。由你，且只能由你，决定小鼠的生与死，在欧元和拯救生命中做出抉择。

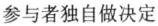

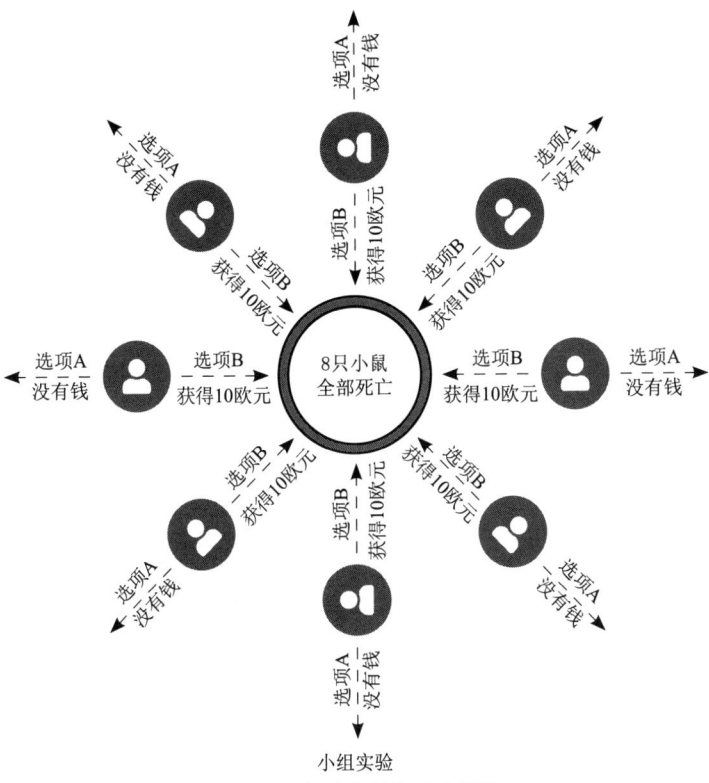

图 5-3　拯救小鼠实验示意图

注：上图是一名参与者单独做出决定的情况，因此他是关键人物。下图是在小组中，只有当其他 7 名参与者都选择 A 选项时，这名参与者才是关键人物。

现在设想一个不同的实验设计。你和其他 7 名参与者组成了一个 8 人小组（见图 5-3）。这次是关于 8 只小鼠的生命。和

第五章　为什么是我？组织和市场中的责任扩散

以前一样，你和小组其他成员各有两个选择：可以选择道德行为并放弃金钱（选项 A），或者接受小鼠的死亡并获得 10 欧元（选项 B）。在小组实验条件下，结果是：如果所有参与者都选择选项 A，则 8 只小鼠全部获救。如果至少有一人选择 B 选项，则 8 只小鼠全部死亡。因此，不管是一个、两个、三个还是所有参与者都选择 B 选项，只要有一票，8 只小鼠就会全部被杀。参与者同时做出决定，而不知道其他人做出什么选择。

参与者心里在想什么？他可能会思索，其他 7 个参与者都选择 A 的可能性有多大。因为只有在这种情况下，他自己才是关键人物，他的选择（A 或 B）才可以真正决定最终的结果。但这种可能性有多大？不是总会有（至少）一个人一心想着自己的利益，一定会选择 B 吗？是的。然后，参与者对自己说，我不会是那个关键人物，无论我选择 A 还是 B，小鼠都会被杀死。因此，我也可以选择 B，把 10 欧元装进自己的腰包——反正也没什么区别。问题就在于，所有参与者都会这样想，那么选择 B 实际上在道德上是没有问题的，至少从结果主义的角度来看是这样。

在实验中，我们观察到以下情况。在情境 1 中，参与者独自做出决定，完全处于关键地位，46% 的参与者选择让小鼠死亡（选项 B）。而在小组实验条件下（情境 2），这一比例明显更高，接近 60%。并且，参与者对自己是关键人物的概率评估值越低，他们选择 B 的意愿就越高。例如，在那些认为自己是关键人物的概率仅为 0~3% 的参与者中，有超过 80% 的人选择了 B 选项；相比之下，那些认为自己成为关键人物的概率高于 36% 的参与者中，只有不到 20% 的人选择了 B 选项。显然，对其他参与者行为的预期起着核心作用。人们对小组成员的亲社会性越悲观，就越容易做出同样自私的行为。由于在我们的设计中，正如日常生活中的许多情况下，只要有一个参与者选择 B 选项就足够了，因此这种悲观情绪也会随着群体规模的扩大而增加。也就是说，群体越大，出现不道德结果的概率就越高。

那么，小鼠的结局如何？在个人独自做决定，是彻底的关键人物的情况下，54% 的小鼠存活了下来。而在小组实验条件下，所有组别的所有小鼠都死了，这就是责任扩散的力量。

我相信，与我们的实验中相类似的思考也注定了基蒂·吉诺维斯的悲惨命运。居民们可能会想：为什么是我？为什么要我付出代价去帮忙？也许我自己会受伤。此外，出去警告多少会让人不快和难堪，他们会想：也许是我错了呢，这样的话事后就会看起来很蠢。考虑到这些代价，下一个想法随即浮现在他们的脑海中：有人会报警，很多人都住在这里，听到我所听到的，看到我所看到的，肯定会有人插手这件事的，肯定有人早就报警了。我不想跟这事有任何关系。我不想惹麻烦。关窗，睡觉。

为了进一步揭示关键人物的现象，我们做了与上述实验相似的实验。同样，实验有针对个人和针对群体之分，也包含亲社会方案 A 和利己方案 B。不过，这一次实验的目的不是拯救小鼠的生命。选择 A 的人将向一个慈善组织捐款 15 欧元，该组织致力于帮助癌症儿童及其亲属应对疾病。

在针对个人的实验中，每个参与者都是彻底的关键人物，亲社会的决定（选项 A）是捐出 15 欧元，而自己不拿一分钱。相反，在方案 B 中，参与者拒绝为患癌儿童捐款，自己却领 10 欧元。在小组实验的条件下，责任扩散了：每个参与者与其他 7 人组成一个小组。每个人都可以决定是选择捐款（选项 A）还是选择自己领钱（选项 B）。如果小组中至少有一人选择 B，则不进行捐赠，如果小组中所有人都选择 A，则捐赠金额为 8 乘 15 欧元，共 120 欧元。

与使用小鼠进行实验的情况类似，在小组条件下，近 60% 的人选择了 B，也就是不捐款。这大大超过了个人作为关键人物时的比例（个人实验条件下只有 40% 的人决定不捐款）。因此，虽然癌症患儿在个人实验条件下能得到一些帮助，但在小组实验条件下人们的捐赠水平明显较低，准确地说，捐款额是零，没有一个小组有捐赠行为。

同样，对其他人是否愿意选择 A 的预期在这里也起到了决定性作用。参与者越是相信其他组员中有不捐款的人，他们自己捐款的可能性就越小。更糟糕的是，在重复选择时，捐赠意愿会进一步下降。当参与者第二次被要求做出决定时，选择 B 的人数会大幅增加。这可以解释为，参与者从第一轮中得知了结果，因此了解并知道确实至少有一个人没有选择捐款。这对预期产生了破坏性影响，增加了悲观情绪，进一步降低了捐赠意愿。

在许多日常情况下，我们都可以观察到别人是如何先我们一步行动的。例如，在新冠疫情的早期阶段，德国超市中厕纸和面条的货架被一抢而空，这直接表明我们的一些同胞容易产生不合作行为，囤积物品。从责任扩散的角度来说，了解他人的自私行为是有意义的，因为个人甚至可以确信，由于他人的不当行为，自己不会成为关键人物：如果我不囤积厕纸，别人也会抢，我囤与不囤没什么区别！

为了验证这一直觉，我们在小组条件下再次进行了捐款实验，实验规则略有不同。这一次，参与者不是同时做出决定，而是一个接一个做决定，而且他们被告知所在小组所做决定的进展情况。结果显而易见，在这种依次做决定的衍化实验中，72% 的人选择了选项 B，比单个参与者作为关键人物的实验条件下增加了 82%。最重要的是，它表明，如果之前已经有人选择了 B 选项，那么实际上没有人会捐款。这与结果主义的推理完全一致，结果主义不问原则上什么是"正确的"，而是权衡成本和收益。除了这种道德理念，人们还往往对他人的行为持一种（合理的）

第五章 为什么是我？组织和市场中的责任扩散

悲观主义态度。当这两者相结合时，道德最终会化为乌有。

实验结果表明引诱人们做坏事是多么容易。实验设计中的一个微小变化就会导致可怕的后果。想要打破道德阻力的（恶意）组织就能由此得到一个简单的启发：将责任委托给一个群体，从而让最没有道德的人成为关键人物——总体情况与行刑队非常相似。

另一方面，如果一个组织想要确保取得对社会负责的效果，就应该将责任赋予每个个体。每个人都必须知道，一切由他自己做主。他不能隐藏在别人的决定之后，而是要意识到自己举足轻重，相信自己是决定事件的关键人物。这正是我们社会中许多以分工为基础的工作流程中的问题所在。决策链往往是间接的，总会有别的什么人对所有事情进行再一次的监控、检查，并在必要时予以纠正。在这种情况下，自己的不当行为不会被人注意到，如果最终出现了"大家都不想"和"大家都不知道"的结果，也不必感到惊讶。

许多组织都有不当行为，无数的例子都可归因于责任扩散。例如，在美国历史上最大的一起企业丑闻中，主要涉事人之一就明确提到了这一逻辑。安德鲁·法斯托曾在1998年至2001年间担任美国安然公司的首席财务官。在此期间，发生了大规模的财务造假事件。公司夸大营业额，低报负债，从而描绘出了一个极其成功的公司形象，但这个形象是建立在大规模欺诈的基础之上的。当美国证券交易委员会于 2001 年 10 月开始调查安然公司时,一切都发生得非常快。欺诈行为被曝光,隐藏在分包商中的价值数十亿美元的债务遭到披露,公司承认上报的利润和销售额过高。2001 年 12 月,安然公司申请破产。欺诈行为给公司、员工、股东和公众造成了严重后果。安然公司的股价从最高时的约 90 美元(此时管理层迅速抛售了手中的股票)暴跌到不足 1 美元,约 20 亿美元的员工企业年金化为乌有。有趣的是,评级机构标准普尔以及穆迪公司直到最后对该公司的信用评级仍是良好,其中一个重要原因是安达信的审计有问题,而安达信在安然破产后也破产了。

在法庭上,被判处 6 年监禁的安德鲁·法斯托供述说:"但事实是,如果在我职业生涯的任何一个节点,我说'住手,这太疯狂了,我不能这么做'……他们就会另找首席财务官,但这并不能成为借口。这就好比跟人说,杀人没关系,因为如果我不杀,别人也会这么做。"[21]

安德鲁的话之所以富有启发性,有以下两个原因。人们可以干脆将首席财务官换成其他愿意做这件事的人,这个论点恰恰描述了我们在实验中看到的逻辑:如果我不做,别人也会做,结果是一样的,所以还不如我亲自去做(还能获得某些物质利益)。从结果主义的角度来看,这种交换逻辑实际上提供了一个借口。如果我知道伤害或不道德行为导致的结果无论如何都会发生,我就可以免除罪责。毕竟，对于实验中的小鼠或现实生活中的安然公司员工来说，是谁造成的损害并不重要，重要的是损害已经造成。

不过，法斯托的供词也表明，是谁造成的损害这个问题至少不是与道德毫不相关。我们真的可以躲在交换逻辑的背后，心安理得地用"否则别人就会来干这事儿"这句话来安慰自己，从而获取道德上的安宁吗？与结果主义者的立场相反，如果我们站在康德的道义论立场，交换逻辑就不是借口。后者关注的不是成本-收益的平衡，而是原则上的对与错。就这点而言，从安德鲁的话中可以猜想，除了硬性的结果主义交换逻辑，至少还存在另外一种基本的道德判断，一种至少在情感上体验到的对错误的厌恶，即使错误的行为对结果没有任何影响。[22]

然而，在行为层面上，交换逻辑却发挥了它的全部威力。军工企业的一个流行论点是：如果我们不提供，别人也会提供。这种辩解模式一直为肆无忌惮地增加武器生产和出口提供道义支持。一个突出的例子就是，2016年，时任英国外交大臣鲍里斯·约翰逊在议会为英国向沙特阿拉伯交付武器进行辩护。当时的武器供应引起了很大争议，因为这些武器被投入到也门的战争中。约翰逊向议员们大声疾呼，任何人都不应怀疑，如果不提供武器，就会出现"真空"。而其他西方国家也会乐意填补这一真空，对国际法的负面影响毫无二致。[23]

在体育运动中使用兴奋剂也是同样的情况。通常情况下,运动员会公开保证他们自己是"干净的",并希望体育竞技的参与者也都是干净的。然而,无论是在自行车、田径还是在其他耐力运动中,兴奋剂丑闻总是层出不穷。这些对体育运动的整体声誉造成极大损害的行为,从个人角度来看,却是完全合乎情理的。每个运动员在面对其他竞争对手时不都可能会进退两难吗?如果其他人使用了兴奋剂,而我没有,会怎样呢?我可以确保他们遵守规则吗?在其他人名利双收的时候,只有我一个人是干净的,这真的是道德的吗,或者说是我太蠢?如果运动员个人相信其他人在使用兴奋剂,那么他内心约束自己使用兴奋剂的道德感就会降低。这样想的运动员越多,使用兴奋剂的现象就会越多,约束效果就会越差,这是一个恶性循环。

在人类犯下的滔天罪行中,我们也会遇到"如果我不做,别人也会做"的借口。一个有力的例子是,在奥斯维辛集中营下决定的医生们必须决定新来的人中谁被立即处死,谁被暂时送去劳改营。在一项令人窒息的研究中,美国精神病学家罗伯特·利夫顿在战后采访了曾在奥斯维辛集中营工作过的医生。[24] 他们提出的一个论点是,不管他们(即受访医生)是否下这个决定,不会带来任何区别。如果他们拒绝,就会被其他医生取代。最终,一切都不会改变。

第五章 为什么是我?组织和市场中的责任扩散

市场：彻底扩散

教皇方济各[25]在2020年10月初发表的《关于博爱和社会友谊的通谕》中，异常明确地批评了"市场"。他写道："市场本身并不能解决所有问题，即使我们有时被引导相信新自由主义信条的这一教条。"他还写道："这是一个简单的，像转经筒一样循环往复的理念，面对不断涌现的挑战，总是拿出同样的应对方案。"他说，新自由主义援引"神奇"的理念来解决社会问题。教皇将市场描述为一种"威胁社会结构的力量……"，而"占主导地位的经济理论过于教条，这些方案已被证明是错误的"。他对社会"屈从于金融世界的支配"深感痛心，他认为这个社会最终必须"将人的尊严置于中心位置"。

教皇并不是唯一提出这种批评的人。人们对市场的批评由来已久。市场损害道德这一观点，被卡尔·马克思、弗里德里希·恩格斯以及他们的后继者反复用作另一种经济秩序的指导思想：在市场中，价值退化为交换价值。就连迈克尔·桑德尔这样的著名政治理论家也曾抱怨说，市场正在日益深入地渗透到生活的各个领域，我们必须扪心自问"哪里需要市场，哪里不需要市场"。桑德尔还说，市场中的交换使我们的价值观以及商品和服务的意义受到质疑。[26]

市场经常对本身并不活跃于市场的第三方造成伤害。几乎所有商品的生产和贸易都会造成这种消极的外部效应，无论是恶劣的工作条件对健康造成的损害，还是不合适的养殖方法给动物带来的痛苦，或是有毒物质排入土壤和水中、释放到空气中对环境造成的破坏。

在很多类似事件中，值得一提的是日本化工企业智索株式会社的案例，该公司在生产化学复合材料的过程中，无节制地将大量汞排放到环境中，进而排放到饮用水和海水中。结果，30多年来，生产工厂附近至少有1 784人死于汞中毒，17 000多人的神经系统受到损害，其中一些人病情严重。[27]另一个例子是孟加拉国首都达卡一家纺织厂的火灾。2012年11月26日，德国《时代在线》以《致命的服装》为题报道了这一事件："孟加拉国工厂大火揭露了繁荣世界生活的谎言：服装生产不可能既便宜又公平。周日一整天，工人们都在忙着将麻袋拖出工厂。白色的麻袋里装满了烧焦的尸体，到周一已超过120具，具体数字尚不清楚。塔兹琳（Tazreen）时装有限公司位于达卡北部的纺织厂于周六晚间陷入火海，死者被烧得面目全非。"[28]虽然灭火器无法使用，紧急出口被锁或根本没有紧急出口，但对于工厂老板的起诉仍然是犹豫再三后才提出的。塔兹琳时装有限公司为时装品牌C&A（西雅衣家）等供货，西方公司却没有承担任何法律或经济后果。

那么，市场是否在破坏道德？如果是，我们是只能接受，还是可以做些什么来与此对抗？是所有商品和服务都应该在市场中定价和交易，还是人们应该担心价值观和尊严在市场中遭到挑战？

尽管对市场的道德冷漠的批判一直是哲学、经济学和其他社会科学激烈争论的主题，尽管在政治领域有支持和反对市场的激烈争论，但对市场互动与我们道德判断和决策的因果关系，我们却知之甚少。这主要是因为市场无处不在，因此很难观察反事实情况下的行为，特别是当我们不想比较不同的个体，也就是不想将那些喜欢市场的个体同拒绝市场并使用其他交换形式的个体进行比较时。比如，将周六上午在德国任何一个城市的购物中心里完全正常的人的行为与隐居的僧侣或"遁世者"的行为进行比较。后者隐居山林，基本上自给自足，在没有市场和物价的情况下集体共享日常生活物品。如果向这些群体询问他们的道德理念，我们肯定不会认为，差异的存在（仅仅）是因为一些人在市场中更加活跃，而另一些人不那么活跃。

但是，我们如何才能知道，同样的人在市场上或以其他形式进行交易时，是否有不同的行为？如何确定市场互动本身是否对道德决策产生因果影响？人们必须做实验。

我和我的同事诺拉·塞奇一起，进行了世界上第一个关于这个问题的实验，该实验专门研究市场如何对道德行为产生因果影响。[29]这也是第一个涉及小鼠生命的实验。我们的想法是，通过证明一个人在市场或其他交换形式中的行为可能会对不采取行动的第三方造成伤害，来描绘道德后果。也就是说，人们的行为在现实中会造成消极的外部效应，例如环境恶化或带有剥削性质的不公平的工作条件。

市场是买卖双方中的一方向另一方提交报价和接受另一方报价来交易商品和服务的场所。当买卖双方就某一商品的价格达成一致时，交易即被视为双方认可，交易达成。

在我们的实验中，我们分析了三种不同的交易条件以及市场：个人条件、双边市场和多边市场。在没有市场因素的个人条件下，参与者同样可以在两个选项中做出选择：选择 A 意味着小鼠幸存下来，参与者没有额外收入。选择 B 的结果是参与者获得 10 欧元，小鼠死亡。个人条件可以不偏不倚地衡量参与者对小鼠生命的重视程度。他们是否愿意为了 10 欧元而杀死小鼠？对他们来说，小鼠的生命价值是高于还是低于 10 欧元？在个人条件下，参与者处于非市场环境，可以自由抉择，我们可以据此了解参与者的评估。然后将它与市场环境下的结论进行比较。

实验中的第一个市场条件，即双边市场，涉及所谓的双边双向拍卖。这意味着每次只有一个买方和一个卖方组成一个市场，双方都可以向市场的另一方提交购买或出售的报价。这项工作是通过计算机连续进行的，因此市场交易双方始终都清楚地知道哪些报价可以接受。当买方接受卖方的报价时，交易就完成了，反之亦然（见图 5-4）。

如果交易以某一价格达成，则买方赚取的金额是从 20 欧元里扣掉交易价格，而卖方则获得商定的交易金额。但交易还有另一个结果：一只小鼠被杀。

那么，市场参与者是被迫杀死一只小鼠吗？不是。只有当市场的一方接受了另一方的报价时，交易才会发生，小鼠才会死亡，但没有人是被逼着出价或接受报价的。因此，如果在一轮交易中没有达成共识，小鼠就会一直活着，买卖双方都赚不到钱。

我们还研究了第二种市场条件——多边双向拍卖。这种方式与双边市场完全相同，唯一不同的是现在不止一个买方和一个卖方。每轮交易共有 7 个买方和 9 个卖方。所有市场参与者都可以——但不是必须——提出报价和接受已有报价。每当达成一笔交易（最多 7 笔，因为只有 7 个买方），买方仍然可以获得 20 欧元减去成交价格的金额，卖方收到商定的金额。每成功交易一次，就有一只小鼠死亡，也就是说最多有 7 只小鼠死亡。

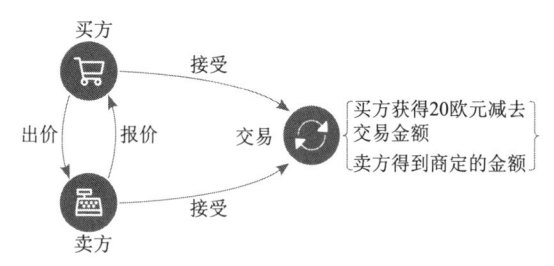

图 5-4　市场实验示意图

因此，三个实验条件大致相同，区别仅在于有市场（双边或多边）或无市场（个人决定）。通过将后一种情况分别与前两种情况进行比较，我们可以回答一个关键问题：市场互动是否会降低道德评价？当我们在市场上行动而不是做出个人决定时，是否更有可能为了获得10欧元（或更少）而杀死一只小鼠？

为了回答这个问题，我们比较了在个人条件、双边市场和多边市场的条件下，有多少参与者愿意因10欧元或更少的钱杀死他们的小鼠（见图5-5）。在第一种条件下，46%的人选择杀死小鼠并拿到10欧元，这一数值反映了在没有市场的情况下参与者的基本道德态度。

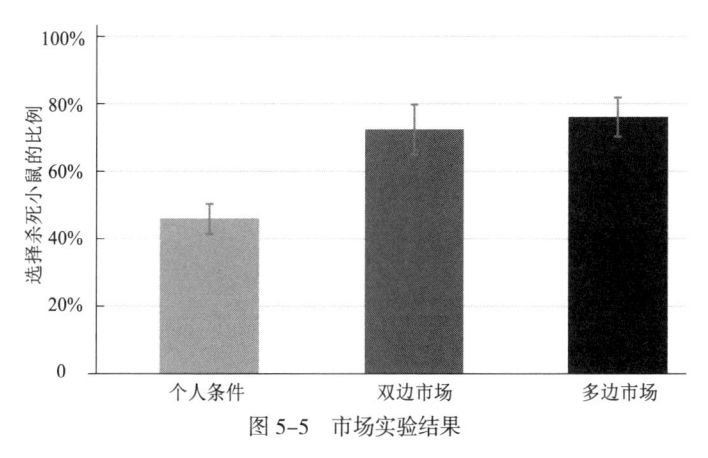

图5-5 市场实验结果

图中显示了参与者接受因10欧元或更少的钱而杀死一只小鼠的概率（误差线表示平均值标准误差）。

第五章 为什么是我？组织和市场中的责任扩散

那么，在双边市场上，愿意为 10 欧元或更少的钱牺牲小鼠的参与者的占比是多少呢？是 72.2%。换一种说法：与个人条件相比，愿意因 10 欧元或更少的钱接受小鼠死亡的参与者增加了约 57%。而在多边市场上，这个数字甚至上升到了 75.9%，比个人条件下增加了 65%。但是，愿意杀鼠者增加的幅度并不代表价值实际下降的幅度，因为在多边市场上支付的平均价格仅为 5.10 欧元。这是市场参与者对小鼠生命"价值"的评估。以这个价格，在个人条件下选择 B 方案的比例明显低于 46%。[30] 而且市场交易重复的次数越多，价格就越低。在最后一轮中，用每只小鼠换取金钱的平均数额是 4.50 欧元，这对小鼠来说意味着生与死的临界点。

这个实验证明了，道德价值观的衰退是有原因的——以参与者保护小鼠生命的意愿来衡量。在讨论实验结果产生的原因和启示之前，我想简单提一下与理解该实验相关的一些其他发现。

首先，市场条件和个人条件之间的差异不能解释为自私的个人往往被市场吸引，并且在市场中占比过高。尽管这在现实中很可能是事实（例如，有研究表明在金融市场领域就存在这种选择模式），但这并不能解释实验室中的研究发现，因为参与者是被随机分配到三种条件中的，并不是个人选择的结果。

其次，我们观察到的从个人条件到市场条件下道德价值观的衰退，并不是我们所使用的方法造成的。为了说明这一点，我们可以思考市场是否更"尊重""正常商品",也就是与道德无关的价值。换句话说,假设我们将普通消费品的价值认定放在个人条件下和市场中进行比较,是否更有可能发现价值保持稳定,是否可以说市场维护了"消费价值"?

为了验证这一点,我们进行了同样的实验,但这次实验的内容不是道德决策,而是一张可在波恩大学校园商店兑换的代金券。在实验中获得代金券的人可以用它购买价值25欧元的商品,例如钢笔、T恤或咖啡杯。在个人条件下,代金券对参与者(波恩大学的学生)的价值是确定的,平均约为8欧元。在市场上,买家和卖家可以交易代金券,我们可以问卖家在市场条件下是否愿意以低于8欧元的价格出售代金券,答案是否定的。代金券在个人条件和多边市场条件下的价格实际上是一致的,而且不会像在小鼠市场上观察到的那样,从一轮交易到另一轮交易价格呈现下降趋势。

为了再次说明这一点,想象一下你最喜欢的手表对你来说值多少钱,我们假设为500欧元吧。现在你把手表放到网上平台出售,有人出价200欧元。你为什么要接受这样的出价呢?以低于你心目中手表价值的价格出售手表,对你来说毫无意义,仅仅是在市场上交易手表,并不会改变它对你的价值。实验中的代金券也是如此。因此,市场尊重私人物品和服务的价值。但在道德价值方面,它却失败了。在市场上,参与者似乎渐渐地就把自己的

第五章 为什么是我?组织和市场中的责任扩散

道德标准抛诸脑后了。

我们已经看到，市场会对道德结果的价值评估产生影响。[31]而且我相信这种现象无处不在。在动物福利方面，许多人抱怨道德败坏，如农场动物的饲养条件、对工人（尤其是儿童）的剥削、对环境的破坏以及对气候造成的相关后果。但与此同时，作为消费者和市场参与者，他们似乎忽视了这些问题。许多人声称自己具有道德价值观，但在市场上，不管是购买食品、服装还是电子产品，他们仍在寻找最便宜的产品，似乎这样做不会对他人造成任何后果。他们自觉或不自觉地助长了第三方的痛苦，违背了自己"原本"的标准。为什么会这样？

要理解为什么市场让我们在道德上无动于衷，我们需要清楚市场的几个特点。在我看来，最大的问题是责任扩散，这是由生产、销售和购买的复杂嵌套所导致的。我甚至可以说，市场造成了全面的责任扩散。原因很简单——个人的责任在市场的买方和卖方两边都被扩散了。

让我们通过这个相对不复杂的市场实验再进一步思考一下。首先，我们从多边市场卖方的角度出发，问问自己是否应该卖出我们的小鼠。我们应该还记得，有9个卖方和7个买方。那么，作为卖方，我是否还能做到，拯救一只小鼠？我拒绝出价或接受报价，其实不会对被杀死的小鼠总数产生任何影响，因为可能会有另一个卖家来完成交易。除非至少有另外两位卖家愿意放弃拿钱来拯救小鼠，否则我出价与否对结果根本没有影响。换一种说法：如果7只小鼠都要死，为什么我不能是其中一个从中获利的人呢？如果我是唯一不参与市场行为的人，小鼠仍然都会死，其他人从中获利，那么我想我也可以出价。

问题的关键在于，在市场中，个人实际上从来都不是关键人物，也就是说，个人不能通过自己的决定来改变结果。总会有人取而代之、填补空白。如果我不生产或销售，就会有别的人来做。如果有消费者在肉类柜台前购买了廉价但以不符合动物福利标准的方式生产的猪颈肉，他可能会良心不安。但他可以对自己说：如果我不买，也会有别的人来买。同样的事情也会在翻找特价T恤的促销台前、在摆放着不公平咖啡的货架前，或者在摆放着过度捕捞的鱼类的柜台前重复上演。人们一次又一次地听到同一个强大且令人信服的论点：如果不是我，那就是别人。这就是市场的硬逻辑。

但这还不是市场反道德的全部特点。在一个市场中，许多人相互影响，正如我所说，在集体决策中，个人的责任被扩散。让我们来看看最后一种市场行为，即购买行为。在这里，至少有两方必须达成一致，即买方和卖方，否则交易就不会达成。不过，这也意味着，有问题的购买行为可能产生的责任总会被分摊，从而导致人们在主观上感觉各自所承担的责任较轻。每个人在交易中都有自己的一份责任，但也只承担对第三方造成伤害的部分责任。

通过有意进行交换的买卖双方的接触,市场上还发生了与行为者的道德判断有关的其他事情:市场产生了社会信息。市场提供了他人认为可允许的、合理的或恰当的内容作为信息,这种信息是一种副产品。如果我不确定购买某种产品在道德上是否可以接受——不管是因为我不太了解情况,还是因为我的道德标准尚不稳定——但其他人对购买这种产品明显没有任何负担,这一事实就足以说服我购买这种产品是可接受的。在选择低价和尊重动物福利之间犹豫时,我看到一个又一个消费者在廉价肉类专柜为晚上的烧烤采购。难道他们都错了吗?当其他人似乎都没有异议时,真的要如此谴责大量买肉的行为吗?是我的顾虑太夸张了吗,也许是我真的不了解情况?

我们的道德观念总是反映共同的社会规范,即在与他人交流中形成的社会建构的价值观。例如,几年前,在餐馆里、火车上、飞机上或朋友家里吸烟是完全没有问题的。而如今,如果有人在飞机上或办公室里点燃一支香烟,就会有人瞪大眼睛,难以置信地凝视他。在某些特定的地点或与非吸烟者在一起时吸烟,会在社会层面受到排斥和相应的惩罚,这种排斥是由社会建构的。

市场生成社会信息,并确保社会规范的有效性。这样,它就会影响我们的行为。当然,市场可以发出各种形式的规范信号。但我猜测,它总是倾向于代表较低层次的规范,原因如下:恰恰是那些道德水准特别低的当代人表达的购买意愿最强烈，而道德水准高的潜在市场参与者则根本不会参与交易。结果就是，市场行为的观察者从那些道德水平低的人的行为中获得有关规范的信息。[32]

有人可能会说，一个非常明智和理性的观察者必须考虑到，这只是市场参与者的一个选定样本，还有其他一些人在现行市场价格下放弃交易。但这并不容易，这需要反事实思维，也就是思考如果道德水平高的参与者也表达了自己的观点会怎样。我想可以肯定的是，至少对我们大多数人来说，这是一种名副其实的超负荷工作。人们相信自己所看到的。如果这么多人都在挑选廉价T恤，那就不可能错得太离谱，不是吗？否则，生产商能得到允许销售这些商品吗？否则还会有这么多人去抢购吗？

但是，市场甚至在实际购买行为之前，就已经淡化了道德，从生产问题商品的分工开始就产生了问题，并延续到漫长的供应链和价值链上。分工是现代社会最重要的成就之一，它不仅极大地提高了生产率，推动了进步，而且使专业化达到了前所未有的高度。全球市场意味着全球价值链，即通过将众多国家的众多参与者联系在一起来完成商品的生产。商品就像一幅巨大的拼图，往往是由一个个独立的部分组成的，而这些独立部分的来源或生产方式则并不明确，它们给员工和环境带来了怎样的福利或损害，也无从得知。几乎没有消费者在购买时意识到这一点，那他们又如何履行自己的责任，又应该对谁负责呢？

价值链往往比人们想象的更长、更复杂。以苹果手机为例，手机的外包装上写着"加州苹果公司设计，中国组装"。显而易见，苹果公司负责设计和销售。但零件来自哪里呢？"中国组装"仅仅意味着各个部件在中国组合安装。总共有来自约40个国家的200多家公司参与了苹果手机的制造，具体数量依旧是苹果公司的商业机密。那些公司提供数以百计的组件，如运动传感器、电池、存储器或芯片。尽管实现了国际一体化，但大部分利润仍留在美国。

不仅是高科技产品，即使是简单的服装，在到达客户手中之前，也要在全球化的世界里经历漫长的旅程。棉花的种植、采摘和轧花主要是在中国和印度完成，之后再生产成纱线，进行纺织，然后才是加工和成衣制作。即使是半成品，也往往要历经几大洲数千千米的长途跋涉。生产商、供应商、成衣生产商、物流服务提供商和贸易公司通过无数分包合同联系在一起，这使得众多行为人的责任在法律上和道德上都是分散的，因为人们总是可以指出其他市场参与者在最终结果中所起的作用。

漫长的供应链还增加了人们在地理上和心理上与苦难和痛苦的距离感。即使在"遥远国度"的生产过程是不人道的，其中的问题在消费品中也已不可辨认。在闪亮的T恤、包装精美的苹果产品或冷藏柜中令人食指大动的绯红色肉排上，人们已看不到生产过程中存在的问题。它们在空间和情感上都离我们很远。

研究证明，我们对受害者的同情在很大程度上取决于他们所受伤害的可识别性。[33]许多筹款组织在"广告"中使用具体受害者的面孔和姓名，这并非毫无道理。个人的命运比统计信息更能触动我们。一位在纺织厂火灾中失去孩子的母亲对我们心灵的触动，远远大于伤亡人数。通过市场交易，苦难被匿名化，在某种意义上讲，苦难变得无影无踪，从我们的视线中消失。我是否会让人在我的车库里辛苦工作，而给他们提供恶劣的工作条件，让他们就像那些在孟加拉国缝制廉价T恤衫的工人那样？我会在花园里饲养一头猪，亲自阉割它，让它服用大量抗生素，然后宰杀吃肉吗？最极端的例子就是武器技术，它的发展使得大规模杀戮变得如此容易。现在我们不再需要面对面地用刀剑或步枪杀死对手，从而成为自己行为的直接见证人，而只需点击鼠标和控制操纵杆，就能触发无人机发射导弹，它造成的死亡远在天边，隐藏在指挥所监视器上的爆炸云之后。

与市场保持固有的距离意味着消费者不必弄脏自己的双手，市场默默地掩盖了与之相关的苦难。

废除市场？

那么应该废除市场吗？不。不可以，也不应该。这是不可能的，因为即使试图用法律来禁止市场，它也会自发地出现，而市场的运作却会变得更糟。人们不应该废除市场，因为虽然存在上述种种弊端，但市场也不乏有益之处。市场最重要的功能是通过价格来表达稀缺性，这项任务的复杂性使任何形式的"计划"都难以发挥作用。市场经济可以更好、更快地对商品短缺做出反应，并引导生产符合消费者利益的商品和服务（任何种类）。市场，作为一个"发现的过程"，对创新是友好的，在"创造性破坏"的过程中约束企业。市场为新的创意提供机会，并奖励创新。正是全球化市场为经济增长和与不同领域的增长相关的积极发展奠定了基础：[34] 200年前，世界上75%的人口处于极度贫困中，到了2000年世界上还有25%的贫困人口，而到2018年，这一比例仅为10%，健康和教育方面的情况也有所改善。1990年至2019年间，最贫穷国家的儿童死亡率从18.25%降至6.76%，全球未接受基础教育的儿童比例，也在1999年至2019年间减少了一半。尽管国家内部的不平等现象有所增加，但国家之间的不平等现象却有所减少。仅批判性地看待市场是错误的。如果不想利用市场的优势，那就太愚蠢了。

市场类似于良药。它能起到帮助作用，但有时也会产生预期之外的副作用，有时甚至是严重的副作用。必须通过国家干预和监管来使市场中的这些副作用降至最低。[35] 德国《供应链法》就是这方面的例证，产品标签和标签要求也是其中的一部分。通过这种方式，消费者成为知情消费者，从而能够根据自己的道德观念进行理性消费。他们的支付意愿也将发生变化，例如，以对生态和社会负责的方式生产的产品更受青睐。

然而，国家也必须直接调控价格，以便在购买行为中将外部效应内部化，也就是让那些造成消极外部效应的人付出代价。这方面最重要的例子就是通过对二氧化碳排放收取相应费用——无论是以税收形式还是以二氧化碳排放配额的形式——来保护气候。仅靠市场是无法进行调节的。

第五章 为什么是我？组织和市场中的责任扩散

第六章

没有两个人是相同的:
人的多样性

在我的家乡，莱茵河畔，有这样一句谚语：每个杰克都是不同的。一句话概括了整个个性心理学！这也提醒我们一个事实，那就是世上不可能只有一种人，既不可能只有恶人，也不可能只有好人。人与人是不同的。他们的亲社会性不同，一般来说，他们的个性也不同。换句话说，有些人比其他人更容易做出亲社会行为，因为他们的个性不同。否则，如何解释人们在相同的情况下却表现出不同的行为呢？

人与人之间存在差异，这一观察结果产生了与我们的主题相关的一些重要问题。我们究竟有多大差异？这些差异是不是系统性的，能否表明决定我们亲社会程度的因素？例如，女性比男性更大公无私吗？父母对我们的影响和他们的个性起了什么作用？除了个体差异，我们是否还能发现国家和文化之间的差异？如果是，这些差异取决于什么？最重要的是：我们是如何成为我们自己的？外部环境和个人经历会在多大程度上影响一个人利他主义或利己主义的发展？我们能否对亲社会性的发展产生有利影响，从而改善社会共同利益，让人们变得"更好"？下文将探讨这些问题。

情境与个性

人类的行为基本上总是可以追溯到两个决定性因素。一个人所处的环境，以及这个人的个性。在前面几章中，我们主要讨论了产生行为差异的不同情境和背景。情境通过增加或减少道德行为的成本来影响亲社会行为，例如，如果需要放弃更多的钱，那么愿意挽救生命的人就会减少。情境还通过决定我们行动的效果和程度——也就是亲社会行为对他人产生的外部效应——来改变我们的行为。例如，在市场中，人们可以说自己不是关键人物，也就是说，自己对最终结果没有影响。

除了情境和背景，性格的差异也决定了我们是否能做出亲社会行为。因此，一个人的行为有多好或有多坏，总是取决于个性与情境的相互作用。即使有很大的好处诱惑人自私，利他主义感较强的人也会抵制诱惑，努力做出高尚的行为。利他主义者关心他人的福祉。如果利他主义者能通过自己的行动给世界带来好处，那对他来说意义重大。相反，利己主义者则主要考虑自己的利益，即使他可以轻松完成一件英雄事迹，他也不会去做。对于其他人的情况，他并不关心。

假设你在观察两个人，他们可能帮助一个盲人过马路，提供帮助的"代价"完全相同，这个"代价"是他们生命中的大约一分钟。然而，利他主义者比利己主义者更愿意提供帮助，因为他们从帮助对象的幸福感中获得了更高的个人利益。他们比利己主义者更看重对盲人的积极效应。这里的行为差异并不是由情境或背景造成的，因为利己主义者和利他主义者所处的情境和背景完全相同。相反，这是由两人不同的个性造成的。我们从许多长期研究中得知，个性是在童年和青少年时期形成的，然后在成年人的一生中保持相对稳定。[1]因此，个性差异值得我们仔细研究一下。

衡量差异

如果想找出人们个性中的利他主义类型有什么不同，就必须在对所有人都相同的决策情境中观察他们。这样，与那些表现自私的人相比，那些表现得更亲社会的人就能被认定为个性中更有利他主义倾向的人。要想创造完全相同的决策情境，选择实验室尤其适合，因为在实验室里，所有参与者都面临着相同的游戏规则和回报规则，享有相同的信息和行动的选择权。因此，让我们从实验室的证据开始研究人类的多样性。

前面已经多次提到的独裁者游戏特别适合用来衡量利他主义人格的个体差异。我们再回顾一下：在这个实验中，一位被试会收到一笔钱，比如 10 欧元，他可以自由决定将其中的多少钱分给另一位没有收到钱的被试。

一个自私的被试会把别人的利益看得很低，因此会少给或不给，将 10 欧元全部装进自己的口袋。相反，利他的被试真心实意关心别人。因此，他会与对方分享一定的金额。简而言之，被试越有利他主义精神，分享的金额就越高。

我的同事克里斯托夫·恩格尔在一项元研究中分析和评估了数百篇有关独裁者游戏的学术论文。[2] 该项元研究在调查了数千名被试的决定后得出，被试总体平均分享了 28% 的钱。但同时也得出，个体差异是巨大的：足足有 1/3 的被试一文不出（见图 6-1）；另外 1/3 的人捐出了一定数额，但不到一半；大约 17% 的被试正好捐出一半，只有极少数人捐出一半以上。

人们的行为方式和对别人的看法、感觉各不相同；从纯粹的利己主义到强烈的利他主义，形成了一个连续的类型谱。独裁者游戏行为的明显异质性是行为学研究的典型发现。据我所知，在任何一项研究中，所有个体的行为方式都不尽相同。然而，在报道实验结果时，尤其是在科普论文中，往往没有提及这一事实。在那些论文中，人们通常满足于查明群体间的差异（处理效应），而隐瞒了这样一个事实：更重要的行为驱动因素往往植根于个体

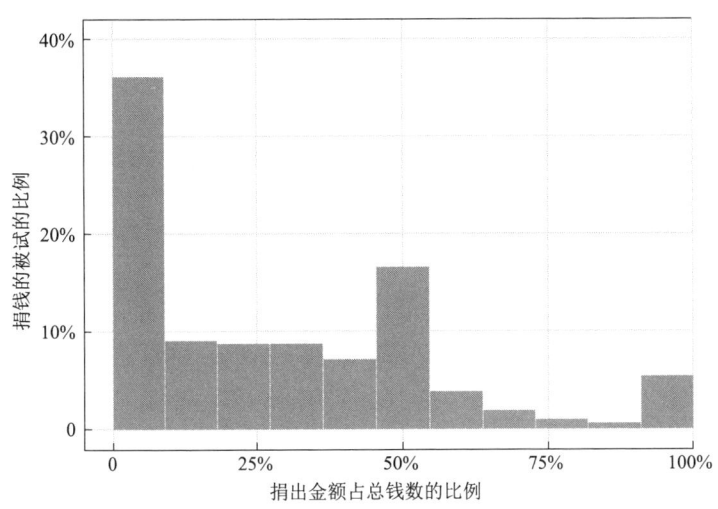

图 6-1　独裁者游戏中支出金额的分布

数据基于 20 813 个选择[3]

差异。没错，比如在独裁者游戏中，与在完全匿名的情况下做决定相比，当行为被第三方观察时，被试平均会给出更多。[4] 然而，这种说法掩盖了一个事实：在有第三方观察和没有第三方观察的情况下，存在巨大的个体差异，在这两组人中，都有一部分人什么都不给，而另有一些人给出很多。

衡量世界

如果只是为了确定人与人之间存在差异，或者为了确定环境会对人的行为产生系统性的影响，我们完全可以安心地邀请大学生做被试。然而，关于人的本质的可靠陈述需要有代表性的样本，这表明代表所有"正常"人群的横断面研究仅仅依靠学生是不行的，因为他们是一个在年龄、智力或出身等方面相对单一的群体，仅以他们为样本，个性的差异总是无法显现。

所以，我与我的朋友以及同事托马斯·多曼、戴维·哈夫曼和尤韦·森德在大约15年前着手研究，不仅分析了学生的行为，还分析了一些有代表性的样本。我们首先在德国进行了大量采样，并从这些样本开始研究。[5] 既然要有代表性，为什么不在世界范围内采样呢？事实上，在科学界，我们第一次成功地对全世界的样本进行了调查，为此目的筛选了一部分被试，调查了他们的利他主义和互惠态度。

但如何创建一个记录全球利他主义分布的数据集呢？想衡量全世界，这不是太狂妄了吗？一个令人信服的数据集必须满足诸多要求。首先，我们需要确定一套恰当的调查问卷的题目，以有效地衡量一个人的利他主义程度。换句话说，调查问卷的题目应与利他行为相关联。为了设计一套合适的问卷，我们在另一项研究中向被试提出了各种问题，涉及他们对利他主义的态度，并让他们参与独裁者游戏。最后，我们选择了那些与独裁者游戏中的行为关联度最高的题目。因此，我们的问卷是经过实验验证的，这确保了答案的科学可信度。[6] 选出的两个关于利他主义的问题是：

想象一下，您意外地收到了1 000欧元。您会捐出多少钱去做善事？

您为公益事业奉献而不求回报的意愿有多强？

被试在回答第一个问题时，会用0到1 000之间的数字来表示金额，对于第二个问题，用0到10之间的数字来回答，0表示"完全不愿意"，10表示"非常愿意"。在我们密集的前期研究中，这两个问题被证明特别适合描述利他主义行为，后来我在许多其他研究中也证实了这一点。例如，这两个利他主义问题与被试是否愿意电击他人以换取金钱或拯救他人生命高度相关（见前几章）。对利他主义问题的回答数值越高，被试电击其他人的可能性就越小，拯救生命的意愿就越强。

在我们开发出利他主义调查问卷（以及其他关于风险和时间偏好的问卷，还有关于信任和互惠的问卷，稍后详述）后，该问卷被翻译成100多种语言。在许多国家，人们使用多种语言，仅在菲律宾，我们的问卷就使用了7种语言。第一个问题中的金额也根据各国的国民生产总值进行了调整，尽可能使各国的决策情境具有可比性。随后，我们在26个文化迥异的国家对问卷进行了测试，以确保问卷的适用性和可理解性。然后，我们就可以开始了。

国际民意调查机构盖洛普对76个国家的约80 000人进行了

问卷调查。[7]各国的样本都具有代表性，是基于各自人口的可靠样本。整个样本代表了世界上90%的人口以及90%的全球国民生产总值。此外，它还代表了世界各主要地区的文化、宗教以及经济和社会发展水平。有了这些数据，我们才有可能首次描述这些国家内部以及国家与国家之间的差异。[8]

有几个方面值得注意。首先，利他主义行为的意愿存在明显的文化差异。我们将76个国家逐一进行比较（共进行了2 850次成对比较），其中约有80%的成对比较表现出，这些国家在利他主义方面存在统计学意义上的显著差异。

如果我们仔细观察欧洲，就会失望地发现，其在全球范围内比较，利他程度并不高。几乎没有一个欧洲国家高于全球平均水平，有些国家远远低于全球平均水平。德国排在第35位，属于中等水平，基本处于全球平均水平，远远落后于美国、中国、巴西、孟加拉国和埃及等国。西欧国家的利他主义意识总体上略低于平均水平，而东欧国家则严重低于平均水平。美国、加拿大和澳大利亚也被称为"新欧洲国家"，这些国家的利他主义水平明显高于全球平均水平，南亚和东亚同北非和中东相近，略高于全球平均水平，而南非国家则远远低于平均水平，这证明，利他主义在文化和空间上都很集中。

除了利他主义人格，我还在全球调查中收集了其他人格特质的调查问卷。对我们而言，信任和积极或消极互惠的特征尤为重要。[9]制定相应调查问卷的题目的过程与上述利他主义的过程类似。数据显示，利他主义与积极互惠的意愿正相关；在国家层面和个人层面都是如此。这意味着，越崇尚利他主义的国家越愿意积极互惠，利他行为越多的人也越有可能采取积极互惠的行动。这正是人们所期望的：一个国家内，良好、合作和友好的行为会得到积极互惠作为回报，在这个国家内利他行为更具吸引力。也可以说，在利他主义和积极互惠更明显的地方，人们对他人的信任度更高。这也是有道理的，如果别人不是亲社会的，我怎么能信任他呢？

亲社会性的文化差异从何而来？我和我以前的博士生安克·贝克尔与本杰明·恩克（现在两人都供职于哈佛大学）共同进行的一项研究表明，这些差异可能有着非常古老的渊源。[10]我们的研究结果表明，从智人征服世界开始的人类的迁徙对今天的人类行为仍有影响。我们研究的出发点是广为接受的走出非洲说，根据该理论，现代人类从非洲出发，在世界各地定居。迁徙过程中经历了许多步骤。某地区的部分人口脱离群体，去寻找新的栖息地，这样的过程循环反复。

但是，为什么我们祖先的迁徙会对我们今天的行为产生影响呢？至少有两个原因。首先，共同的历史和共同的生活状况会影响我们的行为和态度。这段共同的历史越长，即我们与另一个群体分离的时间越短，我们就应该越相似。其次，我们的行为也有

第六章 没有两个人是相同的：人的多样性

遗传因素，早期分离的群体的基因库与后来分离的群体的基因库是不同的（由于遗传漂变或选择压力的作用）。由此，我们提出了一个假设：两个很久以前分离的群体应该比另外两个最近才分离的群体有更大的差异。相应的时间点可以通过各种方法估算出来。除遗传距离外，还包括所谓的语言距离，语言距离的形成同语言进化的历史有关。语言和基因构成的差异揭示了在历史上分离的时间。

事实上，我们的假设得到了证实。两个群体在迁徙史上分离的时间越长，他们之间的差异就越大。几万年来，生活环境、冲击和危机给人类带来持久影响，并继续影响着今天的我们。在世界历史上，受到相似影响的时间越长的人群，他们至今在利他主义以及积极互惠和消极互惠方面就越相似。这是一个了不起的结论。

有人可能会反对说，今天的环境也会产生影响，而且这种影响会压倒或挑战我们上面谈到的影响。为了反驳这一异议，我们在数据中对移民的行为进行了更细致的研究。例如，我们将出生在尼日利亚和法国但现定居美国的人之间的差异同生活在美国的意大利人和日本人之间的差异进行了比较。我们再次发现，无论当前（共同）的生活环境和影响如何，那些祖先在世界历史上有更长共同历史的移民，彼此相似度更高。

智人的迁徙动态至今仍然影响着我们的利他主义和互惠精

神，也影响着我们的耐心和冒险行为。我们祖先的生活环境至今仍在塑造着我们的人格。但是，什么是塑造人格的生活环境呢？在最近的一篇研究论文中，我们阐述了对一个著名的假设进行的研究，这个假设是：前工业时代的生产方式仍然影响着今天的互惠水平。这个研究意在说明塑造人格的生活环境。[11]

这一假设来自美国心理学家科恩和尼斯比特。[12] 他们注意到，美国南部的暴力现象要比北部各州明显得多，枪击事件也要比北部各州频繁得多。这是否与工业革命前各州的生产方式有关？简而言之，他们的观点是，生产方式以农耕为主还是以畜牧为主，可能会对暴力和复仇心理的发展产生影响。因为抢牲畜比抢谷物和土豆更容易，也更有利可图。因此，牧民建立一个消极互惠的名声（别想这么对我！）是值得的。这样，意图抢夺的人就会三思而后行。这是一个保护财产的问题，畜牧业的财产比耕种和放牧更有价值，相比之下畜牧业的财产更容易被强占。因此，牧民应比耕地农民表现出更强的消极互惠性。这些人生态度会代代相传。理论就是这些。

为了验证这个理论，我们首先使用了《民族志地图集》中的数据，该图集包含 1 000 多个民族的详细信息。凭借这些数据，我们确定了在前工业时代更倾向于从事畜牧业或农业的族群。借助进一步的数据，我们可以初步看出，以畜牧业为主的文化更多讲述有关惩罚、暴力和报应的故事。很明显，生产类型会产生文

第六章　没有两个人是相同的：人的多样性

化影响，并传承下去，但它对互惠行为也有影响吗？

这就是我所收集的全球范围内关于消极互惠的数据发挥作用的地方。我们将其与前工业时代生产方式的信息结合起来，就能证明这一假设：早期畜牧业较发达地区的人们更愿意惩罚不公平的行为并进行报复。因此，我们前工业时代祖先的生产方式仍然影响着我们今天消极互惠的程度，而且影响深远：祖先以从事畜牧业为主的人们不仅更倾向于消极互惠，也更有可能卷入当今的战争和冲突。这既包括国家发动的战争，也包括地方帮派或激进组织的暴力行为。

个体差异及其决定因素

我们已经看到，亲社会的程度存在着显著的文化差异。世界上不同国家和地区之间存在着本质上的差异。然而，如果我们更仔细地研究数据，就会发现国家内部的差异甚至比国家之间的差异更大。据统计，前者比后者高出许多倍。[13]这意味着什么？我们可以通过一个简单的思想实验来进行说明。如果你在德国各地旅行，偶然遇到一些人，你会发现他们身上在利他主义方面的差异非常大，比你遇到的不同国家的人之间的差异更大。身份认同主要不是国界问题，这是民族主义者不愿意听到的信息，但在科学上已得到证实。

国家内部的差异是否可以描述和解释？这些差异是系统性的吗？是否存在可以解释利他主义异质性的决定因素？部分是。

让我们从性别差异开始讨论。我们在全球范围内进行了约8万次访谈，将年龄、智力和地区影响因素纳入统计分析的考虑范围，分析显示，平均而言，女性的利他主义水平明显高于男性，而且与男性相比，女性的积极互惠性更高，消极互惠性更低。我们之前在德国进行的一项有代表性的大型研究也得出了相同的结论。[14]

我们还经常在实验室实验中观察到性别差异。通常较少有女性参与者会选择杀死一只小鼠，即使放弃杀死小鼠意味着放弃金钱。同样，她们对其他参与者实施电击的次数也少于男性，而且在独裁者游戏中，她们愿意捐的款更多，或者分享更多的金额。这并不意味着所有女性都比男性更具利他主义意识和更有道德感，所描述的结果只是平均值在统计学上的显著差异。从善到恶在女性身上和在男性身上都有体现。但总体而言女性是更善良的人，这也是事实。从统计学角度看，可以这么认为。

但有趣的是，在不同的国家，男女之间的差异是大不相同的。在我们考察的76个国家中，男女之间的差异并不具有相似性，而是各不相同，其中有一部分差别还很大。在大多数国家，女性的利他主义意识更高，但并非在所有国家都如此。在一些国家，男女之间的利他主义差异并不明显，在三个国家（孟加拉国、柬埔寨和巴基斯坦）甚至出现了相反的情况，即男性的利他主义程度更高。在积极互惠和消极互惠方面也有类似的差异。[15]

我们自然要思考，不同国家性别偏好的差异是否具有系统性。在试图解释这一点时，约翰尼斯·赫姆勒和我发现了一个令人惊讶的规律。但在报告这个规律之前，我想问大家两个问题：你认为男女之间的差异在哪里更大——在富裕的国家还是在贫穷的国家？在男女平等程度较高的国家还是较低的国家？例如，与约旦或肯尼亚相比，瑞典在亲社会性方面的性别差异是大还是小呢？

答案令人惊讶：一个国家越富裕，性别平等程度越高，男女之间的差异就越大。[16]通俗来讲，这表示在收入相对较高的国家和男女平等程度相对较高的国家，两性之间的差异特别大。我们的研究结果表明，物质、政治和文化资源是形成独特个性的重要前提。

这一结果之所以令人吃惊，是因为文献中通常认为，经济增长会削弱传统的性别角色，从而缩小男女之间的差异。相反，我们发现，为女性提供的物质、政治和社会资源似乎为其独立发展和独立表达性别偏好创造了空间和自由。我们的分析强调了社会经济环境在人格发展中的巨大作用。

另一个对利他行为意愿有积极影响的因素是智力。平均而言，智力水平高的人更具利他主义思维。这也是全球调查得出的结论，其他研究也得出了这个结论。[17]有人可能会反对说，聪明人更有钱,因此做好事更轻松。这是事实。但如果将收入因素纳入考虑范围,智力产生的影响也仍然存在:收入相同但智力水平不同的两个人在利他主义方面存在差异,至少在统计学上是这样。道德行为能力以智力发展为前提,这是一个古老的假设,让·皮亚杰在他的道德发展模型中对此就有描述。对善良和正确的洞察力可能的确对利他主义有帮助,此外,还需要认知基础来抑制自私自利的冲动,避免为了物质利益而做出不道德的行为。

事实上,冲动控制和自我控制的能力在道德中发挥着一定的作用。这里针对的是一种现象,指我们制订的很多计划最终都无法实现。原本我想戒烟、多运动、健康饮食,我相信我明天就会开始……自制力差的人总能找到很好的借口不捐款——直到筹款活动结束。自制力的问题在于,我们的行为往往在未来才会产生积极的结果,但代价却发生在今天。夏天在泳池边炫耀自己完美的身材固然不错,但现在就得放弃这些美味的薯条吗?就吃这一次,从明天起只吃水果和蔬菜!我当然想健康长寿,但现在就要去慢跑吗?明天再去吧。

成本与回报之间的时间差往往也适用于道德决策。如果我现在捐款,我也会立即体验到付出成本的不愉快感。而回报——无论是做了一件有道德的事情而产生的良好感觉(自我形象)、在别人面前看起来不错(他者印象),还是体验到自己的捐款正在用于做一件有意义的事情——往往在时间上有延迟,在未来才会

第六章 没有两个人是相同的:人的多样性

出现。如果我像一般人一样，特别看重现在，那我也许会决定不捐款。尽管我"本来"觉得捐款是件好事，是正确的事。缺乏自制力就会造成长期的拖延，最终导致事情无法完成，尽管自己原本想要做到。正如那句调侃的话："今日之事，明日做。"事实上，我们已经通过实验证明，当行动的结果在遥远的将来才出现时，亲社会行为就会减弱。[18] 我们这一发现对气候变化以及对采取行动应对气候变化的意愿有多么重要的意义，我无须再强调。

对其他实验参与者的研究也表明了自制力对亲社会行为的重要性：那些声称自制力不好的人的利他主义、合作精神和诚实的程度都更低。有人在实验中利用通过思考题转移认知注意力的方式对被试的自我控制能力进行限制，从而证明了二者的因果关系。[19] 神经科学实验也描述了一个负责自我控制能力的大脑区域：背外侧前额叶皮层。借助脉冲，也就是经颅磁刺激，可以在短时间内阻断这些脑区的功能。一项神经科学研究表明，这种对相关脑区暂时的抑制会导致自私行为的增加。[20]

我们如何成为我们自己？我们能否对亲社会性的发展产生积极影响？

鉴于我们每个人的利他主义倾向都不尽相同，那么就会产生这样一个问题：是否存在某种环境，对个人利他主义态度的发展起到促进或阻碍的作用？我们在童年和青少年时期的经历是否会系统地影响我们亲社会性的发展？如果是这样，这是否为加强共同利益提供了一个社会政治起点？

在我看来，只有在能够证明环境的变化确实对亲社会性产生了影响的情况下，这样的结论才是可靠的。但如何证明这一点呢？如何通过准实验研究的方法改变儿童早期的生活条件，从而得出环境影响人格发展的结论？究竟社会环境的哪些特征会起主要作用？

大约十年前，当我问自己这些问题时，我审视了环境的相关"特征"，榜样的作用在我看来是合理的。我们每天都能在周围环境中接触到一些榜样和楷模，有什么能比对他们的审视和模仿对个人发展产生更大的影响呢？毕竟，我们在整个人生中，尤其是在人生的起步阶段，都是通过观察、模仿事物以及模仿身边人的行为来学习的。通过这种方式，我们不仅学会了说话和走路，还学会了社交技巧。有了这些认识，我们不禁要问：假设我们为儿童提供了一个亲社会的榜样，并能观察到这些儿童的成长过程，那么他们以后的发展和行为会更亲社会吗？他们的人格发展是否会受到榜样的积极影响？一个肯定的答案对于本书的主旨问题来说，有重大意义，因为这将为发展个人和整个社会的亲社会性指明道路，从而增加世界的善意。

为了得出一个令人信服的答案，有必要为儿童及其家庭提供一个积极的榜样，并在数年内观察儿童的行为。在思考过程中，我很快意识到，实施这种实验的最佳方式是借助一个成熟的项目，这个项目通过提供导师来帮助儿童及其家庭，并且在这方面拥有丰富的经验。通过调查，我很快发现德国有一项成熟的辅导项目——"巴鲁和你"项目，在我看来它非常适合，该项目以约瑟夫·鲁德亚德·吉卜林《丛林之书》中的主角之一棕熊巴鲁命名。[21]正如在危险重重的丛林中，那头充满爱心、宽厚仁爱的棕熊照顾和保护莫格利一样，"巴鲁和你"项目的导师们每周一次去家里探访那些"接受指导"的孩子，在日常的德意志丛林中为他们提供支持。该项目持续一年左右，因此会有很多次这样的会面。

我的同事希尔德加德·穆勒·科伦伯格设计这一项目的理念是非正式的学习。因此，会面的目的不是提高孩子们的学习成绩或其他形式的成绩，让他们在数学考试中答得更好，或是法语说得更流利。会面的目的其实是增强孩子们的自信心，通过共同活动为他们提供新的机会和体验，并拓宽他们的视野：讲故事、朗读、听音乐、去动物园、吃冰激凌、烹饪或者单纯地待在一起。站在孩子的角度想象一下：有一个大人每周都来看我，帮助我，这一定是一种美妙的体验。尤其是对于日常生活中常被拒绝或缺乏关注的小孩。

在实施这一想法的过程中，我们首先面临的挑战是在我们希望开展研究的科隆和波恩地区招募更多的导师。由于导师大多是在校大学生,我们联系了周围的所有大学,经过几周的寻找,又额外招募到了约 150 名导师,他们都接受了"巴鲁和你"的培训,并熟悉了该项目。

我的团队[22]组织了实际的研究。从一开始,我就想把这项研究设计成一项长期研究,不仅要对孩子们进行详细访谈,还要对他们的父母进行访谈。我们与一家著名的调查机构合作,致函科隆和波恩的居民户籍管理处,联系了所有在 2003—2004 年有孩子出生的家庭。随后,我们询问了 14 000 多位家长,问他们是否有兴趣让自己(约 8 岁)的孩子参加"巴鲁和你"项目,以及他们是否愿意接受访谈。1 600 多个来自不同社会经济背景的家庭表达了他们的兴趣。遗憾的是,由于成本原因,我们无法考虑所有这些家庭,而且导师的数量也有限。这一点我们在一开始也告知了所有家庭。

共有约 700 名儿童及其母亲(几乎没有父亲陪同孩子参加访谈)于 2011 年 10 月参加了首次访谈。为了能够顺利进行访谈并降低参与者的差旅费,我们在科隆和波恩地区租用了几个月的公寓。我们对访谈的过程进行了精确细致的规划,由专业采访者来询问。他们单独对孩子进行访谈(母亲在可触及的范围内),孩子的母亲则填写调查问卷,提供自己的相关信息,如性格、家庭状况以及社会经济背景等。一次访谈大约持续一个小时。孩子们

第六章 没有两个人是相同的:人的多样性

回答诸如他们的快乐程度、什么让他们快乐、什么让他们感到有压力、他们的性格等问题。他们还参加了简单的决策实验，以便我们了解他们对风险的态度、耐心以及他们的亲社会态度。

第一次访谈之前，这些家庭还不知道自己是否有随机分配的导师。访谈结束后不久，一部分孩子就有了来年的导师，而另一部分孩子则没有被分配导师。项目结束后，我们再次邀请所有儿童和母亲进行第二轮访谈。从那时起到现在，我们已经进行了九轮访谈，因此，我们实现了对这些儿童（现在已是青少年）及其家庭近十年的跟踪调查。[23]

上述实验设计为研究生活条件的改变对亲社会人格发展的影响提供了一个绝妙而独特的机会。[24] 这种实验设计使我们有机会观察到大量的情况并获得重要的认识。不过，我将只谈与我们研究的问题相关性特别高的观点。

为了衡量儿童及其父母的亲社会态度，我们采用了三组衡量标准。首先是独裁者游戏，这个游戏上文已探讨多次。在第一组调查中，孩子们得到了"星星"，他们可以在自己和其他孩子之间分配这些星星。星星可以换玩具，规则是：星星越多，玩具越好。星星在桌子上摆开，孩子们可以决定自己想保留多少颗，或者送多少颗给另一个没有星星的孩子。分配出去的星星被装入信封，我们随后根据星星的数量分发玩具。星星的接收者有两种：来自同一城市（如科隆或波恩）的孩子，或在非洲某个国家，没有父母，生活在儿童福利院的孩子。(为此，我们与多哥的一家儿童福利院进行合作，并向那里也寄送了玩具。)对于扮演独裁者的孩子们来说，接收者贫困程度的差别一目了然。如果接收者是非洲儿童福利院的孩子，他们几乎都会给予更多的帮助。这个衍化的独裁者游戏，在我们所有九轮访谈中都用到了。[25]

第二组是一组轻量的问卷调查，内容有关孩子们对他人的信任程度。为此，我们从已有的信任度调查中选出了三个问题，并针对我们调查对象的年龄进行了改编。这三个问题的大致意思分别是：（1）你是否可以信任别人；（2）别人对你是否怀有善意；（3）即使你不太了解别人，你是否仍可以信任他们。孩子们可以用五级量表来表示他们对每个问题的同意或不同意程度。(在此之前，我们已经用另一个问题——你喜欢意大利面吗？——向他们解释了这个量表。)

第三组调查不让孩子们自己回答，而是由母亲们填写一个既定的问题量表，考察孩子日常行为的方方面面，如孩子是否体贴周到和乐于助人，以及他们与其他孩子分享的意愿有多强，等等。因此，这些问题旨在确定孩子在日常生活中是否以及在多大程度上表现出亲社会行为。

根据这三组衡量标准，我们构建了一个衡量儿童亲社会性的通用标准。我们的研究结果来自这一通用标准。我们还为父母和

第六章　没有两个人是相同的：人的多样性

导师制定了类似的衡量标准。

我们的假设是，与亲社会榜样面对面的接触会对亲社会人格的发展产生积极影响。换句话说，我们的预期是，被随机分配了导师的儿童随后会比他们的同龄人表现得更亲社会。这一论点的前提条件是，导师是亲社会的人，而事实也确实如此，我们通过衡量标准验证了他们都是亲社会的人。这也不意外。毕竟，作为导师，他们花时间帮助他人就是利他主义的具体表现。

这些数据有力地证实了我们的假设。与对比组的儿童相比，被指派了一年导师的儿童在亲社会方面的表现明显更好（见图6-2）。虽然在项目开始之前，两组儿童并无差异，但在项目结束之后，我们发现了非常明显的差异。这不仅适用于我们衡量亲社会性的通用标准，也适用于三个单独标准中的任何一个。请注意，这不是一个相关性结论，而是反映了环境对人的因果效应。

你可能会反对说："好吧，也许在指导体验之后会立即产生影响，但它肯定会很快消失。"不是这样的！由于我们可以在指导项目结束之后对儿童和他们的家庭进行多年跟踪，并在随后的每次调查中收集衡量结果，因此我们可以证明，对亲社会性的积极影响是持续和长久的。即使在指导项目结束两年（甚至更久）后，差异依然存在（见图6-2）。在短期内，有导师和没有导师的儿童之间的亲社会性差异为4.0分，大致相当于男孩和女孩之

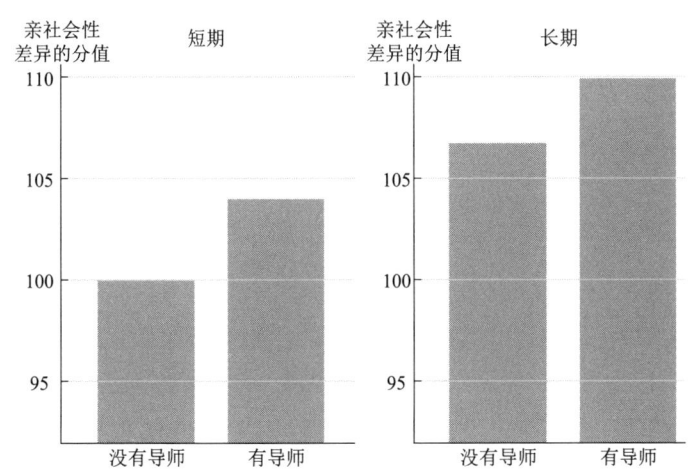

图 6-2　指导项目对儿童和青少年亲社会性的短期及长期影响

左边是项目完成后不久的影响，右边是两年后的影响。本图还显示，随着年龄的增长，亲社会性总体上都有所提高。

间的差异（女孩的亲社会性比男孩高 4.5 分），两年后，差异仍有 3.2 分。

因此，人格的变化不是一蹴而就的，而是系统而持久地发生的。这充分证明了现实生活对人格发展的影响。这也清楚地表明，在一个社会中，我们可以通过合适的榜样，对亲社会态度的形成产生有利的影响。

如果说榜样的作用很重要，那么我们是不是也应该看到父母对子女的影响呢？是的，我们应该看到。而且我们确实看到了。在我们的样本（以及其他研究和样本）中，我们发现两代之间在态度上有很强的相关性。这意味着，从统计学角度看，人们与父母的相似度相对较高。这不仅适用于亲社会性的衡量，也适用于其他人格特质，如应对风险的态度。母亲越亲社会，孩子的平均亲社会程度就越高。如果父母以身作则，即使代价高昂，也认为帮助和支持他人是正确和正常的，那么他们的孩子也更有可能表现出这样的行为。如果父母信任他人，那么他们的孩子也更有可能信任他人。顺便提一下，即使子女已经超过60岁，这种影响依然存在。[26]

由此可以直接得出父母责任重大的结论。我们还可以用数据来验证另一个假设。如果像我们所看到的那样，导师对被指导者的人格有影响，那么当家庭中的亲社会性十分缺乏时，这种影响就会特别大。假定一个孩子有一个非常亲社会的母亲，并因此受到影响，那么其他榜样的影响空间就相对较小。因此，在母亲明显不那么亲社会的情况下，导师的影响应该是最大的。事实也的确如此。母亲的利他主义意识越淡泊，导师的作用就越大。[27]因此，在家庭环境中缺乏恰当的亲社会意识输入时，榜样的作用就特别重要。这就像学习一门外语，如果父母双方说的是同一种语言，那么孩子就只学到这种语言。而如果父母说两种不同的语言，孩子至少会打下两种语言的基础。如果一个家庭中没有强有力的亲社会行为榜样，那么外部多一个亲社会榜样就会起到巨大的作用。

撒谎

在与儿童和家庭的访谈中，我们每次都会改变一些问题，观察一些新的、不同的人格侧面。在完成指导项目约五年后，两位我曾经的博士生费边·科塞和约翰尼斯·阿贝勒（现分别在慕尼黑大学和牛津大学任教）和我一起，在我们本书研究问题的框架下，对一个核心人格特质进行了更详细的分析：[28] 是愿意说真话还是愿意撒谎。

撒谎通常是我们认为的不道德行为之一，但也有例外，比如我们为了保护他人不受伤害而撒谎。然而，大多数时候，我们撒谎只是为了自己的利益。我们撒谎是为了获得好处，无论是为了让自己看起来更好，还是为了得到我们无权得到的东西，或者是为了伤害我们的对手。参加指导项目以及与亲社会榜样相处的经历是否会降低撒谎的意愿？简而言之，有导师指导的年轻人会减少撒谎吗？

我们在实验中给每位参与者一个普通的六面骰子，用骰子来衡量撒谎行为（见图6-3）。我们要求每个人在1到6之间想一个数字，这就是他们的"幸运数字"。当参与者确认自己脑中已有一个幸运数字时，我们就要求他们掷骰子，然后告诉我们他是否掷出了幸运数字。如果是，他就会得到一笔钱；如果不是，则没钱。假设他想象的幸运数字是5，然后掷出了2。如果他说真话，他就必须告知我们他没有掷出自己的幸运数字，然后两手空空地离开。但他也可以撒谎说："是的，没错，2 就是我想的幸运数字"，然后将钱装进口袋。因此，这个实验研究的是为获得自身利益而撒谎。

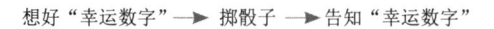

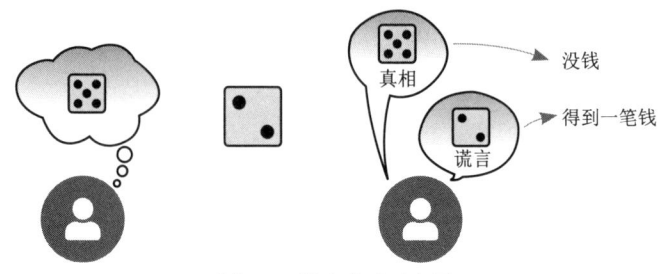

图 6-3 谎言实验示意图

由于我们无法窥探参与者的大脑，因此我们无法知道每个参与者是否对我们撒谎了。然而，对一组参与者来说，我们可以非常肯定地说他们是否以及在多大程度上撒了谎，因为一个人掷出自己的幸运数字的概率是 1/6，也就是大约 16.7%。毕竟，骰子就是一个随机数生成器。

回过头来说这些青少年。显然，有很多人撒谎了。在没有参加指导项目的参与者中，64.7% 的人说他们掷出了自己的幸运数字，尽管从统计学上看，只有约 16.7% 的人可能真的掷出了幸运数字。因此，约有 57.6% 的人撒了谎。[29] 在有导师并因此有一个亲社会榜样的青少年群体中,也有人撒谎,但概率明显较低,约为 44.2%。有 53.5% 的人说他们掷出了自己的幸运数字,比没有导师的组别低 11.2 个百分点。终归是少一些!

顺便提一下,在这两组中,女性参与者撒谎的次数都少于男性。女生说自己掷出了幸运数字的人更少,与男生比相差 15.7 个百分点。这项发现再一次说明了在亲社会行为存在性别差异。

移情与交流:社会分流的负作用

我们对现实生活施加有利的影响,就能直接促进亲社会人格的发展。在这方面,积极的榜样尤为重要。榜样之所以如此重要,是因为人们会模仿正面榜样的行为。通过模仿榜样,我们会练习某些行为,让它们成为日常生活实践的一部分。因此,从某种意义上可以说,我们模仿什么,做什么,就会成为什么。随着时间的推移,这些行为对我们来说变得自然而然,通过重复,成为我们自我认同的一部分,我们开始喜欢自己所做的事和所成为的人。因此,我们的成长环境通过榜样来塑造我们的人格。

不过,适当的环境在另一个方面也发挥着作用,我想对此展开简要讨论。为了使我们的行为具有亲社会性,我们需要意识到他人的需求。我们必须看到、学会并理解他人对我们合作意愿的期待。利他行为的前提是意识到并承认问题的存在。一句话,我们需要有同理心。另一方面，如果我们能够从直接经验中获得共鸣，移情对我们来说就更容易：那些自身患有某种疾病的人，会对命运相同的人表示更多的理解。失业或面临失业威胁的人对被裁员的人的感受也与常人不同。单亲父母更能理解处境相同的父亲母亲们的艰辛和担忧。那些在印度旅行的人，看到大城市贫民窟中以乞讨为生的儿童，回到德国后都会有不同的认识，或许会重新审视自己的问题。当我们亲身经历时，才会有切身体会。当我们自己遭受痛苦或直接体会他人的痛苦经历时，我们会有更强的同理心。经验知识增强了我们的同理心，也增强了我们对他人采取利他行为的意愿。

我们社会的组织方式会增加或减少获得这种经验知识的机会。社会群体之间的隔阂越大，一个群体就越不可能对其他群体的立场和需求产生理解和同情。德国小学的分流制度就是一个很好的例子。在德国大多数州，孩子们四年级后就被选入不同类型的学校，这些学校产生了多个平行的经验世界。如果问一个上过文理中学[①]的人，在他的朋友和熟人圈子里，有多少人没有参加高级中学毕业考试，答案通常是没有很多。

如果很早就对一个人的教育道路做了决定，也会早早地确定

---

① 德国的中学一般分为职业预科、实科中学、文理高中和综合学校。成绩较好的学生通常进入文理高中就读，其次是实科中学、再次是职业预科，综合学校是上述三种传统学校类型的组合。——编者注

他在职业和社会上能获得的机会。这是一个受社会经济背景影响的决定，尤其是在德国。[30] 在德国，上文理中学的可能性在很大程度上取决于父母的经济和教育背景，这一点在国际上也基本如此。这就意味着，对文理中学的学生来说，教育弱势群体的经历、问题和需求他们几乎都没有体验过。另一方面，更具包容性的学校形式，能让儿童和青少年分享与自己背景完全不同的同学的经历。我将在最后一章再谈这个话题。

在此，应提及一项研究，该研究有力地证明了具有包容性的学校教育形式是如何促进同理心和亲社会性的发展的。[31] 研究的背景是印度的中小学教育体系，该体系下社会经济阶层对分流的影响特别大，研究的问题是，当以招收富家小孩为主的私立学校也招收贫困学生时，这对培养学生的亲社会行为有什么影响。

与世界上许多其他国家一样，印度的教育系统由公立学校和私立学校组成。大多数儿童都在公立学校或费用低廉的私立学校上学，只有经济条件特别好的家庭才有机会送孩子进入私立"精英"学校。2007年，印度政府规定395所私立学校必须将20%的招生名额分配给低收入家庭。虽然大多数学校很快就执行了这一规定，但也有一些学校推迟了这一进程，还有一些学校并没有受到这一规定的影响。对研究人员来说，这是一个理想的机会，因为现在出现了可供分析的差异：在学校内部，我们可以将有20%贫困学生的年级和全是富裕学生的年级进行比较。还可以对不同学校的学生进行比较，这些学校有的执行了该规定，有的没有。

招收贫困学生对亲社会行为有影响吗？答案是肯定的。在招收贫困学生的班级中，富裕学生为慈善项目（如资助贫困儿童）筹款的意愿有显著提高（提高了13个百分点）。而在各种独裁者游戏中，这些富裕学生也有不同的表现。与只有富裕学生的年级相比，在贫困生比例为20%的年级中，家庭条件好的学生对另一所学校贫困生的捐助要多出44%。有趣的是，我们甚至还能观察到他们对其他富裕学生的利他主义意愿也更强：在独裁者游戏中，如果匿名伙伴是富裕的，班级中有贫困同学的学生比班级中只有富裕同学的学生多给出24%。因此，录取贫困的学生，不仅会使富裕学生对贫困的同学采取更多的亲社会行为，还会使他们的亲社会性普遍提高。

研究还发现，通过录取贫困学生，学校减少了歧视现象。具体研究方法是研究学生在接力赛中是否更倾向于选择富裕的同学作为伙伴，即使他们的跑步速度比贫困的同学慢。这种类型的歧视（宁可选择富有的，也不选择速度快的）是显而易见的。然而，在录取贫困学生的班级中，这种现象并不那么明显。与贫困同学的接触是造成这种现象的原因。

因此，现实生活的具体情况对亲社会人格的发展有着不可低估的影响。我们可以通过多种方式对此产生积极影响——无论是通过亲社会的榜样和楷模，还是通过与来自不同环境的人进行更多的接触以促进共鸣。想到为儿童提供更好的起步机会蕴含什么样的社会潜力，我们在一个社会中为实现这一目标所做的工作之少，着实令人难以置信。

第六章 没有两个人是相同的：人的多样性

第七章

我们能做些什么?

哪些机制和原因在影响人们，使他们更有可能或更不可能成为好人，在前几章中，我试图对这一问题进行了说明。研究的重点在于做出决定的情境和背景，同时也关注行为人的个性。总的来说，鉴于目前的研究情况，我们不由得对人类的本性和对诱惑的抵抗力持相当悲观的看法。诱惑无处不在，当好人的愿望与利己主义动机不断交锋。

另一方面，如果可以描述出阻碍人们做好人的因素，那么是否也可以利用这些认识来实现善行呢？如果人们了解环境和人格会影响我们的行为，那么难道不应该为了共同的福祉而努力改变它们吗？有一点是肯定的：情境通常是由人塑造的，我们自己决定了如何与他人相处。因此，我们有能力塑造生活环境，使其变得更加美好。同样，我们还可以影响人格的发展。

不是"虽然"，而恰恰是"因为"做一个好人难，所以我们应该尽最大努力。那么，我们能做些什么呢？

启蒙

有时候我们认为正确的事情却因为某些原因而并未落实，行为的改变，必须建立在洞察这些阻碍机制的基础上。更好地理解心理倾向、决策环境和情境效应之间的相互作用，有助于认识到成为一个好人的阻力和绊脚石。对我来说，意识到"日常生活中的陷阱"是改变错误行为和拒绝不道德诱惑的关键所在。

现在，有人可能会反对说，启蒙的说法和对洞察力的期许被强调得过多。人类的特点是缺乏理性，他们的行为归根结底受情感驱使，意识总是滞后。我的一些同事可能会提出这样的看法，但我认为这种反对意见是错误的。我绝不是质疑那些证明人类的理性程度有限的研究成果。我清楚那些关于偏误、认知偏差和局限性的研究成果。的确，在复杂的决策环境中，我们往往不会按照某些理性标准行事，我们很难处理概率和统计问题，我们的行为也难免有偏差。总之，我们会犯错误。但是，如果因此就得出结论说我们在认知上不具备做正确的事的能力，那将是不幸的。毕竟，一个人得有多理性才能给乞丐捐东西？当一个人被要求合作和诚实时，对认知的要求有多高？难道真的有人认为，在独裁者游戏中不同别人分享是一个认知能力的问题吗？

人类尽管有种种局限，却有着惊人的理性，在有限的认知资源中表现出惊人的理智。最近的研究越来越多地证明，即使是在复杂的决策环境中，人类的行为也是相对稳定和理性的，哪怕有各种末日预言。当涉及自身利益时，我们多舍得"投入"啊！例如，在充分利用法律的有利条件时，无论是在进行纳税申报时[1]还是在劳动合同的谈判中，我们都能表现出智慧和细心。所谓缺乏理性，就像所谓没有自由意志一样，归根结底只是一种借口。如果我们遇到困难不知如何应对，可以寻求建议。在道德抉择中，为什么不能"投入"理性，寻求建议呢？只要我们愿意，我们可以做很多事情。

启蒙还特别有助于通过具体的建议，帮助我们自主、负责任地行事。例如，在消费决策方面：如今，标注发动机二氧化碳排放量和电器能耗的信息已成为强制性规定，但我们在这方面还做得不够。为什么不给每件产品都标明"碳足迹"呢？试想一下，我们买水果时在两种苹果之间进行选择，知道它们各自对气候带来了多大的负担，或者当我们购买肉类、衣服或电子设备时，视频、信息图表、宣传小册子、标签和海报真的能让我们了解产品生产对人类和环境造成的影响。当我们购买鸡蛋时，如果我们能通过生动的视频了解或被提醒与"有机"蛋鸡不同的"传统"蛋鸡的生活，我们可能会更倾向于选择价格更高的鸡蛋。事实上，研究表明，超市中消费品的说明标签增加了人们对气候友好型产品的消费。[2]

主动标注和强制标注的生产信息首先使消费者有可能根据自己的道德标准塑造自己的行为。而工业界及其协会对此极力反对，这一事实只能证明这种信息是有效的。毕竟，消费者自由、自主地做出决定，符合自由主义关于消费者自主权的理念，但这正是以消费者充分、全面地了解信息为前提的。提高透明度和增加信息量是"符合市场特点和自由主义主张的"，应该得到每一个关心理性决策的人的支持。

我想用一个例子来说明如何通过创新的启蒙形式来实现行为的改变。[3] 这个例子就是能耗提醒的效果，或者更准确地说，是"热水淋浴"能耗提醒的效果：淋浴是家庭中第二大单一能耗因素，约占家庭平均能耗的 14%~18%。如果能在淋浴时实时显示水和能源消耗，是否能减少消耗呢？

在一项针对 636 个瑞士家庭的研究中，每个家庭都获得了一个智能淋浴表。该装置直接安装在淋浴喷头上，清晰可见，根据实验条件的不同，小显示屏上会显示不同的信息。在一个研究小组中，只显示当前的水温，而在另一个研究小组中，每次淋浴时还会以升为单位显示已消耗的水量，以千瓦时为单位显示能耗以及能效。第二个小组中显示的信息使能源消耗减少了 22%，家庭能源消耗总量减少了 5%。安装好设备后，"启蒙"的效果立即显现，并在整个实验期间（为期两个月）维持。

做诚实的人

让我们来讨论一个伤脑筋的要求——走出自我营造的感觉良好的角落，在那里，尽管有自私的行为，我们却以良好的自我形象让自己感到舒适。这种自我形象是我们通过选择性的感知、被美化的回忆、对选择的回避以及完美的借口创造出来的。如果你不想要这样得来的自我形象，就必须诚实。

我在前文中介绍了一些自欺欺人的机制，这些机制让我们以为自己在道德上是正确的。它们既能满足我们从自私行为中获益的愿望，又能使我们维持积极的自我形象。不想受其摆布的人应该做到：积极寻求相关信息，不回避决策情境，不要花招，不轻易找借口，思考而不是凭感觉。

积极寻求相关信息。我们常常对自己行为的后果视而不见，以便事后可以对自己（和他人）说，我们并不知道。诚实的人知道自己行为的后果，并会思考行动的选择和替代方案。当然，我们不可能什么都知道，而且我们也不得不承认，经常没办法了解更多，但这不是重点。重点在于，在可能的范围内进行探究，积极思考自己的行为会造成什么影响，而不是不闻不问。

不回避决策情境。我们时常索性回避道德要求较高的问题，比如避免与需要帮助的人接触，形象地说，我们看到乞丐就改道而行。这种策略的基础是不允许道德冲突出现。我们回避决策情境，回避考验。但这一策略只有在一个人愿意假装的情况下才能奏效。因为如果回避决策，比如改道而行，我们实际上就是在做决定——采取有损道德的行为。诚实意味着不回避决策情境和冲突。也许你在当时的情况下失败了，仍然没有施舍给乞丐任何东西，但失败就是诚实。那些回避的人甚至没有失败的机会，他们的决定总是在善行的对立面。对于那些喜欢回避，事后又后悔或觉得不安的人，我还有一个小建议。如果被人要求的非自愿捐款让你很不舒服，那不如这么做吧：坐下来想一想你愿意捐多少钱，也许是你收入的1%，又或者是2%、5%？选择一个声誉良好的慈善组织，每年转账一次。这样，你就是在做好事了，即使没有响应每一次捐款号召，也不必愧疚。

不要花招。如果想对自己诚实，就放弃道德账簿、漂绿或美德作秀。不要满足于给出的小小恩惠和前几天的善举。伪装是善行的强敌，不要沉溺于华丽的辞藻、象征性的行动、精心策划的小小善举，这些东西与做好事的关系就像滤镜下的照片墙世界与现实生活的关系一样，是镜花水月。做诚实的人，也意味着我们获得了对记忆的自主权，不会过度美化过去的"英雄事迹"，即使这对我们来说并不容易。

不轻易找借口。当时太忙了，完全忘记了，本打算明天再做……如果你想做一个诚实的人，就必须实事求是，不要欺骗别人，也不要欺骗自己。虽然撒谎对我们有好处——谎言向我们自己和他人暗示，我们的自私行为其实并没有那么糟糕——但是我们自己讲这样的故事或将它们流传开来都是不诚实的。讲述谎言故事不仅能让更多的人了解它们，还能赋予它们更多的合理性：如果这么多人都在谈论这些故事，那它们一定是有道理的。

在社会结构中，我们就像中继站一样运作。我们决定讲述哪些故事，分享哪些故事。在社交媒体世界里，我们决定分享什么、喜欢什么、转发什么，我们对所讲的内容负责。如果我为了洗刷自己的污名而散布谎言，它可能会被其他许多人误用作自己的借口，尤其是在推特等社交媒体的帮助下，谎言会如病毒般传播开来。而人们应该做的事情恰恰相反，只要有可能，就应该努力揭露谎言，为其贴上不真实的标签，澄清事实，[4]查明真相，进行自我批评，承认自己的错误，改正这些错误。在此过程中，使用清晰准确的语言，明确说明什么是合理的、什么适用、研究现状是什么。与胡诌做斗争的任务既艰巨又重要。

思考而不是凭感觉。我们经常带着情绪做决策。这往往是正确的，也是有意义的，但有时候又恰恰相反。如果你希望自己诚实，请审视一下自己行为背后的动机：也许是嫉妒驱使着我？是我的野心在诱导我做出不道德的行为吗？我现在是否感到有压力和紧张？最好先静下心来想一想，然后再行动。冷静期几乎总是值得的，它能促使我们做出符合自己价值观的决定。

这样的例子不胜枚举。因为我们太喜欢自欺欺人了。但说实话，真诚的利己主义者难道不比假模假式、满嘴谎话的伪利他主义者更讨人喜欢吗？事实上，很多心理学实验都研究过这个问题。结果发现，我们对伪君子的评价往往比对那些行为不道德但至少肯承认错误的人的评价更差。[5]

利用声誉效应

我们确实在乎别人对我们的看法。我们都在努力争取别人的认可，希望得到赞赏和喜爱。正如我所阐释的那样，对拥有良好的、无可挑剔的声誉的渴望在促使我们不惜付出高昂代价、努力成为一个好人方面发挥着重要作用。好的名声、积极的社会形象会让我们遇到更好的机会，找到更有魅力的伴侣、更好的职业和享受其他的社会福利。联邦十字勋章、与政界名人共进晚餐的邀请、可以拓展人脉的高级俱乐部会员资格，甚至是一位有广泛影响力的推特用户转发我的最新文章——这些基于声誉的认可形式都是做好事的推动力和加速器，而且它们在社会范畴内可以带来好处。

与匿名行为不同，声誉效应基本上可以通过将特定行为归属于某个特定的人来实现。这抑制了不道德行为，因为没有人愿意被人看到自己的不良行为，同时也使亲社会行为更具吸引力，因为人们喜欢沐浴在善行的光辉之下。社会可以利用这种做善事的驱动力来实现共同利益。

第一个例子是税务数据全透明。在挪威，查看邻居的纳税申报很容易，公民除了了解同胞的姓名、出生年份和居住地，还可以了解他们的净资产、应税收入和税额。瑞典和芬兰的情况与此类似。这种透明性会提高纳税人的道德水平和国家税收吗？人们会不会因为害怕偷税漏税被抓而更愿意诚信纳税呢？

为了弄清楚这个问题，研究人员利用了挪威政府从2001年起在互联网上公布的变化数据。这种透明性在简化流程的同时也增加了对数据的需求，因此也增加了作假被抓的风险。事实上，研究结果表明，企业主申报的收入增加了近3%，税收总额增加了0.2%[6]——这两个变化都是透明度的提高以及担心声誉受损的相关威慑因素所致。

这让我想起了购买银行数据的事件。诺伯特·沃尔特-博尔扬斯在担任北莱茵-威斯特法伦州（简称"北威州"）经济部长期间，购买了几张有关逃税嫌疑人内幕信息的光盘。北威州花了1 790万欧元购买了11张光盘，其中包含超过1 000亿瑞士法郎投资额的数据记录。这是一笔划算的交易，因为根据北威州的数据，这带来了约50亿欧元的额外收入，而这主要归功于自愿申报：可能也是出于对被曝光的恐惧，以及为了避免更严重的法律后果，仅在2010年春季至2016年期间，全德国就有12万公民进行了自愿申报。[7]透明度显然会促使人们在报告数据时更加诚实。

第七章 我们能做些什么？

公布政治人物的额外收入情况与此类似。例如，如果选民还能了解议员从一家美国信息技术公司收到多少咨询费，议员做这些事时就会再三考虑，是否值得拿自己的信誉冒险。

去匿名化产生积极影响的另一个例子是在线论坛的辩论文化。所有曾在政治问题上公开表态的人都知道，在匿名的掩护下，有时会出现一些充满仇恨、恶毒或至少不客观的回复。这不仅破坏了辩论文化，也阻碍了一些人表达政治立场和参与政治活动，有损共同利益。在我看来，有明确署名的意见表达不那么伤人，不那么咄咄逼人，而且更注重事实。

令人痛心的是，种族主义、性别歧视、死亡威胁和其他类型的仇恨言论在互联网上司空见惯。[8] 网络攻击也可能衍生为实际行动。例如，最近的一篇研究论文显示，在脸书上阅读仇外信息会导致针对难民的仇恨犯罪。[9] 匿名性在其中发挥了重要作用。对人们而言，比起用自己的本名，以用户647的身份传播针对一名女政治人物的死亡威胁或性别歧视口号，要容易得多。

为了不被误解，此处须略加解释：这不是要压制意见，而是要使辩论客观化，更加尊重持不同意见的人，这是通过民主竞争寻求更好解决方案的基本前提。那么，是否应该完全取消网络论坛（所谓）的匿名性呢？[10] 不。因为对于受迫害或受歧视的群体来说，匿名保护非常重要，这样他们才能在互联网上自由、公开地交流，而不会受到人身威胁。即使是使用推特向人们宣传疫苗接种或新冠疫情期间重症监护室情况的医生，也因为害怕激进的疫苗接种反对者的激烈反应而被迫使用假名。[11]但最好减少匿名性。那些想表达极端观点的人应该知道，真的这样做可能会适得其反。有针对性地利用声誉效应，并要求在线论坛的用户在使用化名发帖时必须向运营商或编辑部交存自己的真实姓名，这才是明智之举。领英或Quora（社交问答网站）等一些社交媒体的运营商正在尝试执行实名制。但如果没有政府的推动，这种做法很难实现。

下面我们来看最后一个例子——主动筹款。我以科研经费为例进行讨论，但这些观点也适用于其他许多公益领域，无论是帮助残疾人、保护自然和环境，还是促进文化、艺术和体育发展。

德国大学长期资金不足。这里的师生比例不理想，一流人才大量流失，主要去向是美国的大学，那里能为研究人员提供更具吸引力的条件。美国的顶尖研究机构之所以能跻身世界领先行列，部分原因是它们设备精良，资金雄厚。这些资金主要来源于私人捐赠者，他们资助整个研究机构或以其名字命名的教席。[12]职业经理人在美国积极主动地寻求支持，接近富人和超级富豪，并在法律、声誉和营销方面为他们提供支持。以上情况在德国都没有，为什么呢？

在德国的大学中，你通常很难找到这样的活动。在这里，人们通常满足于公共财政拨款，并强调研究的独立性。仿佛哪怕是诺贝尔奖获得者的研究成果，如果是在私人资助的机构中构思出来的，其价值都会大打折扣。也许我们应该记住，德国也有过不同的情况，德国成功的典范——1911年成立的威廉皇帝学会（Kaiser-Wilhelm-Gesellschaft）——基本上是由私人资助的。该学会设立的研究机构取得了世界级的学术地位，获得了15项诺贝尔奖，走出了包括阿尔伯特·爱因斯坦、奥托·哈恩和沃纳·海森伯格等在内的学术泰斗。银行家、实业家和富裕市民的私人捐款为取得这些成就发挥了重要作用。如果公立大学不借鉴此法并设法筹集和接受私人资金，那么纯粹由政府资助的研究就会被亚马逊、谷歌等公司远远甩开。遗憾的是，德国在这方面的能力很差，胆怯和懦弱占了上风。立法者应为私人资金的投入创造透明、可靠的框架条件。

有人可能会反对说，如果一个人的亲社会行为只是为了在自己和他人面前表现良好，那就不是崇高的行善动机。这也许是对的，但重要吗？从社会的角度来看，不管出于什么原因，做好事不是更重要吗？如果有人为一个患癌症的孩子花钱请来一个小丑，让他艰难的生活变得轻松一点，这个孩子会问小丑的出现是为了给病房里的他带来欢笑，还是为了安慰命运多舛的父母吗？难道不是小丑的到来使父母得到心理慰藉并使癌症治疗得到推进更重要吗？无论如何，我宁愿开车经过一座以捐赠者名字命名的桥，也不愿意因为没有桥而不得不每天绕一大段路。我喜欢坐在公园的长椅上俯瞰湖面，无论是否有一块黄铜标牌在提醒我资助者是谁。那么，为什么就有人认为，教师会因为他的教席是以捐赠者名字命名的，就不能全身心致力于教学和研究工作呢？

有一种反对意见为，将私人资金交给公共部门，以确保资金得到民主合法的使用岂不更好？这样可以排除私人捐赠者隐秘施加影响并将事情引向错误方向的可能性吗？也许可以。但这既不是取消这类公共部门的问题，也不是让既得利益者不受监管地施加影响的问题。人们可以让这个过程公开透明并通过法律加以规范，只要人们愿意。

优化决策架构

亲社会行为发生的概率取决于事态、情境和背景。坏的一点是：许多情境都会导致责任扩散，无论是通过委托、权力关系、群体决策还是通过市场行为。好的一点是：环境并非天注定，而是可以塑造的。我们可以通过巧妙地选择决策架构来促进善行的实现。下面，我想详细探讨三种方法。第一种方法是个人责任归属。我们已经看到，当决策是多个行为人共同行动的结果时，个人很容易逃避责任，例如，指出别人会处理好事情，或者推诿自己只是遵照指示行事。委托、权威和分工的逻辑营造了一种不利于道德的氛围。

关注共同利益并致力于承担社会责任的公司、行政部门和组织应确保决策过程有明确的职责和权限。必须明确谁对什么负责，以及在组织出现不当行为时谁应承担责任。必须将分散的"集体责任"转化为个人责任。每个人都必须清楚地认识到，这归根结底是他们个人的事，他们有明确商定和归属的责任。每个人都必须知道，他们个人要"承担责任"，不能以他人的决定为借口，也不能以他人的不当行为为自己开脱。

只要有可能，组织就应努力确保员工在行动时意识到自己是关键人物。即使出于提高效率的考虑，必须在分工的基础上以团队和小组的形式开展工作，也必须明确谁对最终结果负个人责任。在责任不明确的情况下，人们可能会产生某些错误印象，如："有人"负责检查、监控并在必要时进行纠正，说到底，是小组、部门或"某位"同事的责任。在任何情况下，都必须避免给人留下这样的印象。为了提高个人承担责任的意愿，必须给予相应的奖励。

第二种方法是以慈善为导向的组织实施需要主动决策的决策架构。正如我们所看到的，我们通常认为不作为比积极行动在道德上更容易被接受，即使行动的后果是相同的。如果只是"听之任之"，组织就很容易出现道德瑕疵。因此，决策架构应侧重于主动决策与行动；决策架构应强制执行主动决策，以便员工对其进行更严格的"道德"审查。与僵化的自动流程相比，需要主动确认和主动同意的组织例行程序更不容易产生不良后果。

第三种方法是通过优化决策架构来促进公益行为，重点在于巧妙选择默认值或预设值。[13]我想用我研究中的一个例子来说明这一点。我们与一家大型捐款平台合作，想弄清是否可以通过"预设"捐款额度来影响慈善机构的捐款行为，具体表现为：在网上输入捐款金额时可以看到建议捐款额。

当你在在线捐赠平台上找到自己喜欢的慈善机构时，平台通常会要求你在指定的对话框中输入金额，然后点击"捐赠"按钮。现在，我们提前设定了不同的金额（10欧元、20欧元和50欧元），每次都会随机显示其中一个金额，你可以直接点击"捐赠"，但这只是建议捐款额，每个捐赠者都可以随意更改数字，捐其他额度。我们通过总共约68万次网站访问中的2.3万次捐款观察人们的行为，募集总额为117万欧元。实际捐款中最常见的金额与预设金额完全一致。也就是说，如果预设金额为20欧元，大多数人就捐20欧元，但如果预设金额为50欧元，那么大多数人就捐50欧元。这一结果非常值得研究，因为它是一个没有约束力的预设值，每个人都可以自由捐赠任何其他数额。[14]

没有约束力的预设所起的作用在其他公益福利方面也有体现。最突出的例子也许是器官捐献中的默认设置方案。第一项描述性研究表明，有一些国家的默认设置是自动成为器官捐献者，除非主动表示反对。在这些国家中,器官捐献更常见。[15] 虽然每个人都有反对的自由,但现有的默认设置发挥了巨大的作用。在有这种默认设置方案的国家,共识率接近100%,而在没有这种方案的国家,共识率仅为4%～27%。具体数字在其他研究中有所不同,但主要发现却一致:有默认设置的决策架构可以影响亲社会的器官捐献行为。[16]

关于绿色能源消费的研究也反映了这一点。在为家庭购买能源时,预设什么样的合同很重要。据我所知,在德国,大多数城市的预设标准是传统的能源形式,大多数家庭购买的是以传统方式生产的电。多项研究表明,只要改变预设标准,就能促进人们购买更多的可再生能源。例如,根据一项研究,黑森林的空气疗养胜地舍瑙有99%的家庭都购买了绿色能源,尽管当时村里很少有人支持绿色能源。[17] 其他研究论文也证实了舍瑙的研究结果:德国一家电力供应商与科学家合作,改变了能源合同的默认设置,从而使对绿色电能的需求量增加了近10倍。[18] 瑞士的一项研究也发现了同样的情况,该研究对20多万个家庭和8 000多家公司的行为进行了研究。[19] 在默认设置为传统电能时,这里97%以上的家庭和企业都使用传统能源。将默认设置改为绿色能源后,只有不到17%的家庭和25%的企业购买传统电能,尽管绿色电能的价格要高出3.6%～14.3%。对默认设置的更改已通过邮件进行了详细解释,因此绝非偷偷摸摸或背着消费者进行的。即使在实施五年后，仍有 80% 的家庭和 71% 的企业继续使用可再生能源。[20]

默认设置还以其他方式鼓励环保行为。例如，瑞典一所大学将打印机的默认设置从单面打印改为双面打印。这使纸张消耗量减少了 15%。还有一个例子，暖气是真正的能耗大户——在普通家庭中，73% 的能源是暖气消耗的。[21] 因此，即使室温发生微小变化，也会对二氧化碳排放量产生巨大影响。在一项实验中，人们降低了一栋大型办公楼中部分房间的基本温度，将预设温度从 20 度降至 19 度。研究结果表明，能源消耗因此得以持续减少。[22]

默认设置之所以有效，有几个原因。首先，我们常常注意力不集中、短视或懒惰，而且对于别人的建议总是盲从。也许我们也会想，"有机会"应该改变默认设置，例如申请器官捐献卡或选择不同的电能。但随后我们又会推迟这一打算，于是就一直使用默认选项。不过，后者有时也会产生一些影响，因为它揭示了一种规范意义，或告诉我们什么看起来是合适的。就捐款平台而言，预设的具体数值可能暗示这是一个典型的或人们期待的标准数额。然而，在这种情况下，重要的是是谁设置的这个默认值。相比一个以利润为导向或消息不灵的私人机构，一个值得信赖、以公共利益为导向且信息灵通的机构（如消费者保护机构）提出的建议，更有可能被采纳。[23]

第七章 我们能做些什么？

无论行动的渠道是什么，我们作为社会主体，都可以优化决策架构中的选择来确保可以提供帮助。有人批评默认设置涉及操纵或隐性胁迫，这种批评是没有事实根据的，也低估了人们的成熟思考能力。毕竟，我们在这里讨论的是门槛较低的政策工具，始终为行动者留有做出其他决定的可能性，也就是说人们可以不遵循默认设置。批评者还应知道，没有默认设置的世界是不存在的。要么被默认为器官捐献者，要么被默认为非器官捐献者，中立的选择是不存在的，有些东西总是默认的。正因为如此，民主选举出来的统治者、立法者应该考虑如何通过明智的默认设置来帮助实现共同利益。

尊重他人

这一点怎么强调都不为过：互惠是人类行为的重要驱动力。如果你想让别人表现得公平、合作和友善，那就以完全相同的方式对待他们。如果你想达到相反的目的，就以不公平、漠视、蔑视和傲慢的态度对待别人。

正如我所解释的，工作关系就是应用这一观点的重要例子。想要员工积极进取、注重业绩，那就应该公平对待他们：给他们体面的报酬、发展机会、自由空间和良好的工作条件。反之，如果你想让员工生病，接受他们的破坏行为和糟糕的业绩，那么你就给予员工压力、恐惧和剥削。明智的管理者会尽可能利用积极互惠，避免消极互惠。因为不公平的行为不仅会破坏积极性，还会破坏安宁和健康，这些可是激发积极性和幸福感的巨大潜在力量。因此，公平对待员工，尊重他们，才有经济意义。分配和效率问题不可分割，公平问题就是效率问题。

互惠体现在我们与他人的所有关系中，比如同朋友、熟人或邻居的关系。互惠互利的铁律始终适用。除了众所周知的维系友谊的小礼物，关注、帮助和善意等也会将人际关系转变为良好的关系。承认错误、道歉和原谅对方的能力也是其中的一部分。

重要的是，要以积极的态度开始人际关系，要相信对方的善意。因为通过互惠的方式，我们不断地创造自我实现的预言。如果我们一开始就积极地接近对方，给予对方最起码的信任，那么我们的积极期望就有可能得到回报，就有可能建立起友好合作的关系。之所以说"有可能"，是因为我们永远无法确定对方是否真的怀有善意。但是，如果我们在第一次见面时就抱着悲观的期望，那么我们连这个机会都没有了，就成了真正无望成功的人。

以小见大。一个人如果认为自己在社会中的地位与他人不平等，他就会觉得自己对共同利益的责任较小，对社会的作用较小，甚至会与社会对抗。他会质疑政治制度，背弃民主及自由价值观。社会分化的危害不容低估。在我看来，在这种情况下，有两种不公平的形式尤其突出：缺乏认可和日益加剧的不平等。这两种情况都会让人感到自己被排除在社会公平分享范围之外，从而引发排斥和暴力。

承认每一个人都值得尊重，这一点非常重要。不是作为一种职能的承担者，或者通过取得成就来体现，也不是基于社会生产力来证明，而是作为一个人，得到尊重。这就是为什么相互接近、相互交谈、保持对话如此重要。那些真正关心社会团结的人应该避免揭露那些持不同观点的人，避免嘲笑他们；相反，他们应该不厌其烦地提出积极的对话建议。

一个具体的例子是"德国精神"的倡议，这是一个由《时代在线》发起的项目，行为与不平等研究所对其进行了科学评估。[24] 具体来说，就是要找出当人们与持不同政见者见面并进行一对一政治讨论时会发生什么。为此，在实际会面前后会评估他们的政治态度和成见。总共有数千人参加了谈话，覆盖所有政治党派。

结果显示了一种有趣的不对称性，它取决于对话双方是政治上志同道合的人，还是持不同政见者。对后者来说，对话大大消除了成见，特别是某些刻板印象，如：对方的价值观和想法与自己的价值观和想法大相径庭，对方的消息不灵通，对复杂背景的理解普遍有问题等。谈话后，参与者对这些观点的认同度有所下降，也更容易接受持不同观点和价值观的人进入自己的朋友圈子。同样，对某些观点，如"可以给予德国人更多的信赖"和"德国大多数人都互相关心"的认同度也有所提高。因此，与持不同政见者的谈话对社会团结产生了积极影响。

另一方面，如果政见较接近的两人相互交谈，那么原有的偏见不会有所改变，甚至与持不同政见者会面的意愿还会下降。与此同时，他们在会面之前就已经很相似的政治见解，对话后得到了强化。

结果表明，接触与自己观点不同的人是多么重要，我们与志同道合的人交流越多，就越不愿意考虑与自己持不同观点的人的意见。当我们沉浸在同一种意见的声音中时，两极分化就会加剧。要克服两极分化，就必须愿意对他人的负担和想法感同身受。这绝不意味着必须赞同或接受持不同意见者的立场，而是承认并尊重他们从根本上有值得分享的东西。倾听比交谈更重要。

关于疫苗接种的辩论，我曾在各种采访中直言不讳地指出拒绝接种疫苗的本质就是拒绝合作，并呼吁疫苗接种的反对者更多地分担他们（共同）造成的社会后果——我相信这样做是公平的，并能确立正确的激励机制。毫不奇怪，这些观点引起了强烈反响，其中大部分是正面的，但也有负面的，有时甚至极具攻击性。我收到了一些非常不友好的信件，我们几乎都做了回复。令我惊讶的是，许多咄咄逼人的讨论者在收到答复后再次来信，而态度出奇地好。其主旨是：我仍然不同意您的观点，但您能给我回信让我很高兴。我以前写过很多信，几乎从未收到过回信。他们的语气友好了许多，更加温和，有时近乎友善。我印象非常深刻。

要实现不同人群的相互认可，社会就必须创造出他们能够相遇的空间。兵役和民役就创造了这样的空间。俱乐部、青年活动中心和完善的街区也可以实现这一点。但是，人与人之间接触的机会已变得越来越少。最重要的是，我把这归咎于日益加剧的不平等，这导致社会群体之间正因此而进一步拉大距离，例如，城市和农村之间、年轻人和老人之间、受过良好教育的群体和教育弱势群体之间、穷人和富人之间的分化。过去，我们在大街上、庭院里、教堂里、酒馆里或乡村能"随机"遇到形形色色的人，而如今，与那些同我们非常相似、认可并肯定我们价值观的人进行虚拟的社交越来越占主导地位。此外，高昂的房租加剧了穷人和富人之间的隔离，就像德国的教育制度实际上是根据出身进行严格的选拔一样。

尊重他人可以通过互惠促进共同利益。尊重体现为努力并有能力消除并非社会过错造成的不平等现象，接近并认可自己的同胞。不尊重他人在道德上是有问题的，也是无益的。

维护社会规范

解决了合作问题，社会才能运转和繁荣发展。反之，则会失败。正如我所说，社会规范可以在这方面有所帮助，这很可能是社会规范存在的原因。社会规范描述了什么是社会和规范所期望的行为。实施这些规范，无非是支持合作之人的合作行为，让不合作的人因为其利己主义而自食其果。在我看来，一个惩罚合作的社会是无法运转的，因为它无法让合作的人比不合作的人过得更好。合作的人一定有优势，一定不是愚蠢的人。

我们应该通过维护社会规范，使其成为我们强大的盟友。这方面的理由有很多，其中一点就是，每个人都有责任制裁不合作的行为，站出来说："不能这样！这是不对的。"不端行为必须被明确指出，并打上不端行为的烙印。

制裁违反规范的行为不仅能有效地约束自私行为，还能通过强调规范的有效性和存在性来促进合作。因此，重要的是要记住我们许多人都遵守社会规范这一事实。

我们再以新冠疫苗接种为例。接种疫苗意味着合作，因为接种疫苗除了对个人有益，还对社会有益。它能降低感染率，拯救生命，并有助于缩短在社会、经济和心理上代价都极其高昂的封闭措施的实施时间。这也是对因医疗原因而不能或不被允许接种疫苗的人的支持。因此，我们首先必须将拒绝接种疫苗的行为视为一种不合作、反社会和自私自利的行为，就像其他形式的不合作行为一样，无论是腐败、逃票、散布谎言还是污染环境，都应该受到社会的排斥。拒绝接种疫苗就是搭便车。

重要的是要记住，德国绝大多数人都愿意接种或已经接种了疫苗。这一点常常被忽视，因为疫苗接种的反对者经常以其伪科学或粗暴的自由概念进行大肆宣传。不考虑是否会限制他人的自由，这是一种什么样的自由概念？这些人使其他人在经济、社会、心理和健康方面都受到了相当大的限制。我们听任少数不愿接种疫苗的人将他们的观点强加给我们，却很容易忘记，我们大多数人都是理智、团结的。我们需要确信并意识到这一点，这不仅仅是因为——正如我详细描述过的那样——我们是有条件合作的人。我们越相信规范的有效性和别人的合作性，就越愿意选择合作。

"期望值管理"是一个政治工具，它可以用来明确什么是有效的，什么是我们大多数人认为正确的。正如我最近与彼得·安德烈、特奥多拉·博内瓦和费利克斯·乔普拉共同展示的那样，期望值管理在应对气候变化的斗争中也被证明是卓有成效的。[25]

在研究中，我们招募了约 8 000 名美国人作为代表性样本。为了衡量他们应对气候变化的意愿，我们给每位参与者 450 美元。他们可以决定将其中的多少钱留给自己，或者捐给 atmosfair，这是一个通过可再生能源减少温室气体的组织。捐给 atmosfair 的金额越高，说明参与者致力于气候问题的意愿就越高。第一步，我们调查了这个意愿的决定因素。结果发现，参与者对气候的态度大相径庭，但利他主义者普遍捐款更多。这完全说得通。气候事业是一项全球公益事业，因此保护气候是一种合作行为。换句话说，应对气候变化就是鲜活的利他主义行动。

气候友好行为的其他决定因素是耐心和所谓的道德普遍主义[①]。与缺乏耐心的同时代人相比，较有耐心的参与者更愿意投身其中。这一点是合理的，因为当今气候活动的后果只有在未来才会显现出来。此外，从个人的气候友好行为中受益的不仅仅是个人周围的环境，而是整个世界。这就是道德普遍主义在发挥作用，它考量了我们在利他行为中是否以及在多大程度上区别对待陌生人和自己群体内的成员。[26]道德行为更具普遍性的人，其行为方式也对气候更加友好。

我们还发现了有条件合作的明确证据。比如积极互惠的参与者愿意捐赠更多，前提是他们相信他人也会有所投入。为此，我们提出了两个问题，我们想知道：（1）参与者对美国民众参与气候保护的意愿（感知行为）的评价有多高；（2）他们对美国民众应努力应对气候变化的信念（感知规范）的评价有多高。参与者估计的比例越高，他们对 atmosfair 的捐款就越多，这一点在感知行为和感知规范方面都适用（见图 7-1）。（顺便提一下，我们在这项研究中还发现，女性比男性，民主党人比共和党人更倾向于为气候保护捐款。）

---

① 道德普遍主义是一种一元伦理学立场，认为存在对所有人普遍适用的伦理，无论其具备何种文化、种族、性别、宗教、国籍、性取向或其他特征。——译者注

图 7-1 气候友好行为的决定因素

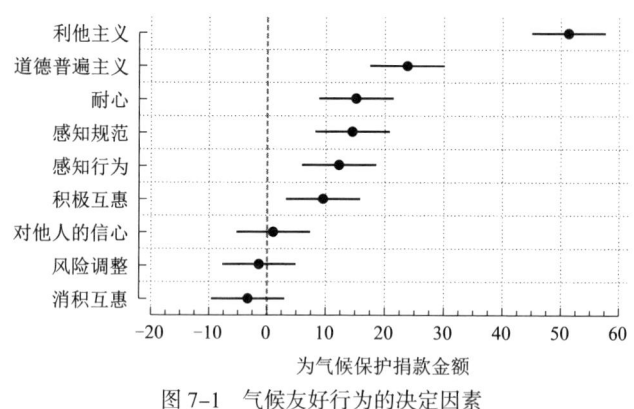

因此，越是有利他主义倾向、越是有耐心的人，越愿意致力于气候保护，他们对自己同胞应对气候变化的意愿的评价也越高。然而，我们在研究中也发现，这些估计平均而言还是过于悲观。

这是一个重要而令人惊讶的发现，大多数美国公民系统性地低估了其同胞保护气候的意愿，这是一种所谓的多元无知[①]。图 7-2 显示了"感知行为"（A 组）和"感知规范"（B 组）的这种关联。实线表示感知的平均值，虚线表示实际的平均值。

从有条件合作的角度来看，低估他人的合作意愿是一个令人遗憾的发现。由此产生了一个问题：如果人们知道自己的判断是错误的，其实他们的同胞有更高的合作意愿，那么气候保护是否

---

① 指当我们缺乏信心、形式不明朗，或不确定性占上风时，我们最有可能接受并参照别人的行为。——译者注

人性的博弈

能做得更好？

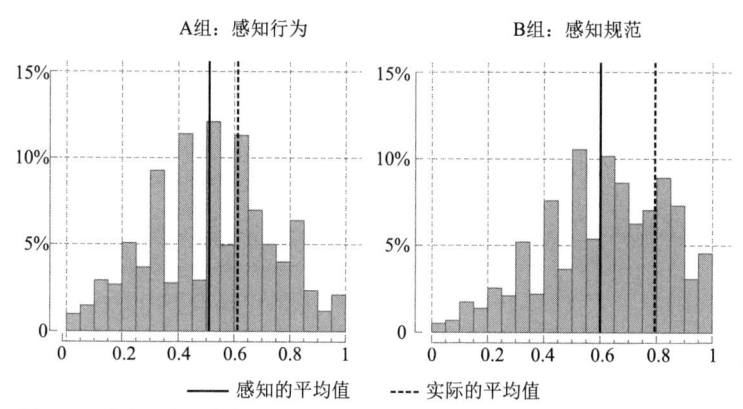

图 7-2 致力于应对气候变化（A 组）以及认为人们应该致力于应对气候变化（B 组）的美国人口的实际比例和感知比例

为了弄清楚这个问题，我们向一组参与者介绍了他们同胞的实际合作意愿。换句话说，我们纠正了错误的悲观主义，纠正了多元无知。例如，如果有人以前（错误地）认为只有 20% 或 30% 的美国人愿意参与气候保护行动，那么他现在了解到这一比例实际上是 62%。如果他以前认为也许只有 40% 的人认为应该应对气候变化，那么他现在知道实际的比例接近 80%。

这样的解释和信息使人们对 atmosfair 的捐款有所增加。当人们了解到致力于气候保护的实际人口比例时，捐款平均增加了12 美元（见图 7-3）。在纠正了对感知规范的误解后，人们的平均捐款增加了 16 美元之多。期望值管理对气候友好行为的影响是：当参与者被告知其同胞的实际意愿时，向减少二氧化碳排放的组织捐款的意愿会显著提高。在因否认或怀疑气候变化而实际保护气候意愿较低的人群中，这种效应尤为明显，而恰恰是这些人通常很难被说服，这再次凸显了期望值管理的重要性。

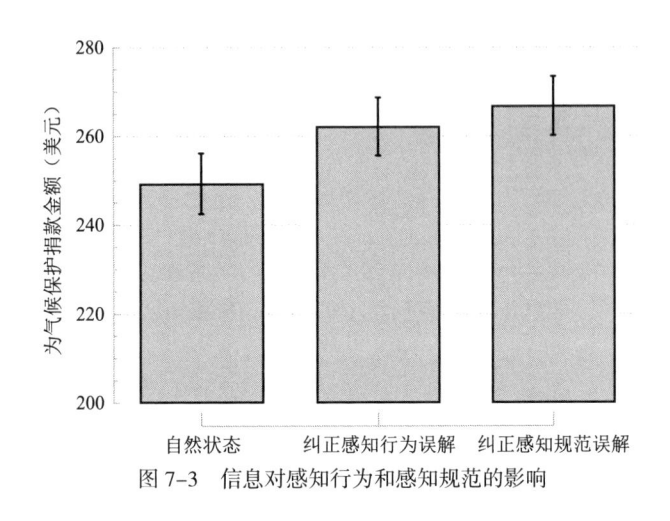

图 7-3　信息对感知行为和感知规范的影响

因此，如果能成功地将气候保护作为一种社会规范，就能促进人们行为的改变以及对气候政策措施的接受。相应的宣传和说服活动所需的费用并不高，却有可能产生巨大的影响，这也是因为它们具有互补和自我强化的作用：规范意识越强，行为就越有利于气候；有利于气候的行为越明显，规范意识就越强。

我们的研究表明了如何借助期望值管理使社会规范在气候保护方面发挥积极作用。通过让人们意识到他人愿意合作，就能提高合作意愿。苏黎世大学的一项实地实验也显示了类似的效果。[27]该实验提出了一个要求：向有需要的同学捐款。1 000 名学生被告知过去有 64% 的人捐过钱，而另外 1 000 名学生则被告知只有 46% 的人捐过钱。（顺便说一句，这里没有撒谎，因为这分别是不同时期的数据。）这样，人们对社会规范的期望就有了差异。结果不出所料，64% 条件下的捐款高于 46% 条件下的捐款。

社会规范是庞杂的。社会规范的转变是一个长期的过程，它发挥其公益效应同样要耗费大量时间。因此，维护社会规范并让人们了解其有效性就显得尤为重要。这也对媒体报道提出了要求。少数人的意见往往过于强烈，这也是由被误解的新闻平等精神造成的，这种精神也被称为"虚假平衡"，是指过分重视少数人意见的坏习惯。为了不被指责缺乏平衡，访谈节目或辩论会给那些客观上错误的、代表局外人立场的意见以同等的篇幅。这给人的印象是，后者等同于科学共识或绝大多数人认为正确的观点。这是好心办坏事，不幸的是，关于疫苗接种或气候变化的讨论一再证明了这一点。[28]

树立积极的榜样

我们如何成为我们自己，我们是谁，这是人类最迷人的问题之一，答案终究仍在遥远的未来。不过，可以肯定的是，我们生活和成长的环境对我们的人格，包括道德人格的发展有着重要影响。事实上，我们作为社会的主体也可以影响这种环境。儿童是否受到关注，是否有被接纳的感觉，是否有社会交往的机会，是否在认知和社会情感发展方面得到积极的支持，这些重要问题中，至少有一部分掌握在我们自己的手中。致力于促进共同利益的社会应努力确保为亲社会发展模式提供最有利的发展机会。我们每个人都是不同的，让我们更容易或更难做出利他行为的因素，不仅有环境，还有我们的个性。

正如我在上文所述，积极的榜样对人格发展至关重要。榜样之所以重要，是因为人们会模仿他人的行为。通过模仿榜样，我们会不断练习某些行为，这些行为会成为我们日常生活的一部分，最终成为我们身份认同的一部分。我们每个人都应成为儿童的榜样，始终如一。为别人树立榜样不仅适用于父母、保育员和教师，也适用于朋友和邻居、政治家、艺术家、音乐家和运动员。但是，我们有多少次的尝试却以失败告终，仅树立了一个相当平庸的榜样？这是由压力大、时间紧迫和日常生活的其他要求而导致的失败。我们应尽可能避免树立负面"榜样"，因为负面"榜样"同样可以产生影响。我的同事尼科·沃伊格特兰德和乔基姆·沃思以反犹太主义为例证明了这一点。[29] 他们的研究表明，以种族仇恨为重点的纳粹思想灌输持续有效。在纳粹时期长大和上学的德国人，即使在今天也比在纳粹时期之前或之后出生并参与社会生活的德国人更反犹。

关于社会榜样的可能性和局限性，我们可以自己写一本书。但此处，我们先不谈这本书，请允许我简要强调一种特殊的推动形式，它的有效性有充分的证据[30]和可行性证明，这就是上文提到的指导项目。指导项目是积极促进儿童个性发展的一种可行方式。在指导过程中，需要帮助的儿童、青少年或年轻人在较长一段时间内被指派一名导师。这一概念相对简单，而且成本低廉，对教育和人生道路有着显著的积极影响，尤其是来自社会经济条件较差家庭的儿童能从中受益良多。

指导不仅有效，而且效率很高。例如，第六章中探讨的关于"巴鲁和你"指导计划就产生了积极影响。在这项研究中我们发现，在一个孩子身上投资1欧元，至少会产生3.84欧元的增值。这可以通过将该计划的成本与儿童日后因获得更好的就业机会和更高的收入而创造的价值相比较来计算。[31]而这一计算结果仅包括该项目对儿童亲社会性的影响。由于还附带产生了一些其他效果，如改善教育过渡现象、提高生活满意度和改善健康状况等，该项目的总体效果还要好得多。对于类似的儿童早期干预研究，经济学家、诺贝尔奖获得者詹姆斯·赫克曼计算出了一个更好的成本效益比，根据他的计算，1欧元的投资回报是7~12欧元。[32]所以，这真是一笔划算的交易。

指导可以减少机会不平等现象，促进社会情感发展。因此，支持这些项目可以为改善共同利益做出有效而且重要的贡献。为此，无须制定新的项目。近年来，德国的指导领域发展势头强劲，还可提供必要的架构作为参考。地方上有许多小型的指导项目，通常是在自愿的基础上组织起来的，但也有一些大型的、全国性的专职项目机构。这些机构建立了可持续、可扩展的指导项目，并通过指导全国数千名儿童和青少年积累了丰富的经验。[33]

这些项目应该得到支持和推广，尤其是在学校关闭，学生们居家学习的时代。整整一代儿童缺乏社会交往，他们在这次新冠疫情中受到了最大的冲击。通过大规模推广指导项目，我们至少可以稍稍缓解这一问题。这是我们欠孩子们的。

推动研究

一名研究人员要求人们推动研究工作，似乎有点自私。的确如此，但我认为，我这样做还有别的很好的理由。我们如果不想彻底毁掉我们的地球，就需要了解如何改变我们的行为，无论是作为消费者、商业领袖、选民还是政治家。这需要更好地了解我们的行为，而这正是需要研究的地方。我们对自己知之甚少，这真是一个笑话。比如：我们的人格是如何发展的，我们是如何应对各种情况和情绪的，我们可以如何促进社会的凝聚力，我们可以如何发挥自己的才能以及增强亲社会行为的意愿。

我们并非一无所知。但是，面对划时代的挑战，我们所知甚少。因此，我们需要为研究人员和研究机构提供更好的设备，为顶级研究创造条件；要开展必要的理论和实证工作，以启迪我们对自身的认识；要制定以科学为基础的战略，应对不平等、气候变化、剥削、贫困、歧视和排斥等挑战。探索如何为儿童提供更好的起步机会，让他们过上自主、自信的生活。从各个层面——从消费者到国际协定中的政治经济问题——探讨我们如何实现气候友好，如成立气候俱乐部和签订贸易协定。我们不要忘记，尽管技术解决方案非常重要，但最终起决定性作用的还是我们的行为。有时在我看来，我们对月球上尘埃成分的了解都要多于对人类心理的了解。让我们推动对人类行为的研究吧！

此外，我们还需要一种基于证据的政策制定文化。[34]新冠危机再次证明了，科学的建议在政策的制定中可以发挥核心且富有成效的作用。毋庸置疑：证据是合理有效地选择政策性措施的核心前提。不仅在医学、自然科学的问题上如此，在社会科学研究成果方面也是如此。然而，听起来理所当然的事情在很大程度上却是一种幻觉，尤其是在德国。

在社会科学的问题中，"常识"通常是至高无上的，但恕我直言，"常识"往往并不那么常见。无数陷阱阻碍了政治家和官方决策者的理性洞察力。出现系统性错误的原因包括"强烈的直觉"，对概率和统计信息的错误处理，将相关性误解为因果关系，忽视选择效应，判断或思考过程中产生各类扭曲，或者忽视后果，还有回避反应。因此，缺乏证据或对数据处理错误经常导致错误的结论，而政治压力、情绪和调查，以及决策者对自己判断的过于自信，又进一步强化了这些错误结论。因此，往往是好心却办了坏事。

举个例子来说明。几年前，美国一些州推出了"禁止询问犯罪记录"的措施，禁止雇主在求职申请中询问申请者的犯罪记录。这一措施推出的背景是，在美国，失业且有犯罪记录的黑人男性人口比例相对较高。该禁令旨在帮助美国有犯罪记录的黑人更轻松地跨越求职过程中的第一道障碍。关于这些措施的有效性，并没有有力的证据。经济学家阿曼达·阿甘和索尼娅·斯塔尔多年后提供了这方面的证据。[35] 在研究中，他们在这项措施实施前后分别发送了 15 000 份虚构的在线申请。为了衡量对黑人的歧视，他们随机给申请者起了典型的白人或黑人的名字。在"禁止询问犯罪记录"措施出台之前，名字听起来像白人的申请者收到回电的概率相比之下高出 7%。该措施实施后，这种概率的差异增加了 43%。因此，研究表明，这项法律禁令不仅没有减少人们对美国黑人的歧视，反而增加了。这一发现可归因于统计性歧视：雇主不想雇用有犯罪记录的人，但又不能询问犯罪记录，在存疑的情况下，干脆直接筛掉所有的黑人求职者。

因此，在核心政治计划中，最好用尽一切科学方法，以确定尽可能有效的措施，而不是不加约束地引入任何听起来合理的东西。一种可供选择的方法是以随机对照研究为基础，辅以对大型数据集的分析，尤其是链接行政数据。在许多国家，特别是在斯堪的纳维亚半岛，研究人员可以在遵守数据保护规定的前提下获取这些数据。只有这样，才能合理地分析社会政治影响。德国的情况却不同。在德国，无论是对社会实验还是对提供行政数据集，人们都普遍持怀疑、迟缓和消极的态度。结果是，德国的研究不足尽人皆知。这是一个巨大的区位劣势。

下面是另一个例子：拉吉·切蒂和合著者利用 4 100 万份丹麦所得税申报表的数据，研究了如何改善退休保险制度。[36] 他们发现，政府补贴的增加在很大程度上是无效的，因为许多储蓄者并没有对改变后的激励措施做出反应，或者最多只是调整了他们的养老金计划。平均而言，政府开支每增加 1 欧元，储蓄存款仅增加 1 欧分。为了寻找更有效的替代方案，研究人员分析了那些已经转投公司的人的储蓄行为，在这些公司，除非你选择不储蓄，否则你会自动为自己的养老金储蓄大量资金。事实上，研究人员发现这种方案大大提高了储蓄率（同时证明了上述默认机制的有效性）。丹麦的这些研究结果，只有在大型行政数据集可供研究使用和链接的情况下才有可能实现。

德国迫切需要的是一种以证据为基础的政策文化。为此，最重要的政治前提或许就是自我批判思维。作为政治家或管理者，任何人在面对科学检验时，都会假设自己有可能犯错。然而，这并不是失败，而是谬误与科学的理性文化的标志。还有必要要求将科学证据作为立法的基础和评估的一部分，并定期对法律效果进行实证检验和审视。此外，还必须为行政数据的访问和链接提供便利。这些数据属于公民，他们有权获得良好的政策。

人们还必须克服对社会实验的普遍恐惧。事先在实验组和对照组中测试社会政策措施的有效性既不是不道德，也不违反平等原则。相反，不加控制地推行措施才应被视为不道德。试想一下，如果不对药物的效果和副作用进行分析就批准上市，那将会有什么样的后果？

我们必须利用所掌握的一切方法来制定有效和高性价比的措施。这不仅仅是为了更好地制定政策，证据也可以是伪科学论点和非理性民粹主义的解毒剂。最后一点：以证据为基础的政策并不意味着技术主义。证据永远只能是观点的输入和决策的辅助，决策本身永远是掌权者的职责。

监管

本书主要讨论的是个人行为，而不是监管或政府行为。因此，到目前为止，本书对监管问题的论述少之又少，在最后几页中仍将如此。不过，在谈到如何促进社会理想行为的可能出发点时，至少应该提到监管的重要性。简而言之，我们的要求是：如果洞察力和自愿无济于事，那么就需要监管。

从经济学理论的角度来看，当行为产生外部效应时，就需要进行监管。这时，市场不再起作用，因为价格不能反映实际的稀缺性。在这种情况下，即使是固执的市场自由主义者也不得不承认，如果立法者以监管的方式进行干预，是可以提高公共效益的。如上文所述，市场交易经常会产生外部效应，也就是说，交易的达成会损害第三方的利益。这方面的例子不胜枚举，从工人因没有劳动保护而遭受痛苦，到虐待动物，再到破坏环境以及因此对气候造成的影响，不一而足。由于第三方受到影响，市场参与者没有将外部成本计算在内，所以总体上产生了低效的结果。为了纠正这种情况，我们需要立法，例如我们身边实施的碳定价、特定产品的禁令、金融市场法规或供应链法规。

在我看来，解决气候问题最有希望的监管方式是成立所谓的气候俱乐部，毫无疑问，需要完成的任务给个人和国家带来了过重的负担。如果一个国家带头对破坏气候的气体排放征收更高的税费，那么不仅会使本国经济在竞争中处于不利地位，而且还有碳泄漏的危险，也就是把破坏气候的生产转移到标准较低的国家。此外，当一个国家减少能源消耗时，能源价格就会下降，这会导致其他国家的需求增加,这也是一个问题。

经济学家、诺贝尔奖获得者威廉·诺德豪斯提出了一个解决国际性搭便车问题的方案,该方案可推广到一般的社会和生态标准上,这个方案就是成立气候俱乐部[37]:几个国家联合起来,商定一项严格的气候政策,例如通过相应的碳定价来保护气候。同时,要求对俱乐部之外的所有国家征收碳关税,以弥补竞争劣势,并激励各国加入俱乐部。欧盟应在这方面发挥带头作用,最好是同美国和中国一起。毕竟,这三个经济体加在一起排放的气候有害气体约占全球排放量的一半。

监管是经济学中一个广泛的领域,也是一个独立的研究领域,因此在这里甚至无法进行基本的讨论。不过,就本书提出的个人责任而言,有一个方面引起了我们的兴趣,我想在此提一下,这就是选民的作用。从个人的角度来看,监管之所以重要,是因为选民在民主进程中对此进行了投票。每个人都清楚,限速、碳定价或动物福利法规等问题是政治多数决①的问题。哪个政党对这些问题的投入更多或更少,也是显而易见的。因此,选民面临着如下抉择:如果能从整体上促进共同利益,是愿意把车开慢点,为能源或食品花更多钱?还是听凭自私自利和短期利益最大化原则占主导地位?投选票时,是考虑到本国和全球其他人的需要,

---

① 多数决原则又称"多数公决原则",指进行选举或通过议案时,以多数人的意见为准绳的原则。——译者注

还是仅仅考虑自己的物质利益？我想说的是：每一次选举投票本身都是一种亲社会行为。无论人们是否有这个意愿。

勇敢坚持康德主义

在早期，人们只要虔诚，就称得上道德。道德基于宗教的善恶观念，通过仪式和宗教活动传承下来，由神父和上帝在人间的其他使者指引。交易非常简单：如果你不听话，就会下地狱。尽管超自然力量存在与否都无法证实，但至少在现代社会中，对炼狱和神圣审判的恐惧显然已经失去了影响力。随着宗教指引的消失，启蒙思想家们需要将道德建立在简单、普遍和抽象的原则基础之上，这是一项艰巨的任务。讨论道德行为的终极正当性问题是西方哲学话语的特点。

它是由两种宏大理论之间的竞争来决定的。一方面是功利主义，根据对他人造成的后果，结合增加收益的要求来定义道德正确的行为。因此，造福他人的行为在道德上是必需的。行为以其后果来衡量。后果决定什么是善，什么是恶。另一方面，康德及其追随者制定和要求的道德观是以道义和规则为基础的。在这里，我们的行为所应指向的不是后果，而是意图和对是非的判断。无论其后果如何，被认为正确的事情，就是善。伦理学的许多表现形式之一就是著名的"绝对命令"，根据绝对命令，如果某行为作为一般立法原则适用,那么它就被视为是道德的。换句话说,一个人期待其他人的行为如何,他自己的行为就应该与之一致。

功利后果论和基于规则的道义伦理学都存在根本性的问题,有时会导致荒谬的行动要求。长期以来,哲学争论的形式多种多样,也取得了不可估量的发展,毕竟,这一话题经过了200多年的深入讨论。但我在这里想问的是,面对全球挑战,我们是否有康德之外的选择?要求我们帮助康德的伦理学发挥更大的作用是否有意义?

我曾在不同的地方指出,分工、群体决策、委托或市场,往往导致责任扩散。这意味着,在这个分工协作、纷繁复杂的现代世界里,我们经常会做出一些决定,自己在其间扮演无关痛痒的角色,不是关键人物,从个人角度来看并不会产生直接的负面影响。如果我能肯定,站在我的立场别人也会买廉价的T恤、肉鸡或越野车,我自己又为什么不买呢?如果我搭不搭飞机前往马略卡岛对世界气候没有什么实际影响,我为什么不搭飞机呢?

如果我不这么做,别人也会这么做——这种强词夺理的逻辑钝化了功利主义伦理之剑。在我不是关键人物的情况下,结果主义就失去了它的威力,失去了它对行动的调节能力。由于这一论点适用于每个人,而集体结果是个人选择的总和,所以功利主义伦理学无法帮助实现善。可能总会有其他人代替我采取行动,取代我并使我的拒绝失去作用——无法以结果论之，在市场和群体中，功利主义失去了威力。我有理由告诉自己，不管我如何行事，都不会带来差别，那么从结果主义的角度来看，我的行为就不是不道德的，即使我认为这些行为的集体结果在道德上应受到谴责。

根据这种观点，在许多重要的相关背景下，我采用功利主义伦理学的行为在道德上是无可非议的，因为我的行为方式并没有带来不同的后果。那些背景我已在上文描述。它们的特点是，作为个体的我不是关键人物。而这样的情况无所不在。这就是症结所在。

因此，我们需要更多地依赖康德的伦理学。在责任扩散的情况下，以规则为基础的道德规范也是有效的。因为它不问后果如何，只问是非对错。即使在个人并不是重要角色的情况下，康德的伦理学也能提供可靠的道德指南。"即使我不做，别人也会做"的借口并不能帮助行为人。因为，即使他人的行为使某些行为变得无关紧要，这些行为在道德上也是错误的。就拿小鼠的实验来说，为了钱而将小鼠置于死地是错误的，即使小鼠会因为其他人的行为而死，自己这样做也是错误的。医生在集中营的斜坡上挑选人是错误的，即使医生告诉自己，如果他不这么做可能其他医生也会做，他的这种行为仍然是错误的。为了牟利而向危险地区运送武器是错误的，即使其他人向那里输送武器，自己的这种行为也是错误的。购买雇用童工或使用有害于生态的方法制造的廉价T恤是错误的，即使T恤也可能被他人买走，自己的这种购买行为在道德上也是有问题的。

与功利主义的后果论逻辑不同，即使决策背景解除了个人对后果的直接责任，康德伦理学对行动的道德评价仍然保持不变。正因如此，在以分工和复杂性为基础的社会中，只有康德的伦理学才有可能提供规范性的导向。

换一种说法，如果个人在决策中起着关键作用，那么这两种道德伦理规范都能展现出它们的道德影响。例如，在小鼠实验中，参与者面临二选一的情境，要么拯救小鼠，要么为10欧元让它死去。由于这个行为会带来直接后果，所以在这种情况下，我们既可以从小鼠的后果（痛苦和死亡）来论证，也可以从康德伦理学的角度来论证，因为康德伦理学认为人不应该杀生。但是，一旦改为在群体中做决策，个人可以告诉自己，他的行为很可能与结果无关，那么只有命令才能起到道德纠偏的作用。鉴于我们经常在团体、组织或市场中做出决定，在我看来，呼吁"更多康德"对于促进共同利益至关重要。（顺便说一句，这是一个非常功利的论点。）

应对气候变化就是一个很好的例子。不得不说，个人所能做出的贡献微乎其微。就避免全球变暖而言，我的行为是否对气候友好，事实上并不重要。

因此而什么都不做就情有可原了吗？我认为不是。一般来说，不能以个人的渺小来衡量某种行为是否具有决定性，更不能以此作为道德评价的标准。即使困难重重，个人进行合作从而促进共同利益，在道义上仍然是正确的。过度消耗资源在道德上是错误的。将康德的伦理要求应用到气候问题上，可以这样表述：如果我希望75亿人与我有相同的选择，那我应该选择哪种消费方式呢？是否要买一台越野车，每天吃肉，或乘坐飞机旅游？

在现实生活中，我们会在公共厕所里遇到"绝对命令"，那里我们能听到"请让厕所保持原样"。但如果把"厕所"这个词换成"世界"呢？在我看来，面对气候变化等划时代的挑战，绝对命令比以往任何时候都更有意义。因此，这一要求应修改为：我们——当代人——应当让世界保持原样，把她留给我们的后代。

第七章　我们能做些什么？

结语

无论人们是怎么想的,持什么观点,才华横溢的埃里克·卡斯特纳的名言始终是正确的,它简单而伟大:

没有什么是好的。
除非你行动起来。

除此之外,我没有什么可补充的了。

致谢

每一本书的问世都是很多人共同努力的结果,本书也是。因此,我由衷地向他们表示感谢!

我首先要衷心感谢我那些出色的研究合作者,他们在本书讨论的研究中发挥了重要作用,没有他们,我的研究根本无法进行。我期待着同他们进一步合作。我还要感谢我优秀的博士生和其他合作者,他们在我撰写手稿的过程中提供了不可或缺的帮助,包括提出意见、进行修改和查找资料。非常感谢马库斯·安东尼、马克·法拉克、卢卡·亨克尔、斯文·豪泽尔以及拉塞·斯托泽。我还要感谢我的经纪人弗朗西斯卡·贡特尔和席德勒(Siedler)出版社,特别是延斯·德宁,感谢他的建议、耐心和富有启发性的观点！借此机会，我还想感谢我的博士生导师厄恩斯特·费尔、第二导师西蒙·盖希特（没有他们，我就不可能找到自己的研究方向）。

我还要感谢许多在过去几年中给予我大力支持的人和机构：首先是苏黎世大学和波恩大学以及德国邮政基金会，在它们的帮助和资助下，我成立了行为与不平等研究所。我还要感谢为我的研究提供资金和精神支持的诸多机构：德国研究联合会（DFG）的莱布尼茨奖项目、合作研究中心 TR 15 和 CRC TR 224 以及精英研究集群 ECONtribute、欧洲研究委员会（ERC）的"PREFERENCES"和"MORALITY"项目、儿童和青少年促进协会 Eleven、柏林的德国经济研究所社会经济小组、大众汽车基金会、瑞士国家科学基金会以及哈佛大学和牛津大学。最后，我衷心感谢特奥多拉·博内瓦，她不仅从专业角度为我提供了宝贵的建议，还给了我很多鼓励。我还要感谢我的兄弟沃尔克马尔·福尔克以及我的父母希尔德加德·福尔克和维尔纳·福尔克，感谢他们一直以来对我的无条件的支持和爱。

谢谢！

注释

前言

1 B. Gert und J. Gert, »The Definition of Morality«, *The Stanford Encyclopedia of Philosophy* (Spring 2016 Edition).
2 关于社会科学实验的缺点和作用请参阅：A. Falk und J. J. Heckman, »Lab experiments are a major source of knowledge in the social sciences«, *Science* 326, Nr. 5952 (2009): S. 535–538.
3 研究概述见以下网址：https://www.briq-institute.org/people/armin-falk.

第一章

1 A. Falk und T. Graeber, »Delayed Negative Effects of Prosocial Spending on Happiness«, *Proceedings of the National Academy of Sciences* 117.12 (2020): 6463–6468.
2 顺便说一句，"阿莎行动"称，成功的治疗不仅拯救了生命，还为患者带来了近1亿美元的额外收入。
3 有博弈论模型详细解释了行为经济学家所说的道德，参见：Bénabou, A. Falk

und J. Tirole, »Narratives, Imperatives, and Moral Reasoning«, *NBER Working Paper* 24798 (2018).

4 B. Gert und J. Gert, »The Definition of Morality«, *The Stanford Encyclopedia of Philosophy* (Spring 2016 Edition).

5 在许多所谓的公益实验中都能发现，当合作成本较低或合作收益较高时，我们会表现得更愿意合作，此类例子比比皆是，我将在第四章中详细介绍。以下两项研究就属此类：J.K. Goeree., C.A. Holt und S.K. Laury, »Private Costs and Public Benefits: Unraveling the Effects of Altruism and Noisy Behavior«, *Journal of Public Economics* 83, Nr. 2 (2002): S. 255 – 276. und S. Gächter und B. Herrmann, »Recipro-city, Culture and Human Cooperation: Previous Insights and a New Cross-Cultural Experiment«, *Philosophical Transactions of the Royal Society* 364 (2009): S. 791– 806.

6 U. Gneezy, E.A.Keenan und A. Gneezy, »Avoiding Overhead Aversion in Charity«, *Science* 346, Nr. 6209 (2014): S. 632–635.

7 被试透露多少金额以上他们就愿意拿钱，而不是救人。为了确定可靠的数值，我们采用了实验研究中常用的价目表法。随着金额的递增，我们一次次询问被试是选择拿钱（选项 A）还是救人（选项 B）。金额从 10 欧元开始，每次增加 10 欧元，一直加到 250 欧元，这样一来，每个被试都要面临 25 次二选一的抉择。然后，计算机随机选择并执行其中一次决定。由于每个决定都可能被选中，所以具有相关性，这就确保了被试会认真对待每一次抉择。参见：A. Falk und T. Graeber, »Delayed Negative Effects of Prosocial Spending on Happiness«, *Proceedings of the National Academy of Sciences* 117, Nr.12 (2020): 6463–6468.

8 利他主义进化史，参见：E. O. Wilson, *Die soziale Eroberung der Erde* (München 2014).

第二章

1 R. Bénabou, A. Falk, L. Henkel und J. Tirole, »Eliciting Moral Preferences:Theory and Experiment«, *Working Paper* (2020).

2 细心的读者可能会问，为什么这个数值与第一章中的数值存在差异。首先，在实验研究中，效应量在一定范围内波动属正常现象。其次，这两项研究在实验设计上也的确存在细微差别，我无法在本书框架内对此做出解释。有兴趣的读者请阅读有关这两项研究的原文。

3 D. Ariely, A. Bracha und S. Meier, »Doing Good or Doing Well? Image Motivation and Monetary Incentives in Behaving Prosocially«, *American*

Economic Review 99, Nr.1 (2009): S. 544–555.

4 类似的研究结果还可参阅：Z. Bašić, A. Falk und S. Quercia, »Self-image, social image, and prosocial behavior«, *Working Paper* (2020).

5 Armin Falk, »Facing yourself – A note on self-image«, *Journal of Economic Behavior & Organization* 186 (2021): S. 724–734.

6 R. W. Carlson, M.A. Maréchal, B. Oud, E. Fehr und M. J. Crockett, »Motivated misremembering of selfish decisions«, *Nature Communications* 11, Nr.1 (2020): S.1–11.

7 类似的机制也会影响我们对自身能力反馈的记忆。我们对正面反馈的记忆时间较长，而对负面反馈的遗忘速度较快，这导致我们系统性地高估自己的能力。参见：F. Zimmermann, »The dynamics of motivated beliefs«, *American Economic Review* 110, Nr. 2 (2020): S. 337–361.

8 概述参见：C. Engel, »Dictator games: A meta study«, *Experimental Economics* 14, Nr. 4 (2011): S. 583–610.

9 英文原版不那么乏味：»YOU. Are a pioneer in using recycled cups. Everything we do, you do. Your business lets Starbucks do business in a way that's better for the planet. …«

10 M.Kouchaki und A. Jami, »Everything we do, you do: The licensing effect of prosocial marketing messages on consumer behavior«, *Management Science* 64, Nr.1 (2018): S.102–111.

11 混合动力汽车的燃油消耗量差别相当大，这取决于是看官方的测试值和型式认证（对形象有利）还是看实际耗油量。关于电能消耗量的问题，请参看：J. Jöhrens, D. Räder, J. Kräck, L. Mathieu, R. Blanck und P.Kasten, »Plug-in hybrid electric cars: Market development, technical analysis and CO_2 emission scenarios for Germany«, *Study on behalf of the German Federal Ministry for the Environment, Nature Conservation and Nuclear Safety* (2020). P. Plötz, C. Moll, G. Bieker, P. Mock und Y. Li, »Real-world usage of plug-in hybrid electric vehicles: Fuel consumption, electric driving, and CO_2 emissions«, *icct White Paper* (2020).

12 B. Monin und D. T. Miller, »Moral credentials and the expression of prejudice«, *Journal of Personality and Social Psychology* 81, Nr.1 (2001): S. 33–43.

13 D.A. Effron, J. S. Cameron und B. Monin, »Endorsing Obama licenses favoring Whites«, *Journal of Experimental Social Psychology* 45, Nr. 3 (2009): S. 590–593.

14 E. Polman und Z. Y. Lu, »Are people more selfish after giving gifts?«, *Journal of Behavioral Decision Making* (2021): S.1–11. 如果您有兴趣请查看网站：ashleymadison.com. 有关该主题的综述性研究，参见：I. Blanken, N. van de Ven und M. Zeelenberg, »A meta-analytic review of moral licensing«,

Personality and Social Psychology Bulletin 41, Nr. 4 (2015): S. 540–558.

15 概述参见：C. West und C. Zhong, »Moral cleansing«, *Current Opinion in Psychology* 6 (2015): S. 221–225.

16 U. Gneezy, A. Imas und K. Madarász, »Conscience Accounting: Emotion Dynamics and Social Behavior«, *Management Science* 60, Nr. 11 (2014): S. 2645–2658.

17 J. Dana, R.A. Weber und J. X.Kuang, »Exploiting moral wiggle room: experiments demonstrating an illusory preference for fairness«, *Economic Theory* 33, Nr.1 (2007): S. 67–80.

18 下面是实验设计的一些详细说明：独裁者可以在 A 和 B 两个选项中做出选择。如果选择 A，他们自己可以得到 6 美元，而如果选择 B，他们却只能得到 5 美元。至于接收者得到什么，一开始独裁者并不清楚。有两种可能：在第一种情况下，如果选择 A，接收者可以得到 5 美元，而如果选择 B，接收者只能得到 1 美元。第二种情况则相反，即对接收者而言，选项 A 对应 1 美元，选项 B 对应 5 美元。在独裁者做出选择之前，他有机会了解他们所处的情况。如果他知道他们处于第一种情况，那么选择就很清楚了。选项 A 对双方都有好处，独裁者可以得到 6 美元，接收者可以得到 5 美元。但如果独裁者发现他们处于第二种情况，就很难做决定了：选 A，独裁者可以得到 6 美元，而接收者只能得到 1 美元，这不公平。反之，如果选 B，两人都能得到 5 美元，这显然是公平的解决方案，但对独裁者来说，这意味着他的收益从 6 美元变成了 5 美元。

19 我的同事，牛津大学经济学教授保罗·克莱普勒与著名的维克多·克莱普勒是亲戚关系，他向我指出，在维克多的多篇日记中证明了一个事实：1942 年 3 月时，人们就已经知道奥斯维辛集中营有暴行发生。

20 T. Broberg, T. Ellingsen und M. Johannesson, »Is generosity involuntary?«, *Economic Letters* 94, Nr.1 (2007): S. 32–37. Siehe auch: J. Dana, D. M. Cain und R. M. Dawes, »What you don't know won't hurt me: Costly (but quiet) exit in dictator games«, *Organizational Behavior and Human Decision Processes* 100, Nr. 2 (2006): S.193–201.

21 S. DellaVigna, J. A. List und U. Malmendier, »Testing for Altruism and Social Pressure in Charitable Giving«, *The Quarterly Journal of Economics* 127, Nr.1 (2012): S.1–56.

22 J.Andreoni, J. M. Rao und H. Trachtman, »Avoiding the Ask: A Field Experiment on Altruism, Empathy, and Charitable Giving«, *Journal of Political Economy* 125, Nr. 3 (2017): S. 625–653.

23 C. L. Exley und J. B.Kessler, »Motivated errors«, *NBER Working Paper* 26595 (2019).

24 J. Bruner, »The Narrative Construction of Reality«, *Critical Inquiry* 18, Nr.1 (1991): S.1–21.

25 Dan P. McAdams, *Power, intimacy, and the life story: Personological inquiries into identity* (Homewood, IL 1985). Vgl. auch Dan P. McAdams, »The Psychology of Life Stories«, *Review of General Psychology* 5, Nr. 2 (2001): S.100-122.

26 参见：S. Michalopoulos und M. M. Xue, »Folklore«, *The Quarterly Journal of Economics* 136, Nr. 4 (2021): S. 1993 –2046. "民俗数据集"包含对大约1 000个人口群体的故事和口述传统的深入观察，有助于解释当今不同文化之间的差异。一个令人振奋的例子是：有些群体，过去热衷于讲述反社会或欺诈行为会受到严厉惩罚的故事，现在却更加信任他人，也普遍更加富裕。

27 打着"基督教"的幌子实施19世纪最大的罪行之一——驱逐和迫害美洲原住民，对他们实施种族灭绝，这体现了宗教文本是为不道德行为辩护的有力手段。1830年，美国国会通过了所谓的《印第安人迁移法案》，使驱逐土著居民合法化。在这一残酷且极不符合基督教教义的政策出台之前，旨在确立种族灭绝合法性的言论就已存在了多年。合法化的核心就是一个故事——《出埃及记》。国会讲话中也同样使用了这个故事。在这个故事中，美洲原住民被解释为《圣经》文本的现实例证。美国人对《圣经》故事的阐释如下：土著人"理应"搬迁，因为他们没有完成"耕种田地"和征服"土地"的"神圣使命"。最终，屠杀原住民不仅在道义上没有错，甚至还是一种神圣的职责。而且，还能收获土地。另请参阅：R. M. Keeton, »The Race of Pale Men Should Increase and Multiply: Religious Narratives and Indian Removal«, in L. Presser und S. Sandberg, Narrative Criminology: Understanding Stories of Crime (New York und London 2015).

28 R. Bénabou, A. Falk und J. Tirole, »Narratives, Imperatives, and Moral Reasoning«, *NBER Working Paper* 24798 (2018).

29 另请参阅：G. M. Sykes und D. Matza, »Techniques of Neutralization: A Theory of Delinquency«, *American Sociological Review* 22, Nr. 6 (1957): S. 664–670.

30 Scott Waldman, »Shell Grappled with Climate Change 20 Years Ago, Documents Show«, *Scientific American* (5. April 2018).

31 此外还可阅另一项研究，该研究展示了故事对少数民族歧视言论的推动作用：L. Bursztyn, I.K. Haaland, A. Rao und C. P. Roth, »Disguising prejudice: Popular rationales as excuses for intolerant expression«, *NBER Working Paper* 27288 (2020).

32 事例等出自：»Klimawandel-Fakten：7 Klimaleugner-Argumente im Faktencheck«, *Weltverbesserer.de,* 1. März 2020.

33 ARD-DeutschlandTrend, »86 Prozent sagen, der Mensch sei schuld«, *tagesschau.de*, 17. Mai 2019.

34 A. Leiserowitz, E. Maibach, S. Rosenthal, J. Kotcher, J. Carman, X. Wang, J. Marlon, K. Lacroix und M. Goldberg, »Climate Change in the American Mind, March 2021«, *Yale Program on Climate Change Communication* (2021).

35 根据 2010 年盖洛普世界民意调查自行计算。数据来源于 2010 年，因此相对较旧。幸运的是，我们（彼得·安德烈、特奥多拉·博内瓦、费利克斯·乔普拉和我）目前正与盖洛普公司合作，在 100 多个国家收集具有全球代表性的样本，涉及对气候变化的评估和特征描述。如果你想了解研究的最新进展，请访问我的网站。

36 感谢克里斯托夫·塞姆肯（Christoph Semken）的提示，他正在进行相关研究（»The Marginal Impact of Emission Reductions«, *Work in Progress*）。

37 在这方面值得注意的是，富人的二氧化碳排放量往往超标。根据乐施会的一项研究，世界人口中占比 1% 的富人所排放的二氧化碳是占比 50% 的穷人的两倍：T. Gore, »Confronting carbon inequality: Putting climate justice at the heart of the COVID-19 recovery«, *Oxfam Media Briefing*, 21. September 2020.

38 我们"贬低"他人是为了证明自己的行为是正当的，这也是某个实验的研究主题。在这个实验中，我们看到了游戏参与者的私心如何被激发，从而将自己不道德的行为合法化。参见：R. Di Tella, R. Perez-Truglia, A. Babino und M. Sigman, »Conveniently upset: Avoiding altruism by distorting beliefs about others' altruism«, *American Economic Review* 105, Nr.11 (2015): S. 3416–3442.

39 引 自：C. Schmitz-Bering, »Vokabeln im Nationalsozialismus«, *Dossier Sprache und Politik*, Bundeszentrale für politische Bildung (2010).

40 直至今日，这些故事仍在为反犹主义提供强大的助推力。《锡安长老议定书》是一本具有反犹意图的伪书，书中的内容是有史以来影响力最大的谣言之一。书中暗示犹太人为了夺取权力，在世界范围内策划了一场大阴谋。该书第一版是俄文，于 1903 年面世，随后在美国和德国出现了其他版本。尽管早在 20 世纪 20 年代就已证明，所谓的密谋者的会议协议是反犹主义者虚构的，但许多人仍然相信这部作品内容是真实的，并用它来为反犹主义活动辩护；这样一来，赤裸裸的反犹主义就可以伪装成一种自卫行为。欧盟内部也有反犹故事，例如欧尔班·维克托（Orbán Viktor）在反对亿万富翁乔治·索罗斯的个人斗争中毫不避讳反犹论调。索罗斯参与资助的中欧大学就是这一政策的受害者。该大学由于准入问题被强加了一些蹩脚的理由而不得不离开本国，迁往维也纳。

41 参见：A. Bandura, »Moral disengagement in the perpetration of inhumanities«,

Personality and Social Psychology Review 3, Nr. 3 (1999): S.193–209.

42 A. Tversky und D.Kahneman, »The framing of decisions and the psychology of choice«, *Science* 211, Nr. 4481 (1981): S. 453-458.

43 事例基于 M. Spranca, E. Minsk und J. Baron, »Omission and commission in judgment and choice«, *Journal of Experimental Social Psychology* 27, Nr.1 (1991): S. 76–105.

44 J.Abeler, J. Calaki, K.Andree und C. Basek, »The power of apology«, *Economics Letters* 107, Nr. 2 (2010): S. 233–235.

45 人们希望自己在观点上保持"前后一致",或至少看起来一致,这个愿望也会导致我们明明对情况有了更好的了解,却仍然坚持之前的见解,即使这样做会带来物质上的损失。另请参阅: hierzu A. Falk und F. Zimmermann, »Information Processing and Commitment«, *The Economic Journal* 613, Nr.1 (2018): S.1983-2002. A. Falk und F. Zimmermann, »Consistency as a Signal of Skills«,*Management Science* 63, Nr. 7 (2017): S. 2197–2210.

46 R.J. Lifton und G. Mitchell, *Hiroshima in America: Fifty years of denial* (New York 1995), S. 31f. und S. 66.

47 A. Falk und N. Szech, »Competing image concerns: Pleasures of skill and moral values«, *Working Paper* (2019).

48 Max Rauner, »Dieser Mann hat der Wissenschaft die Smarties geklaut«, *Zeit Online*, 17. Juni 2014.

49 B. Fehrle, C. Höges und S. Weigel, »Der Fall Relotius: Abschlussbericht der Aufklärungskommission«, *Der Spiegel*, 25. Mai 2019.

第三章

1 A. M.Isen und P. F. Levin, »Effect of feeling good on helping: Cookies and kindness«, *Journal of Personality and Social Psychology* 21, Nr. 3 (1972): S. 384–388.

2 C. D. Batson, J. S. Coke, F. Chard, D. Smith und A. Taliaferro, »Generality of the ›glow of goodwill‹: Effects of mood on helping and information acquisition«, *Social Psychology Quarterly* 42, Nr. 2 (1979): S.176–179.
G. A. Blevins und T. Murphy, »Feeling Good and Helping: Further Phonebooth Findings«, *Psychological Reports* 34, Nr. 1 (1974): S. 326 – 326. P. F. Levin und A. M.Isen, »Further studies on the effect of feeling good on helping«, *Sociometry* 38, Nr.1 (1975): S.141–147. J. Weyant und R. D. Clark, »Dimes and helping: The

other side of the coin«, *Personality and Social Psychology Bulletin* 3, Nr.1 (1976): S.107–110.

3　G.Kirchsteiger, L. Rigotti und A. Rustichini. »Your morals might be your moods«, *Journal of Economic Behavior & Organization* 59, Nr. 2 (2006): S.155–172.

4　M. Drouvelis und B. Grosskopf, »The effects of induced emotions on prosocial behaviour«, *Journal of Public Economics* 134 (2016): S.1–8.

5　这方面较早且富有影响力的研究是：George Loewenstein, »Emotions in economic theory and economic behavior«, *American Economic Review* 90, Nr. 2 (2000): S. 426–432.

6　D. Hirshleifer und T. Shumway, »Good day sunshine: Stock returns and the weather«, *The Journal of Finance* 58, Nr. 3 (2003): S.1009-1032. M. J.Kamstra, L.A. Kramer und M. D. Levi, »Winter blues: A SAD stock market cycle«, *American Economic Review* 93, Nr.1 (2003): S. 324–343.

7　S. Schnall, J. Haidt, G. L. Clore und A. H. Jordan, »Disgust as Embodied Moral Judgment«, *Personality and Social Psychology Bulletin* 34, Nr. 8 (2008): S.1096–1109.

8　不过，作者表示这些研究结果对亲社会行为的差异没有影响。研究结果的可复制性也不明确：J. F. Landy und G. P. Goodwin, »Does incidental disgust amplify moral judgment? A meta-analytic review of experimental evidence«, *Perspectives on Psychological Science* 10, Nr. 4 (2015): S. 518–536.

9　Bundesministerium für Familie, Senioren, Frauen und Jugend, »Frauen vor Gewalt schützen: Formen der Gewalt erkennen«, *Hintergrundinformation*, 22. Dezember 2021.

10　D.Ariely und G. Loewenstein, »The heat of the moment: The effect of sexual arousal on sexual decision making«, *Journal of Behavioral Decision Making* 19, Nr. 2 (2006): S. 87–98.

11　原文的措辞是：接近高潮但尚未达到高潮的水平。

12　D. Card und G. B. Dahl, »Family violence and football: The effect of unexpected emotional cues on violent behavior«, *The Quarterly Journal of Economics* 126, Nr.1 (2011): S.103–143.

13　O. Eren und N. Mocan, »Emotional judges and unlucky juveniles«, *American Economic Journal: Applied Economics* 10, Nr. 3 (2018): S.171–205.

14　I. Munyo und M.A. Rossi, »Frustration, euphoria, and violent crime«, *Journal of Economic Behavior & Organization* 89 (2013): S.136–142.

15　R. H. Smith, W. G. Parrott, E. F. Diener, R. H. Hoyle und S. H.Kim,

»Dispositional Envy«, *Personality and Social Psychology Bulletin* 25, Nr. 8 (1999): S.1007–1020.

16 J.K. Maner, D. T.Kenrick, D. V. Becker, T. E. Robertson, B. Hofer, S. L. Neuberg, A. W. Delton, J. Butner und M. Schaller, »Functional projection: how fundamental social motives can bias interpersonal perception«, *Journal of Personality and Social Psychology* 88, Nr.1 (2005): S. 63–78.

17 Armin Falk, »Status inequality, moral disengagement and violence«, *Working Paper* (2020).

18 M. Bauer, J. Cahlíková, J. Chytilová, G. Roland und T. Zelinsky. »Shifting Punishment on Minorities: Experimental Evidence of Scapegoating«, *NBER Working Paper* 29157 (2021).

19 L. S. Newman und T. L. Caldwell, »Allport's ›Living Inkblots‹: The Role of Defensive Projection in Stereotyping and Prejudice«, in: J. F. Dovidio, P. Glick und L.A. Rudman (Hrsg.), *On the Nature of Prejudice: Fifty Years after Allport* (Malden, MA 2005): S. 377–392.

20 Götz Aly, *Warum die Deutschen? Warum die Juden? Gleichheit, Neid und Rassenhass – 1800 bis 1933* (Frankfurt 2011).

21 A. Falk, A.Kuhn und J. Zweimüller, »Unemployment and right - wing extremist crime«, *Scandinavian Journal of Economics* 113, Nr. 2 (2011): S. 260–285. 促使我进行这项研究的是对难民庇护所，尤其是罗斯托克 - 利希滕哈根的难民庇护所的袭击。

22 J. R. Blau und P. M. Blau, »The cost of inequality: Metropolitan structure and violent crime«, *American Sociological Review* 47, Nr.1 (1982): S.114–129. Morgan Kelly, »Inequality and Crime«, *The Review of Economics and Statistics* 82, Nr. 4 (2000): S. 530–539. Richard Wilkinson, »Why is violence more common where inequality is greater?«, *Annals of the New York Academy of Sciences* 1036, Nr.1 (2004): S.1–12. R.Wilkinson und K. Pickett, *The spirit level:Why more equal societies almost always do better* (London 2009).

23 David Yanagizawa-Drott, »Propaganda and conflict: Evidence from the Rwandan genocide«, *The Quarterly Journal of Economics* 129, Nr. 4 (2014): S.1947–1994.

24 A. Falk und C. Zehnder, »A city-wide experiment on trust discrimination«, *Journal of Public Economics* 100 (2013): S.15–27.

25 J. Berg, J. Dickhaut und K. McCabe, »Trust, Reciprocity, and Social History«, *Games and Economic Behavior* 10, Nr.1 (1995): S.122–142.

26 H. Tajfel und J. Turner, »An Integrative Theory of Intergroup Conflict«, *The Social Psychology of Intergroup Relations* (1979): S. 33–37.

27 H. Tajfel, M. G. Billig, R. P. Bundy und C. Flament, »Social categorization and intergroup behaviour«, *European Journal of Social Psychology* 1, Nr. 2 (1971): S.149–178.

28 Y. Chen und S. X. Li, »Group identity and social preferences«, *American Economic Review* 99, Nr.1 (2009): S. 431–457.

29 如果采取随机分配的方式，而参与者被告知他们的分组是基于各自的偏好，这种欺骗行为在经济研究中不受待见，因此塔吉菲尔等人的研究采用了按照参与者的真实偏好进行分组的方式。在他们的研究论文中，作者可以确保这一过程没有不利之处，也不会影响最终结果。

30 M. Shayo und A. Zussman, »Judicial ingroup bias in the shadow of terrorism«, *The Quarterly Journal of Economics* 126, Nr. 3 (2011): S.1447–1484. O. Gazal-Ayal und R. Sulitzeanu-Kenan, »Let my people go: Ethnic ingroup bias in judicial decisions-evidence from a randomized natural experiment«, *Journal of Empirical Legal Studies* 7, Nr. 3 (2010): S. 403–428.

31 D.Arnold, W. Dobbie und C. S. Yang, »Racial bias in bail decisions«, *The Quarterly Journal of Economics* 133, Nr. 4 (2018): S.1885-1932; F. Goncalves und S. Mello, »A few bad apples? Racial bias in policing«, *American Economic Review* 111, Nr. 5 (2021): S.1406-1441; Jeremy West, »Racial bias in police investigations«, *UC Santa Cruz Discussion Paper* (2018).

32 S.Iyengar und S. J. Westwood, »Fear and loathing across party lines: New evidence on group polarization«, *American Journal of Political Science* 59, Nr. 3 (2015): S. 690–707.

33 Philippa Foot, »The Problem of Abortion and the Doctrine of Double Effect«, *Oxford Review* 5 (1967): S. 5–15.

34 Bundesverfassungsgericht, Urteil vom 15. Februar 2006 – 1 BvR 357/05.

35 Christoph Luetge, »The German Ethics Code for Automated and Connected Driving«, *Philosophy & Technology* 30 (2017): S. 547–558.

36 E.Awad, S. Dsouza, R.Kim, J. Schulz, J. Henrich, A. Shariff, J.-F. Bonnefon und I. Rahwan, »The moral machine experiment«, *Nature* 563, Nr. 7729 (2018): S. 59–64.

37 J.-F. Bonnefon, A. Shariff und I. Rahwan, »The social dilemma of autonomous vehicles«, *Science* 352, Nr. 6293 (2016): S.1573–1576.

38 J. D. Greene, R. B. Sommerville, L. E. Nystrom, J. M. Darley und J. D.

Cohen,»An fMRI investigation of emotional engagement in moral judgment«, *Science* 293, Nr. 5537 (2001): S. 2105–2108.

39　R. Bénabou, L. Henkel und A. Falk, »Perceptions and Realities: Kantians, Utilitarians and Actual Moral Decisions«, *Unveröffentlichtes Manuscript* (2022).

40　E. W. Dunn, L. B.Aknin und M.I. Norton, »Spending money on others promotes happiness«, *Science* 319, Nr. 5870 (2008): S.1687–1688.

41　Lara B.Aknin et al., »Does spending money on others promote happiness?:A registered replication report«, *Journal of Personality and Social Psychology* 119, Nr. 2 (2020): S.15–26.

42　L. B. Aknin, C. P. Barrington-Leigh, E. W. Dunn, J. F. Helliwell, J. Burns, R. Biswas-Diener, I.Kemeza, P. Nyende, C. E.Ashton-James und M.I. Norton, »Prosocial Spending and Well-Being: Cross-Cultural Evidence for a Psychological Universal«, *Journal of Personality and Social Psychology* 104, Nr. 4 (2013): S. 635–652.

43　Jonathan Haidt, »The emotional dog and its rational tail: a social intuitionist approach to moral judgment«, *Psychological Review* 108, Nr. 4 (2001): S. 814–834.

44　J. Haidt und S.Kesebir, »Morality«, *Handbook of Social Psychology* (2010): S. 797–832.

45　U. Gneezy und A.Imas, »Materazzi effect and the strategic use of anger in competitive interactions«, *Proceedings of the National Academy of Sciences* 111, Nr. 4 (2014): S.1334-1337. George Loewenstein, »Out of control: Visceral influences on behavior«, *Organizational Behavior and Human Decision Processes* 65, Nr. 3 (1996): S. 272–292.

第四章

1　Armin Falk, »Gift Exchange in the Field«, *Econometrica* 75, Nr. 5 (2007): S.1501–1511.

2　K. L. Tidd und J. S. Lockard, »Monetary significance of the affiliative smile: A case for reciprocal altruism«, *Bulletin of the Psychonomic Society* 11, Nr. 6 (1978): S. 344–346.

3　互惠的正式定义和互惠模式参见：A. Falk und U. Fischbacher, »A theory of recipro-city«, *Games and Economic Behavior* 54, Nr. 2 (2006): S. 293–315.

4　A. Falk, E. Fehr und U. Fischbacher, »Testing theories of fairness – Intentions matter«, *Games and Economic Behavior* 62, Nr.1 (2008): S. 287–303.

5 参见：M.Kreps, P. Milgrom, J. Roberts und R. Wilson, »Rational cooperation in the finitely repeated prisoners' dilemma«, *Journal of Economic Theory* 27, Nr. 2 (1982): S. 245–252. Vgl. hierzu auch: S. Gächter und A. Falk, »Reputation and Reciprocity: Consequences for the Labour Relation«, *The Scandinavian Journal of Economics* 104, Nr.1 (2002): S.1–26.

6 E. Fehr, G.Kirchsteiger und A. Riedl, »Does Fairness Prevent Market Clearing? An Experimental Investigation«, *The Quarterly Journal of Economics* 108, Nr. 2 (1993): S. 437–459.

7 还有一些衍化实验，让员工选择一项"真实"的工作内容，比如完成简单的计数、计算或检索任务。

8 E. Fehr und A. Falk, »Wage rigidity in a competitive incomplete contract market«, *Journal of Political Economy* 107, Nr.1 (1999): S.106–134.

9 E. Fehr und A. Falk, »Wage rigidity in a competitive incomplete contract market«, *Journal of Political Economy* 107.1 (1999): S.106–134.

10 Truman F. Bewley, *Why Wages Don't Fall During a Recession* (Cambridge, MA 1999).

11 所谓"效率工资假说"，以互惠为基础，解释了为什么企业不愿降低票面工资，因为这会导致非自愿性失业，参见：G.A.Akerlof und J. L. Yellen, »The Fair Wage-Effort Hypothesis and Unemployment«, *The Quarterly Journal of Economics* 105, Nr. 2 (1990): S. 255–283.

12 S.Kube, M.A. Maréchal und Clemens Puppe, »The currency of reciprocity: Gift exchange in the workplace«, *American Economic Review* 102, Nr. 4 (2012): S.1644–1662.

13 A. Falk und M.Kosfeld, »The hidden costs of control«, *American Economic Review* 96, Nr. 5 (2006): S.1611–1630.

14 雇员赠送给雇主的分数代表了各种不同的情况，如更高的工作效率、更高的工作质量、更高的工作积极性或更长的工作时间，这些给雇主带来了利润，也是雇员所付出的成本。对雇员来说实验中的回报是：120 分减去上交的分数。对雇主来说，他得到的分数是雇员上交的分数乘 2。举例来说，如果雇员上交 40 分，双方获得的报酬是一样的（120−40=80；2 × 40=80）。

15 Niklas Luhmann, Vertrauen: *Ein Mechanismus der Reduktion sozialer Komplexität* (Stuttgart 1968).

16 这位同事并不是那位才华横溢的让·梯若尔（Jean Tirole），由于有些读者认识他却不够了解他，所以我在此做出说明。

17 S. D. Salamon und S. L. Robinson, »Trust that binds: The impact of collective

felt trust on organizational performance«, *Journal of Applied Psychology* 93, Nr. 3 (2008): S. 593–601.
18. N. Bloom, J. Liang, J. Roberts und Z. J. Ying, »Does working from home work? Evidence from a Chinese experiment«, *The Quarterly Journal of Economics* 130, Nr.1 (2015): S.165–218.
19. 迈克尔·贝克曼（Michael Beckmann）对优缺点进行了很好的概述。»Working-time autonomy as a management practice«, *IZA World of Labor* 230 (2016).
20. B. Y. Lee und S. E. DeVoe, »Flextime and Profitability«, *Industrial Relations* 51, Nr. 2 (2012): S. 298–316.
21. W. Güth, R. Schmittberger und B. Schwarze, »An experimental analysis of ultimatum bargaining«, *Journal of Economic Behavior & Organization* 3, Nr. 4 (1982): S. 367–388.
22. D. J. de Quervain, U. Fischbacher, V. Treyer, M. Schellhammer, U. Schnyder, A. Buck und E. Fehr, »The neural basis of altruistic punishment«, *Science* 305, Nr. 5688 (2004): S.1254–1258.
23. A. B.Krueger und A. Mas, »Strikes, Scabs, and Tread Separations: Labor Strife and the Production of Defective Bridgestone/Firestone Tires«, *Journal of Political Economy* 112, Nr. 2 (2004): S. 253–289.
24. A. Falk, E. Fehr und U. Fischbacher, »On the nature of fair behavior«, *Economic inquiry* 41, Nr.1 (2003): S. 20 – 26.
25. A. Falk, E. Fehr und U. Fischbacher, »Testing theories of fairness – Intentions matter«, *Games and Economic Behavior* 62, Nr.1 (2008): S. 287–303.
26. A. Falk, F. Kosse, I. Menrath, P. E. Verde und J. Siegrist, »Unfair pay and health«, *Management Science* 64, Nr. 4 (2018): S.1477–1488.
27. K. Fliessbach, B. Weber, P. Trautner, T. Dohmen, U. Sunde, C. E. Elger und A. Falk, »Social comparison affects reward-related brain activity in the human ventral striatum«, *Science* 318, Nr. 5854 (2007): S.1305–1308.
28. J.Abeler, A. Falk, L. Götte und D. Huffman, »Reference points and effort provision«, *American Economic Review* 101, Nr. 2 (2011): S. 470–492.
29. 很多时候我们也会把能给自己带来好处的事物评判为公平的。因此，我们的正义观念并不反映客观上的公平和正义，而是反映什么是我们认为的公正。参见: James Konow, »Fair Shares: Accountability and Cognitive Dissonance in Allocation Decisions«, *American Economic Review* 90, Nr. 4 (2000): S.1072–1091.
30. L. Chancel, T. Piketty, E. Saez, G. Zucman et al., »World Inequality Report

2022«, *World Inequality Lab*. Die zugehörige Website bietet einen ausführlichen Überblick über den aktuellen Stand der Ungleichheit: https://wir2022. wid.world/

31 C. Schröder, C. Bartels, K. Göbler, M. M. Grabka und J.König, »MillionärInnen unter dem Mikroskop: Datenlücke bei sehr hohen Vermögen geschlossen – Konzentration höher als bisher ausgewiesen«, *DIW Wochenbericht* 29 (2020): S. 511–521.

32 U. Fischbacher, S. Gächter und E. Fehr, »Are People Conditionally Cooperative? Evidence from a Public Good Experiment«, *Economics Letters* 71, Nr. 3 (2001): S. 397–404. A. Falk und U. Fischbacher, »›Crime‹ in the lab – detecting social interaction«, *European Economic Review* 46, Nr. 4 – 5 (2002): S. 859–869. A. Falk, U. Fischbacher und S. Gächter, »Living in two neighborhoods - Socialinteraction effects in the laboratory«, *Economic Inquiry* 51, Nr.1 (2013): S. 563–578.

33 更精确的表述是：如果有条件合作的平均值（对给定群体做出贡献的平均值）曲线比45度线平缓（几乎总是如此），并且有条件合作的参与者具有适应性预期（即他们根据刚刚经历的事情形成预期，并机械地更新预期），那么在稳定状态下，合作会逐渐趋近于零。

34 M. Rege und K. Telle, »The impact of social approval and framing on cooperation in public good situations«, *Journal of Public Economics* 88, Nr. 7–8 (2004): S.1625-1644. S. Gächter und E. Fehr, »Collective action as a social exchange«, *Journal of Economic Behavior & Organization* 39, Nr. 4 (1999): S. 341–369.

35 James Colman, *Foundations of Social Theory* (Cambridge, MA 1998).

36 E. Fehr und S. Gächter, »Cooperation and punishment in public goods experiments«, *American Economic Review* 90, Nr. 4 (2000): S. 980–994. 另请参阅：A. Falk, E. Fehr und U. Fischbacher, »Driving Forces behind Informal Sanctions«, *Econometrica* 73, Nr. 6 (2005): S. 2017–2030.

37 该理论由犯罪学家乔治·L. 凯林（George L. Kelling）和政治学家詹姆斯·Q. 威尔逊（James Q. Wilson）于1982年在《大西洋月刊》上首次提出。"破窗效应"得名于一句常被引用的话："一扇没有及时修补的破窗户是无人问津的信号……"作者认为，即使是最小的不当行为，如涂鸦、乱扔垃圾和其他形式的破坏行为，也会导致人们陷入自我强化的循环。这种观点认为，在公共场所，社会规范是模糊的，人们会寻找信号，以确定在当前环境中哪种规范占主导地位。这种关联已有多次实证研究，但结果不一。因此，在学术界仍然存在争议，例如，"破窗"现象在多大程度上可以证明警方在社会焦点事件中采取更为严厉的行动是合理的。
38 R. B.Cialdini, C.A.Kallgren und R. R. Reno, »A Focus Theory of Normative Conduct: A Theoretical Refinement and Reevaluation of the Role of Norms in Human Behavior«, *Advances in Experimental Social Psychology* 24 (1991): S. 201–234.
39 另请参阅：K.Keizer, S. Lindenberg und L. Steg, »The Spreading of Disorder«, *Science* 322, Nr. 5908 (2008): S.1681–1685.

第五章

1 B. Bartling, und U. Fischbacher, »Shifting the blame: On delegation and responsibility«, *The Review of Economic Studies* 79, Nr.1 (2012): S. 67–87.
2 J. R. Hamman, G. Loewenstein, und R. A. Weber, »Self-interest through delegation: An additional rationale for the principal-agent relationship«, *American Economic Review* 100, Nr. 4 (2010): S.1826–1846.
3 Vgl. D. Alexander und H. Schwandt, »The Impact of Car Pollution on Infant and Child Health: Evidence from Emissions Cheating«, Northwestern University Discussion paper (2021).
4 Sandra Salinski, »Debatte über Fleischbetriebe: Wie funktionieren Werkverträge?«, *tagesschau.de*, 29. Juli 2020.
5 Annette Niemeyer, »Wie Schlachthöfe Arbeiter aus Osteuropa ausbeuten«,*ndr.de*, 30. März 2020.
Jana Stegemann, »Fleischbetriebe: Ausbeutung und Elend sind der wirkliche Preis für billiges Supermarktfleisch«, *Süddeutsche Zeitung*, 13. Mai 2020.
Christoph Höland, »Warum die Fleischindustrie ist, wie sie ist, und wie sie sich ändern kann«, *Redaktionsnetzwerk Deutschland*, 26. Juni 2020.
6 Melanie Arntz et al., »Verbreitung, Nutzung und mögliche Probleme von Werkverträgen – Quantitative Unternehmens- und Betriebsrätebefragung sowie wissenschaftliche Begleitforschung«, *BMAS Forschungsbericht* 496 (2017).
7 C. Heine, H. Stoltenberg und S. Schmid, »Bundestag verbietet Werkverträge im Kernbereich der Fleischwirtschaft«, *bundestag.de*, 16. Dezember 2020.
8 Christopher R. Browning, *Ordinary Men: Reserve Police Battalion 101 and the Final Solution in Poland* (New York 1992). Daniel J. Goldhagen, *Hitler's Willing Executioners: Ordinary Germans and the Holocaust* (London 1996).
9 我想借此机会感谢他提供的宝贵意见和信息来源。
10 参见：Stefan Hördler, *Ordnung und Inferno: Das KZ-System im letzten Kriegsjahr*

(Göttingen 2020). Stefan Hördler, »The Disintegration of the Racial Basis of the Concentration Camp System«, in: D. Pendas, M. Roseman und R.Wetzell (Hrsg.), *Beyond the Racial State: Rethinking Nazi Germany* (Cambridge 2017), S.482–507. Stefan Hördler, »KZ-System und Waffen-SS. Genese, Interdependenzen und Verbrechen«, in: J. E. Schulte, P. Lieb und B.Wegner (Hrsg.), *Die Waffen-SS. Neue Forschungen* (Paderborn 2014), S. 80–98.

11 参见：Stefan Hördler, »Die ›Gefallenen‹. Nationalsozialisten als KZ-Häftlinge«, in: J. Osterloh und K. Wünschmann (Hrsg.), »… *der schranken-losesten Willkür ausgeliefert«. Häftlinge der frühen Konzentrationslager 1933–1936/37* (Frankfurt/New York 2017), S. 291–316.

12 Simone Erpel (Hrsg.), *Im Gefolge der SS: Aufseherinnen des Frauen-KZ Ravensbrück* (Berlin 2007).
Jutta Mühlenberg, *Das SS-Helferinnenkorps. Ausbildung, Einsatz und Entnazifizierung der weiblichen Angehörigen der Waffen-SS 1942-1949* (Hamburg 2010).

13 这是汉娜·阿伦特在一次访谈中提到康德时的观点，参见：»Hannah Arendt im Gespräch mit Joachim Fest. Eine Rundfunksendung aus dem Jahr 1964«, HannahArendt.Net 3, Nr. 1 (2007).

14 Stanley Milgram, »Behavioral Study of Obedience«, *The Journal of Abnormal and Social Psychology* 67, Nr. 4 (1963): S. 371–378.

15 在原始研究的基础上，米尔格拉姆又对700多名参与者进行了23项系列实验，其中大部分实验都记录在1974年出版的《对权威的服从：一次逼近人性真相的心理学实验》（*Obedience to Authority: An Experimental View*）一书中。在这些实验中，他逐渐改变环境中的某些因素，从而系统地改变了实验结果。

16 原始实验的海量文件已部分存档，特别是实验过程的录音。这些文件是澳大利亚记者吉娜·佩里（Gina Perry）筛选的，她还尽可能与参与者进行了谈话。她在2013年出版的《电击仪的背后：臭名昭著的米尔格拉姆心理学实验不为人知的故事》（*Behind the Shock Machine: The Untold Story of the Notorious Milgram Psychology Experiments*）一书中公开了研究结果。根据她的说法，存档的实验记录与米尔格拉姆的陈述有部分矛盾。

17 Diana Baumrind, »Some thoughts on ethics of research: After reading Milgram's ›Behavioral Study of Obedience‹«, *American Psychologist* 19, Nr. 6 (1964): S. 421–423.

18 正如同样臭名昭著（在学术界颇具争议）的斯坦福监狱实验所表明的那样，权力和权威很容易侵蚀我们，这加剧了权威关系的负面效应。参见：C. Haney, C. Banks, und P. G. Zimbardo, »Interpersonal dynamics in a simulated

prison«, *International Journal of Criminology and Penology* 1 (1973): S. 69–97.

19 J. M. Darley und B. Latané, »Bystander intervention in emergencies: diffusion of responsibility«, *Journal of Personality and Social Psychology* 8, Nr. 4 (1968): S. 377–383. 该文献概述参见: Peter Fischer et al., »The bystander-effect: a meta-analytic review on bystander intervention in dangerous and non-dangerous emergencies«, *Psychological Bulletin* 137 (2011): S. 517–537.

20 A. Falk, T. Neuber und N. Szech, »Diffusion of being pivotal and immoral outcomes«, *The Review of Economic Studies* 87, Nr. 5 (2020): S. 2205–2229.

21 Eugene Soltes, *Why They Do It: Inside the Mind of the White-Collar Criminal* (New York 2016), S. 255.

(英文原版: »But the reality is, if at any point in my career I said ›time out, this is bullshit, I can't do it‹ … they would have just found another CFO, but that doesn't excuse it. It would be like saying it's OK to murder someone because if I didn't do it someone else would have.«)

22 在我们的实验中也可以找到这方面的证据。少数人愿意放弃金钱，选择道德正确的选项，即使他们知道自己不是关键人物。参见: A. Falk, T. Neuber und N. Szech, »Diffusion of being pivotal and immoral outcomes«, *The Review of Economic Studies* 87, Nr. 5 (2020): S. 2205–2229.

23 Tom Peck, »If We Don't Sell Arms to Saudi Arabia, Someone Else Will, Says Boris Johnson«, *The Independent,* 26. Oktober 2016.

24 Robert J. Lifton, *The Nazi Doctors: Medical Killing and the Psychology of Genocide* (New York 2017). 另请参阅: John M. Darley, »Social Organization for the Production of Evil«, *Psychological Inquiry* 3, Nr. 2 (1992): S.199–218.

25 Papst Franziskus, *Fratelli tutti: Über die Geschwisterlichkeit und die soziale Freundschaft. Enzyklika* (Freiburg i. Br. 2020).

26 Michael J. Sandel, *What Money Can't Buy: The Moral Limits of Markets* (New York 2012).

27 Ministry of the Environment, Government of Japan, »Minamata Disease: The History and Measures« (2002), online: http://www.env.go.jp/en/chemi/hs/minamata2002/. Vgl. auch Timothy S.George, *Minamata: Pollution and the Struggle for Democracy in Postwar Japan* (Harvard 2001).

28 Florian Willershausen, »Brand in Textilfabrik: Tödliche Kleidung«, *Zeit Online,* 26. November 2012.

29 A. Falk und N. Szech, »Morals and Markets«, *Science* 340, Nr. 6133 (2013): S. 707–711.

30 在另一个条件（价目表法）下，研究人员进一步收集了个人决策情况的金额。对于 5 欧元的价格，只有 34.4% 的参与者愿意杀死小鼠。这说明，市场条件和个人条件之间的差异实际上还要大得多。

31 类似研究结果参见：B. Bartling, R. Weber und L. Yao, »Do Markets Erode Social Responsibility?«, *The Quarterly Journal of Economics* 130, Nr.1 (2015), S. 219–266.

32 你可以想象一个简单的市场图，上面是上升的供给曲线和下降的需求曲线。假设所有买方从购买中获得的收益相同，所有卖方的生产成本相同。他们之间的差别只在于交易时的道德成本有多高。在价格均衡和数量均衡的市场，正是那些道德意识最低的买家和卖家在进行交易。道德标准高的潜在市场参与者根本不会进行交易。

33 D.A. Small und G. Loewenstein, »Helping a Victim or Helping the Victim: Altruism and Identifiability«, *Journal of Risk and Uncertainty* 26, Nr. 1 (2003): S. 5–16.

34 数据来自网站：https://ourworldindata.org/ entnommen. Vgl. u.a. Max Roser, »Extreme poverty: how far have we come, how far do we still have to go?«, *Our World in Data*, 22. November 2021.

Max Roser, »Access to basic education: Almost 60 million children in primary school age are not in school«, *Our World in Data*, 2. November 2021. Esteban Ortiz-Ospina, »Global Health«, *Our World in Data*, regelmäßig aktualisiert.

35 我将在最后一章中对此进行简要论述。

第六章

1 B. W. Roberts und W. F. DelVecchio, »The Rank-Order Consistency of Personality Traits From Childhood to Old Age: A Quantitative Review of Longitudinal Studies«, *Psychological Bulletin* 126, Nr.1 (2000): S. 3–25.

2 Christoph Engel, »Dictator games: A meta study«, *Experimental Economics* 14, Nr. 4 (2011): S. 583–610.

3 所分析的研究本质上都一样，只是在细节上有所不同。例如，金额有高有低，被试一次或多次做决定，或者接收者不是其他被试而是慈善机构。

4 Z. Bašiæ, A. Falk und S. Quercia, »Self-image, social image, and prosocial behavior«, *Working Paper* (2020).

5 T. Dohmen, A. Falk, D. Huffman und U. Sunde, »Representative trust and reciprocity: Prevalence and determinants«, *Economic Inquiry* 46, Nr. 1 (2008):

S. 84-90. T. Dohmen, A. Falk, D. Huffman und U. Sunde, »Homo reciprocans: Survey evidence on behavioural outcomes«, *The Economic Journal* 119, Nr. 536 (2009): S. 592–612.

6 A. Falk, A. Becker, T. Dohmen, D. Huffman und U. Sunde, »The preference survey module: A validated instrument for measuring risk, time, and social preferences«, *Management Science* (im Erscheinen).

7 A. Falk, A. Becker, T. Dohmen, B. Enke, D. Huffman und U. Sunde, »Global evidence on economic preferences«, *The Quarterly Journal of Economics* 133, Nr. 4 (2018): S.1645–1692.

8 你可以在 https://gps.briq-institute.org/ 网站上自行下载有关利他主义（以及互惠、风险态度和耐心）的数据。你还可以在该网站创建国家排名，并找到数百个使用这些数据的学术出版物的链接。

9 我们还调查了人们对冒险和耐心的态度。风险偏好和时间偏好这两个因素在经济决策中起着核心作用，因为我们的所有决策都是在不确定的情况下做出的，而且这些决策还会对未来的发展产生影响。正如我们在一项研究中发现的那样，耐心的差异可以解释国家的贫富差异：U. Sunde, T. Dohmen, B. Enke, A. Falk, D. Huffman und G. Meyerheim, »Patience and comparative development«, *Review of Economic Studies*.

10 A. Becker, B. Enke und A. Falk, »Ancient origins of the global variation in economic preferences«, *AEA Papers and Proceedings* 110 (2020): S. 319–323.

11 Y. Cao, B. Enke, A. Falk, P. Giuliano und N. Nunn, »Herding, Warfare and a Culture of Honor: Global Evidence«, *NBER Working Paper* 29250 (2021).

12 D. Cohen und R. E. Nisbett, »Self-Protection and the Culture of Honor: Explaining Southern Violence«, *Personality and Social Psychology Bulletin* 20, Nr. 5 (1994): S. 551–567.

13 A. Falk, A. Becker, T. Dohmen, B. Enke, D. Huffman und U. Sunde, »Global evidence on economic preferences«, *The Quarterly Journal of Economics* 133, Nr. 4 (2018): S.1645–1692.

14 T. Dohmen, A. Falk, D. Huffman und U. Sunde, »Representative trust and reciprocity: Prevalence and determinants«, *Economic Inquiry* 46, Nr. 1 (2008): S. 84–90.

15 A. Falk, A. Becker, T. Dohmen, B. Enke, D. Huffman und U. Sunde, »Global evidence on economic preferences«, *The Quarterly Journal of Economics* 133, Nr. 4 (2018): S.1645–1692.

16 A. Falk und J. Hermle, »Relationship of gender differences in preferences to economic development and gender equality«, *Science* 362, Nr. 6412 (2018).

17 例如：T. Deckers, A. Falk, F.Kosse und N. Szech, »Homo Moralis: Personal Characteristics, Institutions, and Moral Decision-Making«, *IZA Discussion Paper* 9768 (2016).

18 参见：F. Chopra, P. Eisenhauer, A. Falk und T. W. Graeber, »Intertemporal Altruism«, *IZA Discussion Paper* 14059 (2021).

19 例子来自：F. Gino, M. E. Schweitzer, N. L. Mead und D. Ariely, »Unable to resist temptation: How self-control depletion promotes unethical behavior«, *Organizational Behavior and Human Decision Processes* 115, Nr. 2 (2011): S. 191–203.

20 D.Knoch, A. Pascual-Leone, K. Meyer, V. Treyer und E. Fehr, »Diminishing reciprocal fairness by disrupting the right prefrontal cortex«, *Science* 314, Nr. 5800 (2006): S. 829–832.

21 更多信息见：www.balu-und-du.de.

22 在此，我要感谢我曾经的博士生、朋友和现在的同事费边·科塞。没有他的巨大贡献和全情投入，这个项目永远不可能实现。

23 我对此深表感谢，并借此机会向所有孩子和他们的家长表示感谢。

24 F.Kosse, T. Deckers, P. Pinger, H. Schildberg-Hörisch und A. Falk, »The formation of prosociality: causal evidence on the role of social environment«, *Journal of Political Economy* 128, Nr. 2 (2020): S. 434–467.

25 不过，在后来的询问中，我们将星星和玩具换成了钱。

26 T. Dohmen, A. Falk, D. Huffman, und U. Sunde, »The Intergenerational Transmission of Risk and Trust Attitudes«, *The Review of Economic Studies* 79, Nr. 2 (2012): S. 645–677.

27 F.Kosse, T. Deckers, P. Pinger, H. Schildberg-Hörisch und A. Falk, »The formation of prosociality: causal evidence on the role of social environment«, *Journal of Political Economy* 128, Nr. 2 (2020): S. 434–467.

28 J. Abeler, A. Falk und F. Kosse, »Malleability of preferences for honesty«, *Working Paper* (2021). 如需了解该研究的"官方"概述，我推荐：J.Abeler, D. Nosenzo und C. Raymond, »Preferences for truth - telling«, *Econometrica* 87, Nr. 4 (2019): S.1115–1153.

29 假设没有参与者在实际掷出幸运号码时说谎，那么这组参与者中说谎者的比例可根据概率进行如下计算得出：(64.7-16.7)/(100-16.7)×100% ≈ 57.6%。

30 A. Falk, F.Kosse und P. Pinger, »Mentoring and Schooling Decisions: Causal Evidence«, *IZA Discussion Paper* 13887 (2020).

31 Gautam Rao, »Familiarity does not breed contempt: Generosity, discrimination,

and diversity in Delhi schools«, *American Economic Review* 109, Nr. 3 (2019): S. 774–809.

第七章

1 E. Saez, und G. Zucman, *The Triumph of Injustice: How the Rich Dodge Taxes and How to Make Them Pay* (New York 2019).

2 Jerome K. Vanclay et al., »Customer response to carbon labelling of groceries«, *Journal of Consumer Policy* 34, Nr.1 (2011): S.153-160. P. Vlaeminck, T. Jiang und L. Vranken, »Food labeling and eco-friendly consumption: Experimental evidence from a Belgian supermarket«, *Ecological Economics* 108 (2014): S.180–190.

3 V. Tiefenbeck, L. Goette, K. Degen, V. Tasic, E. Fleisch, R. Lalive und T. Staake, »Overcoming Salience Bias: How Real-Time Feedback Fosters Resource Conservation«, *Management Science* 64, Nr. 3 (2018): S. 1458 – 1476.

4 参见：F. Chopra, I. Haaland und C. Roth, »Do People Demand Fact-Checked News? Evidence from U. S. Democrats«, *Journal of Public Economics* 205, Article 104549 (2022).

5 参见：J.J.Jordan, R. Sommers, P. Bloom und D. G. Rand, »Why Do We Hate Hypocrites? Evidence for a Theory of False Signaling«, *Psychological Science* 28, Nr. 3 (2017): S. 356–368.

6 E. E. Bø, J. Slemrod und T. O.Thoresen, »Taxes on the Internet: Deterrence Effects of Public Disclosure«, *American Economic Journal: Economic Policy* 7, Nr.1 (2015): S. 36–62.

7 brt/Reuters/AFP, »Verdacht der Hinterziehung: NRW gibt Steuerdaten weiter«, *Spiegel Online*, 14. April 2016.

8 根据一项问卷调查，尤其在新冠疫情期间，许多妇女在互联网上受到了侮辱。参见：Glitch UK und EVAW, »The Ripple Effect: COVID-19 and the Epidemic of Online Abuse«, September 2020.

9 K. Müller und C. Schwarz, »Fanning the Flames of Hate: Social Media and Hate Crime«, *Journal of the European Economic Association* 19, Nr. 4 (2021): S. 2131-2167.

10 今天很少有人能在社交论坛上真正做到匿名。至少在涉及刑事犯罪时，通常可以通过 IP 地址确定身份。

11 Julia Klaus, »Morddrohungen und Polizeischutz - Ärzte in der Pandemie:

Bedroht und diffamiert«, *zdf.de Nachrichten*, 25. Januar 2022.

12 有一个来自经济学家圈子的新案例，就是彭妮·普里茨克（Penny Pritzker）向哈佛大学捐赠了1亿美元，用于建造一座新的经济学家大楼，参见：John S. Rosenberg, »Penny Pritzker Gives $ 100 Million for New Economics Facility«, *Harvard Magazine*, 21. September 2021.

13 S.Altmann, A. Falk, P. Heidhues, R. Jayaraman und M. Teirlinck, »Defaults and Donations: Evidence from a Field Experiment«, *The Review of Economics and Statistics 101*, Nr. 5 (2019): S. 808–826. 关于预设值在碳中和捐款中所起作用的研究，参见：J. E.Araña und J. L. Carmelo, »Can Defaults Save the Climate? Evidence from a Field Experiment on Carbon Offsetting Programs«, *Environmental and Resource Economics* 54, Nr. 4 (2013): S. 613–626.

14 与红十字会合作开展的一项研究表明，决策架构也能对献血产生积极影响：A. Stutzer, L. Goette und M. Zehnder, »Active Decisions and Prosocial Behaviour: a Field Experiment on Blood Donation«, *The Economic Journal* 121, Nr. 556 (2011): S. 476–493.

15 E. J. Johnson und D. Goldstein, »Do Defaults Save Lives?«, Science 302, Nr. 5649 (2003), S.1338-1339. 可参阅：A. Abadie und S. Gay, »The impact of presumed consent legislation on cadaveric organ donation: a cross-country study«, *Journal of Health Economics* 25, Nr. 4 (2006): S. 599–620.

16 为了提高器官捐献率，还可以采取一个互惠规则：如果两个人有同样的需求，可以优先考虑有器官捐献证的人。这样做不仅公平，而且能提高人们捐献器官的积极性。

17 D. Pichert, und K. V. Katsikopoulos, »Green defaults: Information presentation and pro-environmental behaviour«, *Journal of Environmental Psychology* 28, Nr.1 (2008): S. 63–73.

18 F. Ebeling und S. Lotz, »Domestic uptake of green energy promoted by opt-out tariffs«, *Nature Climate Change* 5 (2015): S. 868–871.

19 U. Liebe, J. Gewinner und A. Diekmann, »Large and persistent effects of green energy defaults in the household and business sectors«, *Nature Human Behaviour* 5 (2021): S. 576–585.

20 Für eine Übersicht und weitere Evidenz: M. Kaiser, M. Bernauer, C. R. Sunstein und L. A. Reisch, »The power of green defaults: the impact of regional variation of opt-out tariffs on green energy demand in Germany«, *Ecological Economics* 174, Article 106685 (2020).

21 Umweltbundesamt, »Richtig heizen«, *umweltbundesamt.de*, 7. Oktober 2021.

22 Z. Brown, N.Johnstone, I. Hašèiè, L. Vong, F. Barascud, »Testing the effect of defaults on the thermostat settings of OECD employees«, *Energy Economics* 39 (2013): S. 128–134.

23 S. Altmann, A. Falk und A. Grunewald, »Incentives and Information as Driving Forces of Default Effects«, *IZA Discussion Paper* 7610 (2013).

24 以下内容见：Jakob Simmank, Interview mit Armin Falk, »Zuhören ist wichtiger als Reden«, *Die Zeit*, 15. August 2019. 还可参阅：S. Heuser und L. S. Stötzer, »The Effects of Face-To-Face Conversations on Polarization: Evidence from a Quasi-Experiment«, *Working Paper* (2022).

25 P. Andre, T. Boneva, F. Chopra und A. Falk, »Fighting Climate Change: The Role of Norms, Preferences, and Moral Values«, *IZA Discussion Paper* 14518 (2021).

26 参见：B. Enke, R. Rodriguez-Padilla und F. Zimmermann, »Moral Universalism: Measurement and Economic Relevance«, *Management Science* (2021).

27 B. S. Frey und S. Meier, »Social Comparisons and Pro-social Behavior: Testing ›Conditional Cooperation‹ in a Field Experiment«, *American Economic Review* 94, Nr. 5 (2004): S. 1717–1722.

28 关于这一话题的论文为：G. N. Dixon und C. E. Clarke, »Heightening Uncertainty Around Certain Science: Media Coverage, False Balance, and the Autism-Vaccine Controversy«, *Science Communication* 35, Nr. 3 (2013): S. 358–382.

29 N. Voigtländer und H.-J. Voth, »Nazi indoctrination and anti-Semitic beliefs in Germany«, *Proceedings of the National Academy of Sciences* 112, Nr. 26 (2015): S. 7931–7936.

30 比如：J.Abeler, A. Falk und F. Kosse, »Malleability of Preferences for Honesty«, *IZA Discussion Paper* 14304 (2021).

M. Carlana und E. La Ferrara, »Apart but Connected: Online Tutoring and Student Outcomes during the COVID-19 Pandemic«, *HKS Working Paper* RWP21-001 (2021).

A. Falk, F. Kosse, P. Pinger, H. Schildberg-Hörisch und T. Deckers, »Socioeconomic Status and Inequalities in Children's IQ and Economic Preferences«, *Journal of Political Economy* 129, Nr. 9 (2021), S. 2504–2545.

A. Falk, F.Kosse und P. Pinger, »Mentoring and Schooling Decisions: Causal Evidence«, *IZA Discussion Paper* 13387 (2020).

A. Falk, F. Kosse, H. Schildberg-Hörisch und F. Zimmermann, »Self-Assessment: The Role of the Social Environment«, *CESifo Working Paper*

8308(2020).

F.Kosse, T. Deckers, P. Pinger, H. Schildberg-Hörisch und A. Falk, »The Formation of Prosociality: Causal Evidence on the Role of Social Environment«, *Journal of Political Economy* 128, Nr. 2 (2020): S. 434–467.

S. Resnjanskij, J. Ruhose, S. Wiederhold und L. Woessmann, »Can Mentoring Alleviate Family Disadvantage in Adolscence? A Field Experiment to Improve Labor-Market Prospects«, *IZA Discussion Paper* 14097 (2021).

J. Heckman, R. Pinto und P. Savelyev, »Understanding the Mechanisms through Which an Influential Early Childhood Program Boosted Adult Outcomes«, *American Economic Review* 103, Nr. 6 (2013): S. 2052–2086. Bundesministerium für Familie, Senioren, Frauen und Jugend, »Neunter Familienbericht: Eltern sein in Deutschland«, *Deutscher Bundestag Drucksache* 19/27200 (2021).

31 F. Kosse, T. Deckers, P. Pinger, H. Schildberg-Hörisch und A. Falk, »The Formation of Prosociality: Causal Evidence on the Role of Social Environment«, *Journal of Political Economy* 128, Nr. 2 (2020): S. 434-467. 还可参阅：F. Kosse und M. M. Tincani, »Prosociality predicts labor market success around the world«, *Nature Communications* 11, Nr.1, Art. 5298 (2020).

32 J. J. Heckman, S. H. Moon, R. Pinto, P. A. Savelyev und A. Yavitz, »The rate of return to the HighScope Perry Preschool Program«, *Journal of Public Economics* 94, Nr.1-2 (2010): S. 114–128. 另请参见为此创建的网站：https://heckmanequation.org/

33 比如"巴鲁和你"、"少儿的英雄"和"摇滚人生"等辅导计划。

34 以下内容由我的客座文章改编：Armin Falk, »Im Land der Kleinmütigen«, *Die Zeit*, 4. Juli 2021.

35 A.Agan und S. Starr, »Ban the Box, Criminal Records, and Racial Discrimination: A Field Experiment«, *The Quarterly Journal of Economics* 133, Nr.1(2018): S. 191–235.

36 R. Chetty, J. N. Friedman, S. Leth-Petersen, T. H. Nielsen und T. Olsen,»Active vs. Passive Decisions and Crowd-Out in Retirement Savings Accounts: Evidence from Denmark«, *The Quarterly Journal of Economics* 129, Nr. 3 (2014): S. 1141–1219.

37 William Nordhaus, »Climate Clubs: Overcoming Free-Riding in International Climate Policy«, *American Economic Review* 105, Nr. 4 (2015): S. 1339–1370. 可另参阅：S. Tagliapietra und G. B.Wolff, »Form a climate club: United States, European Union and China«, *Nature* 591 (2021): S. 526–528.